高等职业院校工商管理类系列教材

管理学基础

（第三版）

主　编　左　芊
副主编　龙　昱　范琳琳
　　　　姜梦佳　周伊萌
参　编　吴　晶　刘　嘉

南京大学出版社

内容提要

本书以当代管理学的理论为基础，管理职能实践为核心，全书共上、下两篇八个模块，包括管理与管理者、管理思想与管理理论、决策与计划、目标管理、组织与文化、领导与激励、控制与评价、沟通与协调，力求学生掌握管理职能的实操。

为了体现高等职业院校的教学特点，第三版在编写过程中总结了前面两版在教学实践中的经验及读者的反馈，突出学生理论联系实际的能力，结合数字经济背景下企业管理数字化实践的变化，将管理理论、管理实践、企业家精神与创新精神有机结合，选择了中国优秀企业案例编写成案例导入，强化了对知识点的牵引、辅助讲解作用。同时每一个职能模块中均设有丰富的思考训练，案例情景的编写有较强的针对性，同时配套数字化教学资源，以培养学生运用知识和解决问题的能力。

本书体现了"工学结合"及"教、学、做"一体的高职教育理念。既可作为高等职业院校管理类、经济类学生的专业教材，也可作为企业管理人员的培训教材，并可为相关从业者提供参考使用。

图书在版编目(CIP)数据

管理学基础 / 左芊主编. — 3 版. — 南京 : 南京大学出版社，2022.8

ISBN 978 - 7 - 305 - 25958 - 6

Ⅰ. ①管… Ⅱ. ①左… Ⅲ. ①管理学—高等职业教育—教材 Ⅳ. ①C93

中国版本图书馆 CIP 数据核字(2022)第 128832 号

出版发行　南京大学出版社
社　　址　南京市汉口路 22 号　　　邮　编　210093
出 版 人　金鑫荣

书　　名　管理学基础
主　　编　左　芊
责任编辑　尤　佳　　　　编辑热线　025 - 83592315

照　　排　南京南琳图文制作有限公司
印　　刷　常州市武进第三印刷有限公司
开　　本　787×1092　1/16　印张 15　字数 352 千
版　　次　2022 年 8 月第 3 版　　2022 年 8 月第 1 次印刷
ISBN 978 - 7 - 305 - 25958 - 6
定　　价　41.80 元

网址：http://www.njupco.com
官方微博：http://weibo.com/njupco
官方微信号：njupress
销售咨询热线：(025) 83594756

第三版前言

自1978年改革开放以来，中国经济蓬勃而发。经历四十多年的不断创新和改革，特别是21世纪加入世贸组织后，由于中国企业全面加快了融入全球市场的步伐，并实现了中国企业管理思想与现代西方企业管理思想的接轨与融合，中国企业的管理基础工作、管理工具方法的科学化水平和综合管理能力，得到了显著的提高，拥有了独具特色的企业管理理念、文化价值观系统与管理方法体系，中国品牌随之蜚声世界，也形成了中国特色的企业管理模式和实践经验。

随着移动互联网、人工智能、大数据、云计算等新一代数字技术的快速发展，世界正加速迈入数字经济时代。新冠肺炎疫情全球大流行更增强了全球政治经济的不确定性。中国企业不断提高风险意识提升企业管理稳定性和适应性，是实现企业可持续发展的必由之路，实践证明先进的科学技术与先进的管理是推动现代社会发展的“两个轮子”，二者缺一不可。社会与经济的发展固然需要丰富的资源与先进的技术，但更重要的还是组织经济的能力，即管理能力。因而，与时俱进的学习和掌握管理学的基本原理和方法，提升自我管理能力，对经济管理类专业的学生非常必要。

实践是培养管理者的重要环节，而理解管理原理也是培养管理者的一个重要环节。只有掌握扎实的管理理论与方法，才能更好地应用于实践，并可缩短管理者的成长过程。目前“管理学基础”课程的相关教材很多，但由于管理学涉及众多的相关理论和专门技术，相当复杂，如何对其进行有效梳理，并根据不同的管理类专业学习对象，特别是高等职业院校学生的特点进行组织编排，使得学习者能在较短时间内掌握管理学中一些最基本的理论知识，以便能在实际工作中灵活运用，对教学组织而言仍面临挑战。为了适应基于能力本位的项目课程教学模式改革，遵循职业能力发展的基本要求，在大量借鉴国内外相关文献的基础上，结合近年来参与新职业国家标准编制、行业企业校企合作实践和课程教学的经验体会，对教材进行了改版，主要进行了以下升级：

1. 基于能力本位教育观的内容优化

就业导向的职业教育既要为人的生存又要为人的发展打下坚实基础，能力培养发挥着至关重要的作用。当面对数字化时代的职业岗位和能力要求发生新的变化，学生需要在变化的环境里积极寻求自己新的坐标起点，进而获得新的知识和技能。这种善于在发展与变革中主动应对的定位能力是关键能力。为了培养学生在企业的发展与变革中分析判断、解决问题及高效执行的关键能力，本教材更新了导学情景案例，通过思考、讨论，引起学生的思考，激发学习兴趣。围绕数字化时代的管理原理知识结构优化了理解与思考内容，通过团队长期积累的自编案例作为实训任务，加强学生“获取—反思—内化—实践”的反思性实践能力，注重强化学生对知识点的自我反思性转化能力、辅助理解的作用，最终突出学习主体在学习中能力本位的教育理念。

2. 基于新职业素质要求的中国企业管理实践案例设计

职业能力在动态的社会情境、职业情境和生活情境中，体现为采取专业化的、全方位的并勇于承担个人与社会责任的行动。中国企业需要继承和发扬中国企业管理思想中最宝贵的智慧与思想行动原则，同时为落实立德树人根本任务，在每个模块有机融入了思政元素，新增了“素质目标”。为适应互联网时代在线学习的需求，通过二维码增加了一些企业视频和案例分析。与企业合作共同进行课程开发与设计，并结合企业的实际要求来选取我们的教学内容，还将教材与相应的在线开放课程开发相结合，实现立体化、自主化、有效反馈的学习模式。

本书适用于高等职业院校、成人高校及应用型本科院校经济管理、企业管理专业及其他相关专业的教学，也可供五年制高职学生使用，并可作为企业管理人员培训教材和社会从业人士的参考读物。本书由湖南开放大学（湖南网络工程职业学院）左芊组织教学团队编写，左芊进行总体设计和后期整理、统稿工作并完成了八个模块的导学案例、管理游戏、校园体验，模块二、模块四和模块七内容的编写；龙昱完成了五个模块的课后训练案例及模块一、模块三内容的编写；范琳琳、姜梦佳、周伊萌共同完成了模块五、模块六及课后训练案例的编写；吴晶、刘嘉共同完成了模块八及课后训练案例的编写。

本书在编写过程中，得到了湖南开放大学（湖南网络工程职业学院）领导、校企合作单位的大力支持，在此一并表示真诚的感谢。同时，本书在编写过程中参考和引用了一些相关资料，在此，谨向这些资料的作者致以最诚挚的谢意。参加本书编写的教师主要从事“管理学基础”课程的教学，有一定的专业功底和丰富的教学经验，虽然具备一定的企业工作实践经验，但仍然可能有一些疏漏和欠缺之处，真诚希望能得到各位专家、同行和读者的批评、指正，便于今后予以完善。

编　者

2022 年 7 月

目　录

上篇　管理基础

下篇　管理职能

上篇　管理基础

模块一 管理与管理者

■ 知识目标

1. 理解并掌握管理的含义、特征和性质。
2. 理解管理者类型及不同层次应掌握的管理技能。
3. 了解管理的对象和管理环境。

■ 技能目标

1. 培养分析真实企业行为活动的本质的能力。
2. 培养使用管理的原理和方法对调研企业的现状进行分析评价。

■ 素质目标

1. 了解改革开放后中国国有企业改革的发展演变，增强政治认同。
2. 数字化时代树立管理的创新意识。

情景导入

优秀中国企业案例(一)：中国建材集团混合制改革的管理问题

中国建材集团有限公司（以下简称“中建材”）是经国务院批准，由中国建筑材料集团有限公司与中国中材集团有限公司重组而成，是国务院国有资产监督管理委员会直接管理的中央企业。

中建材通过发展混合所有制，不断优化产业布局，实现了自身的跨越式发展。目前该公司是全球最大的综合性建材产业集团、世界领先的新材料开发商和综合服务商，连续11年荣登《财富》世界500强企业榜单，2021年排名177位。

混合所有制是由几种所有制成分结合在一起而形成的所有制形式。我国经济中的混合所有制是不同经济所有制按照一定原则实行联合生产或经营的经济形式。党的十八届三中全会《决定》提出积极发展混合所有制经济，并强调国有资本、集体资本、非公有资本等交叉持股、相互融合的混合所有制经济是基本经济制度的重要实现形式。中建材的混合所有制，特别是在水泥行业开展重组整合，当时是被市场倒逼出来的，但解决的是企业真正的市场化问题。

面对水泥行业严重过剩、无序竞争、集中度低以及以民营企业为主导的局面。中建材虽是国有企业，既没有享受国家补贴，也没有享受什么特别的政策，要想联合重组成功，就必须面对与民营企业共同合作、分享利益、协调关系的现实问题。通过与市场资源的联合、与社会资本的混合这两大改革，中国建材改变了自身命运，实现了持续快速发展。

2005 年年底，中建材通过一系列资产重组，旗下中联水泥产能约为 1 000 万吨。中建材依靠大企业这只“看得见的手”，在水泥行业为解决过剩问题发起了全国范围内的水泥企业重组。2006 年 3 月，中建材如愿在香港联合交易所挂牌上市。2006 年 7 月，中建材拿出上市募集到的一半资金收购了徐州海螺，实现了“蛇吞象”式的收购，拉开了重组水泥行业的序幕。

中建材原董事长宋志平在《经营制胜》一书中记录了 2007 年汪庄茶局，共享“三盘牛肉”的重组谈判故事。水泥是个区域性产品，合理的经济运输半径最多只有 200 公里，要做水泥业务，应按照区域组建不同的水泥企业。中国建材最早是在浙江开展重组，浙江的市场化程度比较高，也比较早地进行了技术结构调整，有一两百家水泥企业。这些企业一直在打价格战，打到头破血流，水泥价格从每吨 400 元降到了每吨 180 元。当时浙江的水泥企业群龙无首，市场陷入恶性竞争，几乎所有的水泥企业都在亏损，哀鸿遍野。宋志平觉得机会来了，浙江那么多的水泥企业，就先把为首的几家大企业找来。2007 年春天的一天，在西湖边上找了个好地方——汪庄。在汪庄的茶馆里，宋志平请浙江水泥行业的“四大天王”——浙江水泥、三狮水泥、虎山水泥、尖峰水泥的企业负责人喝茶详谈。这四家企业占了浙江水泥市场的半壁江山，是组建南方水泥必须合作的对象，但当时它们都已经有了合作对象，也有各自的想法和考量，还有些外资公司正和它们洽谈。喝茶时宋志平就对他们说：“即使你们引入了外资，也只是聘请了雇佣军帮着你们继续打仗，解决不了问题。只有大家联合起来才能达到市场健康化的目的，我来让你们都联合起来，以后就不打仗了，恢复价格，理性竞争。”他们从早上谈到晚上，成了建材行业人人皆知的“汪庄会谈”。宋志平还认为要混合必须实现双赢，要变革必须端出“牛肉”来。在和民营企业“混合”中，中国建材集团端出公平合理定价、给创业者留有股份、保留经营团队并吸引创业者成为职业经理人这“三盘牛肉”，用公平实在的收益吸引重组企业加入，为发展混合所有制经济、实现“国民共进”奠定制度基础和实现路径。中建材原先在苏浙沪地区一家水泥厂都没有，经此会谈后重组了 150 家水泥企业，之后南方水泥有限公司在上海成立，产能达到了 1.4 亿吨，正式拉开了国内企业联合重组的大幕。

2009 年，当国际金融危机来袭时，规避股市风险，苦练内功，中建材创立北方水泥公司。

2011 年，中建材创建西南水泥，解放“大西南”，覆盖云贵川渝。至此，中国建材在全国水泥市场的战略布局基本完成：在淮海地区、东南经济区、东北地区和西南地区分别组建了中联水泥、南方水泥、北方水泥、西南水泥四家大型水泥集团，水泥总产能达 4.5 亿吨，成为世界水泥大王。

中国建材的成长故事，是一个央企市场化改革的故事，是一个国有资本以市场化方式与民营资本有效混合的故事。通过发展混合所有制，中国建材实现了以下多重效益：

• 促进了企业快速发展。中国建材营业收入和利润总额双双增长 150 倍，连续多年进入世界 500 强。

• 显著放大了国有资本功能。中国建材以 400 多亿元国有资本吸引了 1 300 多亿元社会资本，撬动了近 6 300 亿元总资产，混合所有制覆盖面达 75%。

• 推动了行业结构调整与转型升级。中国建材通过企业自主的混合方式，把众多企业联合起来，推动了水泥行业的供给侧结构性改革。

• 培育了一批优秀骨干企业和善打硬仗的企业家队伍。

• 开创了国有经济与民营经济共生多赢的局面，实现了包容性成长。

中建材坚持改革的主旋律，在做好混合所有制试点工作同时把重组企业的规范化治理、职业经理人等落实好，进而更好地把资本和劳动要素结合起来，让改革释放红利。在产业方面，中国建材以科技创新驱动和引领转型升级，促进产业链和价值链向高端攀升。水泥是中国建材长期获利的基础，要优化发展质量，不仅要做全球规模最大的水泥企业，还要做效益最好的水泥企业。新型房屋、绿色小镇和新能源材料的开发利用，也是未来发展重点，中建材将力争成为全球最大的工厂化房屋制造商。

［资料及视频来源：中国建材集团官网］

思考：

1. 中国建材联合重组、混改的动因有哪些因素？
2. 企业高层管理者在推动企业变革中有哪些作用？

1-1 优秀中国企业视频

【任务导入】

每 6—8 人自愿组成小组完成以下实训任务：

1. 以小组为单位实地参观调查一家企业，了解企业的实际运作情况、企业的组成部分，企业中管理岗位设置等，并录制采访录像或照片保存起来。

2. 以小组为单位通过网络手段收集一家企业的管理信息，了解企业的背景、发展历程、组织结构、领导方式、制度建设、管理措施、沟通方式和控制手段等，并将照片、网站资料等保存起来。

以上两种调研途径任选一种，要求学完本模块后针对所调研的企业管理现状，写出一份调研报告，以班级为单位，分组谈谈对所调研的企业管理运作的调研情况、认识及心得体会。

第一节　管理的概述

一、管理的概念

管理活动自古以来就有，是人类在不断的实践中总结得来的经验累积。随着人类文明的发展，人们越来越认识到管理的重要性。在管理运动和管理热潮的推动下，管理理论为社会生产发展贡献了令人瞩目的成果，同时管理经过管理学者们的研究发展也逐步形成了一套完整的理论体系。那么什么是管理？在不同的背景和角度下，人类对管理有着不同的理解，其中比较有代表性的有：

1. “科学管理之父”泰罗认为，管理就是要“确切知道要别人干什么，并注意要他们用最好、最经济的方法去干。”

2. “一般管理理论之父”法约尔认为：“管理就是实行计划、组织、指挥、协调和控制”，“是一种分配于领导人与整个组织成员之间的职能。”美国管理学家约瑟夫·梅西等基本同意这一观点，把管理视为“一个合作的群体将各种行动引向共同目标的过程”。

3. 美国管理学家德鲁克认为：“管理不只是一门学问，还应是一种‘文化’，它有自己的价值观、信仰和语言。管理根植于一种文化、一种价值传统、习惯和信念之中，根植于政府制度和政治制度之中。”

> 讨论：对照多种管理定义，谈自己对管理定义的看法。

4. 美国经济学家，决策学派的代表人物西蒙认为：“管理过程是决策的过程。”

综合来看，管理是指在特定的组织内外环境下，通过对组织的资源有效地进行计划、组织、领导、控制而实现组织目标的过程。上述管理的定义包括以下四层含义：

(1) 管理的目的——实现组织目标服务

管理本身并不是目的，管理是为组织目标的有效实现提供服务。有效实现目标，一是通过管理，保证组织活动的顺利进行；二是通过管理，使组织在较少的资源消耗情况下不断提高经济效益。管理是一种既讲效率又讲效果的活动。

(2) 管理的对象——以人为中心的组织资源与职能活动

虽然财、物、时间、信息、技术等资源也是管理的重要对象，但管理的基本对象是人，人是管理中最核心的要素。任何资源的配置都以人为中心，所以，管理最重要的是对人的管理。

(3) 管理的本质——协调

管理职能执行的直接目标与结果就是使资源与活动协调。因此，管理的行为从本质上看就是协调各种问题。

(4) 管理的手段——计划、组织、领导和控制

要实现管理的目标，管理者在管理实践中必须履行计划、组织、领导和控制等管理的职能。

> 讨论：管理适用于自我管理、寝室管理、班级管理吗？为什么？

二、管理的属性

管理自然属性与社会属性是马克思主义关于管理问题的基本观点。马克思指出：“凡是直接生产过程具有社会结合的过程形态，而不是表现为独立生产者的独立劳动的地方，都必须会产生监督劳动和指挥劳动，不过它具有两重性。”这双重性即自然属性和社会属性。这是由生产过程本身的两重性决定的。由于生产过程是由生产力和生产关系组成的统一体，决定着管理也具有组织生产力与协调生产关系的两重功能。一方面，管理是人类共同劳动的产物，同生产力和社会化大生产相联系，具有自然属性；另一方面，管理又同生产关系、社会制度相联系，具有社会属性。

1. 管理的自然属性

管理的自然属性是指管理是由许多人共同协作劳动而产生的，是有效组织共同劳动所必需的，具有同生产力和社会化大生产相联系的自然属性，它与具体的生产关系和社会制度无关。

管理要合理地处理人与自然的关系，要合理地组织社会生产力，因此管理的自然属性也称为管理的生产力属性。

2. 管理的社会属性

管理的社会属性是指管理又体现着生产资料所有者指挥劳动、监督劳动的意志，因此管理又有同生产关系和社会制度相关的社会属性。管理是为统治阶级服务的，受一定生产关系、社会制度和意识形态的制约和影响。也就是说，任何一种管理活动都是在特定的生产关系条件下进行的，都必然要体现一定社会生产关系的特定要求，为特定的生产关系服务，从而实现调节和维护生产关系的职能。

在历史发展的过程中，不同的社会形态下，管理的社会属性都体现了统治阶级的意志，带有明显的政治性。所以，管理的社会属性又称生产关系属性或管理的特殊性。

三、管理的特征

1. 管理的科学性与艺术性

管理的科学性：强调其客观规律性；管理的艺术性：强调其灵活性与创造性。

管理学既是一门科学，更是一门艺术，是科学性与艺术性的有机统一。它研究管理过程中的客观规律，并形成一般管理理论和原理。管理学提出的管理的基本原则、基本思想是各类管理学科的概括与总结，是整个管理学科体系的基石。它既强调客观规律性，又强调灵活性与创造性，而且这种科学性与艺术性在管理实践中相互作用，共同发挥功能，促进管理目标的实现。比如麦当劳的管理模式就是科学的、标准化的管理模式，使得其能以很快的速度在全球建立分店，将富有自身特色的文化，包括装饰、员工制服、店面等都能做到全球统一。这样的一致化，也形成了麦当劳独有的管理文化，其企业文化已经打上了麦当劳的标签，成了别人难以复制的管理中的艺术。

2. 管理的历史性

管理的历史性是指管理活动要受历史条件制约。管理的内容和形式要受一定时代政治经济文化条件的制约。随着生产力和科学技术的发展，人们对自然和社会的认识不断深化，人类活动的范围、规模、内容、方式不断拓展，管理活动的领域、规模和层次也不断发展。随着人们对管理规律的认识和管理理论的创新，管理的组织形式、工作原则和方法手段也不断创新。在不同历史条件下，政治经济文化背景不同，革命与建设的形势和任务也就不同，管理的目标、任务和措施也就具有鲜明的时代特色。

3. 管理的创新性

管理的创新性，是指管理既然是一种动态活动，又没有统一的模式可以参照，要实现既定的组织目标，就需要有一定的创造性。管理的理念、观念要不断地创新，管理的模式、方法同样需要不断地创新。管理的创造性根植于动态性之中，与科学性和艺术性相关，正是由于这一特性的存在，才使得管理创新成为必需和必然。

4. 管理的应用性

管理学的应用性体现在两个方面：一是管理学的理论来自管理的实践活动。管理学的理论和方法是人们长期对各种管理实践活动进行分析、总结、概括、升华的结果；二是管理学又是一门具有极强实践性的应用性学科，只有把管理理论同管理实践相结合，不断总结管理实践中的经验，管理理论才能不断丰富和发展。

5. 管理的经济性

管理的经济性是从资源的配置使用需要成本的角度看，管理的经济性主要体现在：首先，反映在资源配置的机会成本上，管理者选择一种资源配置方式是以放弃另一种或几种资源配置为代价的，这里有一个筹划选择的过程。其次，在管理方式方法的选择上也有一个成本比较，因为在众多资源配置的方式方法中，不同方法的成本不一样，所以，如何选择要从经济性的角度考虑问题。最后，管理是对资源有效整合的过程，选择不同的资源供给和配比也有成本大小的问题。

案例与讨论：企业管理的必要性

从1978年党的十一届三中全会召开以来，每一次三中全会都指引着国有企业改革的方向，对国有企业改革产生了深远影响。从产权和制度两个层面的改革进程来看，40年来我国国有企业改革大致经历了四个阶段。

1. 放权让利阶段(1978—1992年)

新中国成立后，我国国有企业照搬苏联高度集中的计划经济体制下的国营企业管理制度，国有企业从建设到经营的各个环节都由国家决定，企业本身并没有经营自主权，只是国家分散在全国各地的生产车间。1978年12月，党的十一届三中全会确立了以扩大企业自主权为主要形式，调整国家与企业之间利益关系的国有企业改革方针，简而言之即为“放权让利”。具体体现为两个方面：一是调整国家与企业的关系，扩大企业自主权；二是将企业经营状况同利益挂钩，充分调动企业和职工的积极性。1983年2月，国务院决定对国营企业实行“利改税”，即将国营企业向国家上缴利润改为向国家缴纳税金，税后利润由企业支配，激发了企业和劳动者的积极性和创造性。1986年12月，国务院提出“推行多种形式的经济承包责任制，给经营者以充分的经营自主权”。在保持国家所有权的前提下，通过签订承包合同，确定国家与企业之间的责、权、利关系。

总的来说，这一阶段的改革激活了国有企业管理者的盈利意识，基本实现了“国营工厂”向“国营企业”的观念和形式转变，为我国国有企业逐步适应市场竞争奠定了基础。但这一时期的改革没有触及国有企业的所有权问题，也就难以真正实现所有权和经营权的“两权分离”。受限于外部市场机制的不健全和国有企业内部的约束监督制度的不完善，“放权让利”也导致了国有资产较为严重的流失。

2. 企业制度创新阶段(1993—2002年)

经过十五年的改革开放，计划经济时代的经营低效和改革开放后的市场活力形成了鲜明对比。由于承包责任制在1993年后被叫停,国有企业的所有者实际上难以为管理者提供市场化的激励手段,因此国有企业的经营效率依然有待提升。必须通过产权层面的改革,才能够真正利用市场优化配置国有资产,提升经营绩效。1993年3月,我国修订了宪法,把国营企业改为国有企业,国有企业产权是政府所有,可以委托私人经营,也可以出售。1993年11月,党的十四届三中全会提出这一阶段国有企业改革的目标:建立产权明晰、权责明确、政企分开、管理科学的现代企业制度。在现代企业产权结构制约下,政府不能直接控制和经营国有企业。至此,国有企业改革开始触及产权问题,国家与国有企业之间的关系开始转向以现代产权制度为基础的委托代理关系。

在最初的实施过程中,产权改革遵循了"抓大放小"的基本思路。中小型国有企业采取多种形式的放活政策,可以继续实行承包经营、租赁经营,也可以实行股份合作制改组,还可以出售给集体或个人。大中型国有企业通过产权改革,建立符合现代企业要求的公司治理结构,充分利用市场激励手段。伴随着建立市场经济体制的整体目标和对西方产权理论的创新应用,这一阶段的国有企业改革开始推进从产权制度、治理结构到管理制度展开全方位的制度创新。以新建立的资本市场为依托,综合运用经济和行政手段,大中小型国有企业分别开启了跨经济形式、跨国别、跨行业的交易、并购和重组。但这一时期的产权改革还较为形式化导向。由于政府的介入、资本市场的不成熟和西方产权改革理论的不完全适用,导致交易规则混乱,政府主导的现象较为普遍。涉及产权的改革进程实际上较为迟缓,国有企业改革的最终实践就落在治理结构的建立和内部管理制度的完善方面。

3. 国有资产管理体制改革阶段(2003—2012年)

国有企业原有的管理体制是多头管理,管人、管事和管资产的权力有若干条线,许多政府部门都可以指挥国有企业。这样的权力结构造成企业的经营责任和政府的监管责任难以区分。2002年11月,党的十六大报告指出,继续调整国有经济的布局和结构,改革国有资产管理体制,建立中央政府和地方政府分别代表国家履行出资人职责,享有所有者权益,权利、义务和责任相统一,管资产和管人、管事相结合的国有资产管理体制。除极少数必须由国家独资经营的国有企业外,积极推行股份制,发展混合所有制经济,实行规范的公司制改革,完善法人治理结构。

2003年4月,国有资产监督管理委员会成立,标志我国有企业真正走向市场,成为独立竞争主体。2003年10月,中共中央十六届三中全会通过的《中共中央关于完善社会主义市场经济体制若干问题的决定》,提出大力发展国有资本、集体资本和非公有资本等参股的混合所有制经济,实现投资主体多元化,使股份制成为公有制的主要实现形式。到2013年初,全国90%以上的国有企业完成了公司制股份制改革,大多数国有企业建立了股东会、董事会、经理层和监事会等机构。

国有资产监督管理委员会的设立意味国有企业所有者与管理者职能真正分离。政府角色从管企业为主转向管理资本为主,着力落实企业法人财产权和经营自主权,改革进入深水区,真正触及对国有资产管理的监督与激励的关键环节。在具体运行中,股份制改革的形式也更加多样化,允许国有资产出售、引进战略投资者、管理层收购(MBO)、股票期权、员工持股、上市等。但由于法人治理的运行制度不健全,出现了出资人履职不规范、所有者缺位对管理层缺乏有效监督的现象,导致国有资产在改革过程中流失严重。在学术界,改革的不同意见也开始出现,主要体现在三个领域:一是国有资产在产权改革过程中大量流失,导致社会各界对进一步扩大产权改革和发展混合所有制经济心存顾虑;二是不少垄断行业依旧保持较高的进入壁垒,这些领域的国有企业低效问题依然比较突出,是否应该在这些领域引入多种所有制企业仍有争议;三是国有企业"行政化"经营色彩依旧浓厚,国有企业管理者的行政身份与职业经理人的身份仍未实现清晰定位。

4. 分类深化改革阶段(2013 年至今)

2012 年 11 月,党的十八大明确国有企业改革的方向:一是完善国有资产管理体制,通过交叉持股、相互融合,发展混合所有制经济;二是实施分类改革,在不同领域探索发展混合所有制经济的具体形式。改革国有资本授权经营体制,改组国有资本投资公司,组建国有资本运营公司,进一步厘清了政府和市场的关系,政府从原来的主要"管资产"转为主要"管资本"。从 2014 年起,国投、中粮等 8 家央企先后开展国有资本投资公司试点,诚通、国新 2 家央企开展国有资本运营公司试点。37 家省级国资委中,21 家改组组建了 52 户国有资本投资、运营公司。2016 年 2 月,国资委发布国有企业"十项改革试点"落实计划,改革试点内容包括探索国企集团整体上市、多类型政府和社会资本合作、混合所有制企业员工持股等。2017 年,国企在电力、石油、天然气、民航、电信以及军工等领域开展混改试点,引入各类投资者 40 多家,资本额超过 900 亿元人民币。截至 2017 年,中国联通、上海贝尔、华录集团等 3 家央企从集团层面开展了混改的探索。2017 年公司制改制全面提速,中央企业集团层面公司制改制方案已全部批复完成,各省级国资委出资企业改制覆盖率达 95.8%。总之,这一阶段的改革以完善各类国有资产管理体制为目标,推动了国有资本更多投向关系国家安全和国民经济命脉的重要行业和关键领域,增强了我国国有经济活力,企业经营风险得到进一步控制。

在中国,尽管企业管理热潮的到来比发达国家迟了 25—30 年,但是毕竟来了。从国有企业改革开放四十年的发展来看中国管理热潮的到来,不只是由于政府和国家领导人的大力推动,更重要的是由于企业改革和经济发展实践的需要。随着企业改革的深化,人们将越来越认识到加强管理的必要性和迫切性。

[资料来源:黄茂兴,唐杰. 改革开放 40 年我国国有企业改革的回顾与展望. 当代经济研究. 2019 年第 3 期]

思考:查阅资料阐述改革开放 40 年我国国有企业改革取得的哪些成绩?请分析这些成绩背后企业管理的必要性和意义是什么?

四、管理的对象

管理的对象是管理者为实现管理的目标，通过管理行为作用其上的客体。

1. 人员

人是管理对象中的核心要素，所有管理要素都是以人为中心存在和发挥作用的。管理者要在人与人之间的互动关系中，通过科学的领导和有效的激励，最大限度地调动人的积极性，以保证目标的实现。管理人，是管理者最重要的职能。

2. 资金

资金是任何社会组织，特别是营利性经济组织极为重要的资源，是管理对象的关键性要素。要保证职能活动正常进行，经济、高效地实现组织目标，就必须对资金进行科学的管理。

3. 物资设备

物资设备是社会组织开展职能活动，实现目标的物质条件与保证。通过科学的管理，充分发挥物资设备的作用，也是管理者的一项经常性工作。

4. 时间

时间是组织的一种流动形态的资源，也是重要的管理要素。管理者必须重视对时间的管理，真正树立"时间就是金钱"的意识，科学地运筹时间，提高效率。

5. 信息

在信息社会的今天，信息已成为极为重要的管理对象。现代管理者，特别是高层管理者，已越来越多地不再直接接触事物本身，而是同事物的信息打交道。信息既是组织运行、实施管理的必要手段，又是一种能带来效益的资源。管理者必须高度重视，并科学地管理好信息。

五、管理的主要职能

1. 计划职能

组织中所有层次的管理者包括高层管理者、中层管理者和一线(或基层)管理者，都必须从事计划活动。计划是为实现组织既定目标而对未来的行动进行规划和安排的工作过程。在具体内容上，它包括组织目标的选择和确立，实现组织目标方法的确定和抉择，计划原则的确立，计划的编制以及计划的实施。计划是全部管理职能中最基本的职能，也是实施其他管理职能的条件。计划是一项科学性极强的管理活动。

2. 组织职能

为实现管理目标和计划，就必须设计和维持一种职务结构，在这一结构里，把为达到目标所必需的各种业务活动进行组合分类，把管理每一类业务活动所必需的职权授予主管这类工作的人员，并规定上下左右的协调关系。为有效实现目标，还必须不断对这个结构进行调整，这一过程即为组织。组织为管理工作提供了结构保证，它是进行人员管理、指导和领导、控制的前提。

3. 领导职能

领导就是对组织内每名成员和全体成员的行为进行引导和施加影响的活动过程，其目的在于使个体和群体能够自觉自愿而有信心地为实现组织既定目标而努力。领导职能是管理过程中最经常、最关键的职能。领导职能包括：选择正确的领导方式；运用权威，实施指挥；激励下级，调动其积极性；进行有效沟通等。不同层次、类型的管理者领导职能的内容及侧重点各不相同。

4. 控制职能

控制是按既定目标和标准对组织的活动进行监督、检查，发现偏差，采取纠正措施，使工作能按原定计划进行或适当调整计划以达预期目的。控制工作是一个延续不断、反复发生的过程，其目的在于保证组织实际的活动及其成果同预期目标相一致。

5. 沟通与协调

沟通协调职能是指用沟通交流人际关系协调的方式来完成管理的种种职能的一切活动。管理的许多职能要真正实施，要发挥作用，不能没有沟通和协调。这是因为组织或企业是由人群所组成的，人群是有思想、感情、情绪、想法等智力活动能力的，而且企业或组织的所有活动和任务都必须依赖于人的恰当活动才能完成。而不同的人与人之间要共同完成任务或传达思想、情感，就必须有良好的沟通协调，没有沟通活动，就没有团队、团体，更不会使人们达成共识，分工协作，正确地完成正确的事。

6. 创新

创新是指在经济和社会领域生产或采用、同化和开发一种增值新产品；更新和扩大产品、服务和市场；发展新的生产方法；建立新的管理制度。它既是一个过程，也是一个结果。随着科学技术的迅猛发展，社会经济活动空前活跃，市场需求瞬息万变，社会关系也日益复杂，每位管理者每天都会遇到新情况、新问题。如果因循守旧、墨守成规，就无法应付新形势的挑战，也就无法完成肩负的重任。现在已经到了不创新就无法维持的地步。创新成为管理者成功的关键要素。要办好一项事业，大到国家的改革，小到各类创业，推销一种产品，都要敢于走新的路，开辟新的天地。因此，创新成为管理过程不可或缺的重要职能。创新职能是管理的职能之一，即管理者在管理活动中进行创新。创新职能的基本内容是目标创新、技术创新、制度创新、组织机构和结构的创新、环境创新。职能创新就是在计划、组织、控制、协调等管理职能方面采用新的更有效的方法和手段。在企业的变化发展过程中，企业的职能创新主要表现为管理职能的创新。比如，对应于市场发展而言，企业通过业务调整和拓展来满足需求的变化要求，这时，企业的职能创新集中表现为业务职能的创新。

以上管理各职能相互联系、相互作用，在具体工作中要处理好不同职能之间关系。

第二节 管理者

一、管理者类型

一个组织中的成员可分为管理者和操作者两类。

管理者是指在组织中从事并担负计划、组织、领导、控制和协调等管理职能的有关人员。如工厂的厂长、车间主任;企业总裁、总经理、部门经理、部门主管等。按照管理者在组织中所处的层次、职位的不同,可分为高层管理者、中层管理者和基层管理者。

案例与讨论:管理者干什么?

刘华是大型会员购物店网购部经理。该网购部每天要处理大量的网购业务,在一般情况下,登记订单、按单备货、发送货物等都是由部门中的业务人员承担的。但在前一段时间里,接连发生了多起A顾客的商品发给了B,B顾客的商品却发给了A之类的事,引起了顾客极大的不满。今天又有一大网购商品订单要发送,蒋华不想让这种事情再次发生。

思考:他应该亲自核对这网购订单,还是仍由业务员们来处理?

操作者是指直接从事具体操作工作的人。如工厂的工人、快递的派送员等,这些人处于组织中的最基层,往往是管理的对象。

二、管理层次与管理技能

1. *管理层次*

所谓管理层次,就是在职权等级链上所设置的管理职位的级数。当组织规模相当有限时,一个管理者可以直接管理每一位作业人员的管理层次活动,这时组织就只存在一个管理层次。而当规模的扩大导致管理工作量超出了一个人所能承担的范围时,为了保证组织的正常运转,管理者就必须委托他人来分担自己的一部分管理工作,这使管理层次增加到两个层次。随着组织规模的进一步扩大,受托者又不得不进而委托其他的人来分担自己的工作,依此类推,而形成了组织的等级制或层次性管理结构。

按不同的管理层次划分,管理者可以分为:高层管理者、中层管理者和基层管理者,如图1-1所示。基层管理者,如领班等;中层管理者,如部门经理等;高层管理者,如总裁、CEO等。

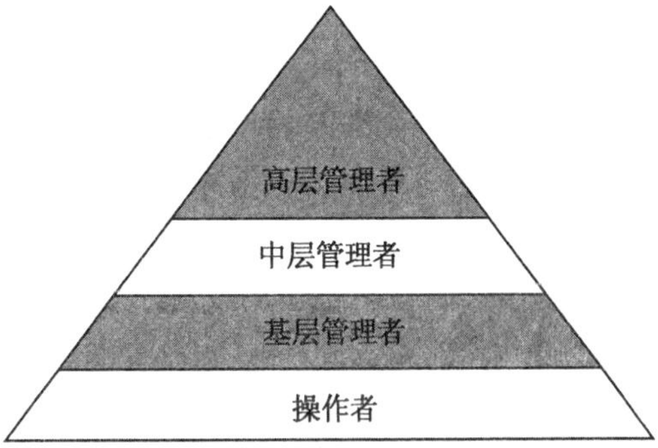

图1-1 组织管理层次

上述3类管理者的工作特征和内容如表1-1所示。

表1-1 各层次管理者的工作特征和内容

工作特性	高层管理	中层管理	基层管理
经营方针	重要	适当考虑	不重要
管理目标	适当考虑	重要	重要
考虑管理问题的时间范围	1—5年以上	1年	每日
工作活动范围	极为广泛	全部工作职能	单项工作职能
复杂程度	非常复杂,变量很多	不太复杂	简单易行
工作计量	困难	不困难	较易
工作内容	计划、政策、战略	按计划实施	最终活动
采用信息来源	组织外部	组织内部	组织内部
智力特征	创造性	有效性	业务性
人数	少数	适当人数	多数

2. 管理技能

管理技能是指管理者行使有效管理职能所需要的知识、技能、能力和态度。管理者技能的特点主要表现以下几个方面:

(1) 管理技能是可被观察的

管理者进行一些确定的活动可以产生出某种结果,有效的技能是可以被观察到的。

(2) 管理技能是可控的

这些技能表现处在管理者的控制之下,可以被管理者自身有意识的表现、实践和改善。

(3) 管理技能是可发展的

通过实践和反馈,管理者可以改善他们的技能表现。

(4) 管理技能是相互联系、相互重合的

技能不是简单的、重复的行为,它存在于一个复杂的系统当中。有效的管理者必须依靠多种技能有机结合达到特定的结果。

> 我觉得中国的企业家精神的核心是两点:一是坚韧不拔、百折不挠的精神;二是家国情怀、实业报国的精神。
>
> ——宋志平

管理者应具备哪些管理的基本技能,管理学界有许多观点。其中,美国管理学家卡特兹认为,管理者必须具备三个方面的技能:技术技能、人际技能和概念技能。

(1) 技术技能

技术技能是指管理者掌握与运用某一专业领域内的知识、技术和方法的能力,包括:专业知识、经验、技术、技巧、程序、方法、操作与工具运用熟练程度等。这些是管理者对相应专业领域进行有效管理所必备的技能。管理者要掌握的技术技能主要有:预测技术、决策技术、计划技术、组织技术和评价技术等。

（2）人际技能

人际技能是指管理者处理人与人之间关系的技能，包括：观察、理解、掌握人的心理规律的能力；与同事、客人、朋友之间沟通的能力；了解下属需要，进行有效激励的能力；善于团结他人，增强向心力、凝聚力的能力等。在以人为本的今天，处理好人与人之间的关系，对于现代管理者来说是一种重要的基本功。没有人际技能的管理者是做不好管理工作的。

（3）概念技能

概念技能又称思维技能或构想技能，是指管理者综观全局，对影响组织生存与发展的重大因素做出正确判断，并在此基础上做出决策，引导组织发展方向的能力。其核心是观察能力和思维能力。概念技能包括：对复杂环境和管理问题的观察、分析能力；对全局性、战略性、长远性重大问题的处理与决断能力；对突发性事件的处理能力和应变能力等。在组织既定的环境中，有众多的影响因素，从而使组织的发展充满变数和不确定性。作为一名管理者，需要能快速敏捷地从混乱、复杂的环境中辨清各种因素之间的关系，抓住问题的实质。对于管理者来说，概念技能在组织的战略决策和发展中最为重要，也最难培养。

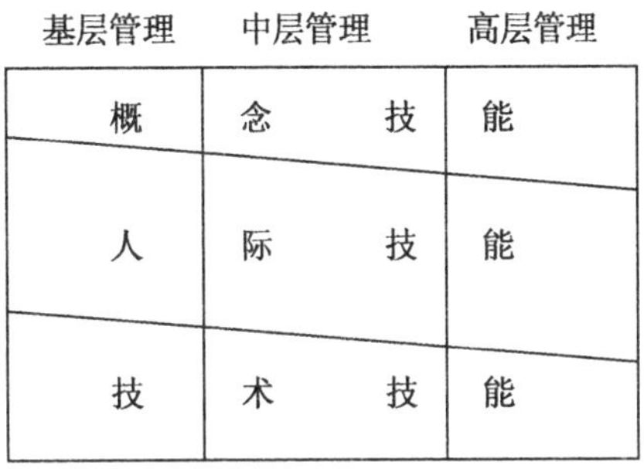

图 1－2　管理者层次与管理技能要求

资料来源：刘明珠. 管理学（MBA 联考）. 北京：北京大学出版社，2003，第 11 页

成功的管理者应具备较高的技术技能、人际技能和概念技能，但由于不同层次的管理者所处的位置、发挥的作用以及履行的职能有所不同。因此，对于不同层次的管理者来说，这三种技能的重要程度也不相同（如图 1－2 所示）。一般来说，高层管理者尤其需要概念技能，因为高层管理者在执行计划、决策等主要职能的时候，需要具备理解各种事物之间相互关系的能力，高层管理者对技术技能的要求就相对低一些。与之相反，由于基层管理者的主要职能是现场指挥与监督，更需要技术技能，对概念技能的要求不是太高。由于管理对象的主体要素是对人的管理，因此，人际技能对每个层次的管理者来说都十分重要。

1-2 阅读材料

三、不同层次的管理者角色与任务的转变

1974 年，加拿大管理学家亨利·明茨伯格（Henry Mintzberg）研究发现，管理者扮演十种角色，可归纳为三大类：人际角色、信息角色和决策角色。

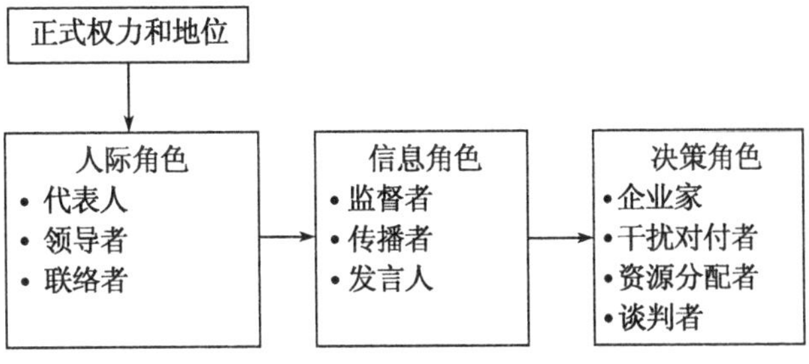

图 1－3　管理者的角色

1. 人际角色

(1) 代表人:象征性的首脑,必须履行许多法律性的或社会性的例行义务。

(2) 领导者:激励和动员下属,人员配备、培训和交往的职责。

(3) 联络者:维护自行发展起来的外部接触和联系网络,向人们提供恩惠和信息。

> "党的领导+企业家精神+激励机制"是企业兴旺的法宝。
>
> ——宋志平

2. 信息角色

(1) 监督者:寻求和获取各种特定的信息,以便透彻地了解组织与环境、组织内外的神经中枢。

(2) 传播者:将从外部人员和下级那里获得的信息传递给组织的其他成员——有些是关于事实的信息;有些是解释和综合组织的有影响的人物的各种价值观点。

(3) 发言人:向外界发布有关组织的计划、政策、行动、结果等信息,作为组织所在产业方面的专家。

3. 决策角色

(1) 企业家:寻求组织和环境中的机会,制定"改进方案"以发起变革,监督某些方案的策划。

(2) 干扰对付者:当组织面临重大、意外的动乱时,负责采取补救行动。

(3) 资源分配者:负责分配组织的各种资源——事实上是批准所有重要的组织决策。

(4) 谈判者:在主要的谈判中作为组织的代表。

阅读与思考

企业家是经济活动的重要主体,是市场经济中的关键和特殊人才。市场活力来自于企业,特别是来自企业家,来自企业家精神。改革开放以来,一大批有胆识、勇创新的企业家茁壮成长,形成了具有鲜明时代特征、民族特色、世界水准的中国企业家队伍。

2020 年 7 月 21 日习近平在企业家座谈会上说:"改革开放以来,一大批有胆识、勇创新的企业家茁壮成长,形成了具有鲜明时代特征、民族特色、世界水准的中国企业家队伍。企业家要带领企业战胜当前的困难,走向更辉煌的未来,就要在爱国、创新、诚信、社会责任和国际视野等方面不断提升自己,努力成为新时代构建新发展格局、建设现代化经济体系、推动高质量发展的生力军。"

[资料来源:2020 年 7 月 21 日习近平在企业家座谈会上的讲话]

思考与讨论:举例说明中国企业家精神是什么?

第三节　管理环境

一、管理环境的概念及分类

管理的环境是指存在于社会组织内部和外部的，影响管理实施和管理效果的各种力量、条件和因素的总和。管理的环境按存在于社会组织的内外范围划分，可分为内部环境和外部环境。

1. 内部环境

内部环境主要指社会组织履行基本职能所需要的各种内部的环境与条件，包括人员的社会心理因素、组织文化等因素。任何组织都是独特的资源和能力的结合体，这一结合体形成了管理工作的基础。由于各个组织的资源和能力各不相同，在同一外部环境中经营并采取类似管理措施的组织，也不一定会取得相同的绩效。可以说，组织的内部条件、外部环境和管理工作三者共同决定了一个组织的总体绩效水平，决定了这个组织的生存发展能力。

2. 外部环境

外部环境是指组织外部的各种自然和社会条件与因素。

组织的外部环境可划分为一般环境和具体环境。

一般环境也称宏观环境，指对某一特定社会中所有企业或其他组织都发生影响的环境因素，包括社会、政治、经济、法律、技术、文化和自然环境等各因素。一般环境的影响常常是广泛的，可能影响所有组织，不一定仅影响某个特定的组织。大多数情况下，一般环境是特定组织的管理者所无法影响和控制的，因此，适应和利用是更常用的应对策略。一般用 PEST 分析模型（如图 1－4），即从政治（Political）、经济（Economic）、社会（Social）和技术（Technological）这四大类影响企业的主要外部环境因素进行企业外部环境的分析。

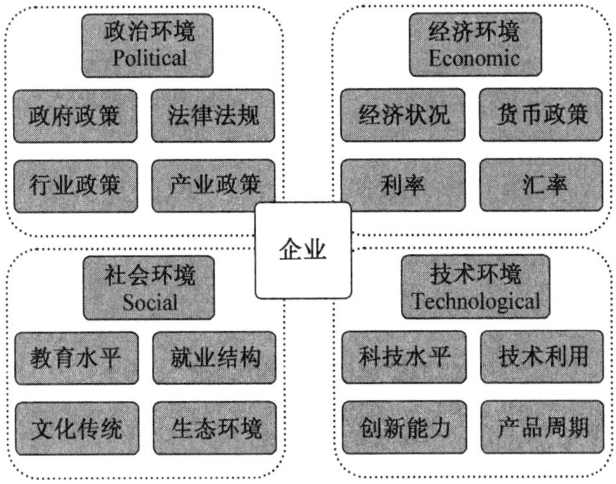

图 1－4　PEST 分析模型

具体环境也称微观环境或任务环境，是指某个社会组织在完成特定任务过程中所面临的特殊环境因素。比如，不同企业可能面临相同的宏观环境，但所面临的微观环境可能不同，包括供应商、竞争者、顾客和营销中介等。与一般环境相比，具体环境对特定组织的影响更为直接和明显，更容易为组织管理者所识别、影响和控制。当然，不同的组织所面临的具体环境也不相同，而且会随着组织所提供的产品或服务的范围及其所选择的细分市场的变化而发生改变。如，由于北方有沙尘暴，面对北方客户的需求，海尔就迅速开发出了商用防沙尘暴的空调。

一般用 SWOT 分析模型（如图 1－5）分析微观环境，即基于内外部竞争环境和竞争条件下的态势分析，就是将与研究对象密切相关的各种主要内部优势、劣势和外部的机会和威胁等，通过调查列举出来，并依照矩阵形式排列，然后用系统分析的思想，把各种因素相互匹配起来加以分析，从中得出一系列相应的结论，而结论通常带有一定的决策性。

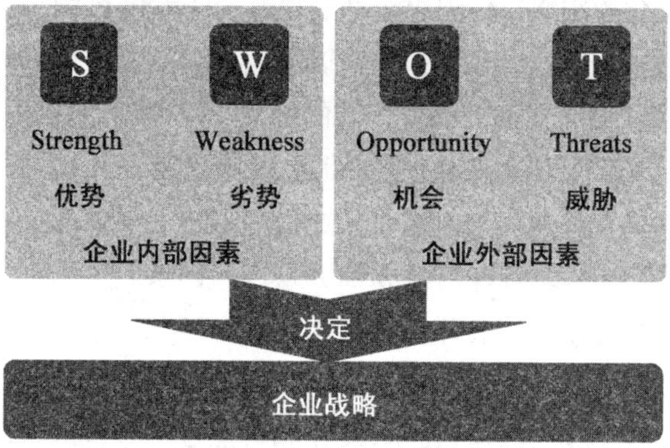

图 1－5　SWOT 分析模型

阅读与思考：数字化时代管理者能力的变化

2020 年开始新冠肺炎疫情在全球肆虐，对除部分医药和防疫物资供应链上下游企业外的各行各业的企业运营都产生了不同程度负面影响。

一方面，为有效控制疫情，政府出台的管控措施对涉疫区严格管控、封闭管理，导致部分企业被迫暂停营业；另一方面，疫情常态防控环境下，企业运营模式也在逐步改变，线上营销、数字营销等新的运营模式得以广泛应用。

但对部分企业，外部环境的改变导致企业运营再也不能恢复到之前的状态。防疫成为社会及企业面临的头等大事，防疫不利出现感染，整个企业或区域人员均需隔离，以防止疫情扩散，这必然会影响企业正常运营，尤其是对生产型企业。此时，很多企业运营方式被迫从线下运营转为线上运营，从而导致企业工作模式变化，比如线上办公、线上营销、数字营销等，进而影响员工的工作认知。上到国家、下到企业或家庭，疫情防控成为日常活动的头等大事，尤其是近期国内疫情呈现多点散发局面，防控意识不容放松。面对疫情防控的需要，企业领导者需要从意识上认识到防控重要性，这不仅关系到企业运营，更关系到员工身心健康，管理者要有“生命至上”的防疫理念。在防疫控制上，企业领导要科学管理，兼顾防疫与企业运营。

思考与讨论：企业面对疫情如何及时调整策略？

二、管理与环境的关系

管理与所处的环境（主要指外部环境）存在着相互依存、相互影响的关系。

1. 对应关系

以一家企业为例，社会上的环境可以划分为经济、技术和社会三大环境。那么，企业内部就与之相对应，存在着经营、作业和人际关系三大管理领域。

2. 交换关系

组织与环境之间不断地进行着物质、能量和信息的交换。例如，一家生产企业，从市场上搜集情报信息，并购进原材料；再将加工完的产品到市场上销售，并通过广告等形式向社会广泛传递有关产品的信息，而组织、协调和控制这些活动的管理行为，也必然同环境之间存在交换关系。

3. 影响关系

组织的管理受外部环境的决定与制约，同时组织的管理也会反作用于外部环境。两者之间存在着极为密切的决定、影响和制约关系。

三、环境对组织管理的影响

环境对组织的生存发展及内部管理起着决定与制约作用。因此，管理者必须抓好环境管理，了解与认识环境，分析与评估环境，主动适应环境，谋求组织内部管理与外部环境的动态平衡。环境对组织管理的影响主要表现在：

1. 经济环境的影响

经济环境与管理的关系是最为直接的，对管理的影响也是最大的。经济环境对组织管理的影响主要表现在以下几方面：经济物质资源；国家的经济制度与经济体制；社会的经济规模与发展水平；市场供求与竞争；国民收入与消费水平。

2. 技术环境的影响

社会组织的技术环境，主要指组织所在国家或地区的技术进步状况以及相应的技术条件、技术政策和技术发展的动向与潜力等。技术水平、技术条件、技术过程的变化，必然引发管理思想、管理方式与方法的更新。

3. 政治环境的影响

政治环境包括国际、国内及本地区的政治制度、政治形势、政策法规等。政治形势的状况及变动趋势，关系到社会的稳定，这直接关系到社会组织的运行与管理；国家的政策，关系到资源状况、居民的收入水平、消费与市场需要、企业内部制度与政策以及人员心理等，这些对组织的管理均有重要的影响作用。

4. 社会与心理环境的影响

社会与心理环境主要指组织所在地的人口、教育、生活习俗、风气、道德、价值观念以及社区成员的各种心理状况等。由于社会组织是由人组成的，人既是管理者又是管理对象，这就决定了社会组织及其管理离不开人与人之间的关系，离不开人们的社会心理因素。

总　结

从古至今，管理的足迹无处不在，管理者的管理智慧成就了企业的辉煌，管理与科技创新一起，为人类创造着更好的生存条件与生活空间。管理活动是人类最重要的一项活动。管理是否有效，在很大程度上取决于管理人员是否真正具备了一名管理者所必须具备的管理技能。只有在正确的管理概念指导下，才能更好地掌握管理知识并形成管理技能。

【课后训练】

一、案例分析

管理者的困惑(一)：国龙集团企业发展引发的思考

国龙集团，创建于1997年，是一家私企买断国企从事电缆生产的企业。创建之初企业注册资金不到百万，经过20余年努力，国龙集团目前已拥有电缆、铜业、铝业、再生资源四家子公司，成为集研发、专业制造和销售电线电缆产品国家高新技术企业，注册资金1.12亿元，年产值过50亿，年上缴税收过2亿。是本地本省乃至中南区域电缆行业的龙头企业。

国龙集团董事长毛先生，回顾几十年的经营与发展，认为国龙集团所取得的成功，与公司的不断创新不断改进的管理息息相关。

一是，高度重视技术创新。采取外联合作和自我研发相结合的方式，建立了自己的电缆电线实验室，同时与全国大专院校、科研院所有良好的研发合作关系，组建了国内首家电线电缆院士工作站。毛总经常引用华为的企业文化，作为一家高科技企业，我们的未来五年乃至十年的目标第一是创新，第二是创新，第三还是创新。到2021年，集团已获得15项发明专利和28项实用新型专利，研发出46个新产品并投放国际、国内市场，经济效益和社会效益显著。

二是，严抓生产质量管理。质量是产品的生命线，企业从创业初期就明确这条指导方针。因为企业经营特殊行业，产品一旦使用关系着千万用户及国家财产。通过多年努力，国龙企业生产的“锦龙”牌电缆连续多年获得湖南省“产品质量奖”“著名商标”“名牌产品”，并获得产品质量“国家免检”称号，成为湖南省电线电缆行业唯一获此殊荣的企业。

三是，以人为本人才是企业发展的根本。作为一家私企买断车企发展而来的集团企业，企业经历了小企业、国企转制、集团化经营多个阶段，从经营单一产品到多元化经营，从100万到10个亿，国龙集团最重要的资源就是人力资源。集团引进了大量的高科技人才，管理人才，重视人才发展，重视人才需求，重视员工福利。同时也重视人力资源的社会效应，与多家大专院校建立校企合作，一方面为企业培养优秀人才，一方面回馈社会为广大毕业生提供了大量就业机会。

当然，在国龙集团的发展过程中，仍然也存在很多企业不可避免的管理问题，需要企业不断研究突破。未来，企业的发展目标是，年产值突破200亿，成为全国500强企业，成为职工心中最具幸福感的企业。

思考：

1. 国龙集团的发展壮大说明了什么？
2. 管理在企业发展中的作用表现在哪些方面？

二、复习与思考

1. 你觉得身边的哪些现象是管理现象？你认为这些管理现象是有效的还是不理想的？
2. 如何解释管理的创新性？讨论企业如何培养创新能力？
3. 结合实际分析管理者的技能包括哪些方面？
4. 新冠疫情环境下，如何用PEST分析企业外部环境？如何用SWOT分析对企业经营管理的影响？

【管理游戏】

抬木棍

每6—8人为一小组参赛，参赛小组必须每人伸出右手食指抬起木棍，把木棍由地面1.5 m处慢慢放下至0.5 m处，过程中不允许任何一人的手指离开木棍，否则从头开始。哪一组先完成整个过程为胜方。

游戏以竞赛的形式进行，两个小组同时参赛，并且设计了赢的小组可以向输的小组提一个要求——要求输的小组表演一个节目的竞争环节。

思考：

1. 你认为这个游戏涉及管理吗？表现在哪？
2. 你认为参赛小组有没有运用到管理的职能？运用的是哪些管理的职能？做完游戏后总结回答。

【校园体验】

大学生活中的管理机制

请寻找并描述一下对于大学生活影响较大的一种管理机制，并分析其作用机理。每组6—8人，在课下进行分组讨论，也可进行集体讨论，鼓励大家各抒己见，不必要求最终统一结论。建议定期进行一次讨论看看大家的意见有什么进步。

模块二　管理思想与管理理论

■ 知识目标

1. 理解中外早期管理理论。
2. 理解泰罗科学管理理论的内容。
3. 理解行为科学理论。
4. 了解管理理论的新发展。

■ 技能目标

1. 培养运用古典管理理论分析管理问题的能力。
2. 培养养运用现代管理思想以发展的眼光看待管理问题的能力。
3. 培养能总结中国企业发展与改革中管理思想创新的特色的能力。

■ 素质目标

1. 了解中国古代管理思想对现代管理的借鉴意义增强文化自信。
2. 形成与时俱进的创新管理思维方式。

情景导入

优秀中国企业案例(二):海尔集团从输出产品与品牌到输出管理和思想

海尔集团(以下简称“海尔”)于1984年在中国青岛创立,是全球领先的美好生活和数字化转型解决方案服务商。海尔连续13年稳居“欧睿国际全球大型家电零售量排行榜”第一名,连续3年作为全球唯一物联网生态品牌蝉联“BrandZ最具价值全球品牌百强榜”,连续18年入选世界品牌实验室“世界品牌500强”,旗下共8大品牌入选世界品牌实验室“中国品牌500强”,子公司海尔智家连续多年入选《财富》世界500强和《财富》全球最受赞赏公司。海尔深入全球160个国家和地区,服务全球10亿+用户家庭,在全球设立了10+N创新生态体系、71个研究院、259个研究所及设计中心、29个工业园、122个制造中心、108个营销中心和24万个销售网络,旗下海创汇创业加速平台孵化了5家独角兽企业、90家瞪羚企业、38家专精特新小巨人。

在持续创业创新的过程中,海尔集团坚持“人的价值第一”的发展主线,始终以用户体验为中心,踏准时代的节拍,历经名牌战略、多元化战略、国际化战略、全球化品牌战略、网络化战略和生态品牌战略等六个战略阶段,从资不抵债、濒临倒闭的集体小厂发展成为引领物联网时代的生态系统。主要历程如下：

1. 名牌战略阶段(1984—1991年)。抓住改革开放机遇，改变员工的质量观念，打造高质量冰箱名牌。

2. 多元化战略阶段(1991—1998年)。兼并18家亏损企业，从只干冰箱一种产品发展到多元化，包括洗衣机、空调、热水器等。

3. 国际化战略阶段(1998—2005年)。按照"走出去、走进去、走上去"三步走思路，逐渐在国际上树立品牌，成为中国品牌走向全球的代表者。

4. 全球化品牌战略阶段(2005—2012年)。在海外建立本土化设计，本土化制造，本土化营销"三位一体"中心。

5. 网络化战略阶段(2012—2019年)。海尔从传统制造家电产品的企业转型为面向全社会孵化创客的平台，致力于成为互联网企业，颠覆传统企业自成体系的封闭系统，变成网络互联中的节点，互联互通各种资源，打造共创共赢新平台，实现攸关各方的共赢增值。

6. 生态品牌战略(2019—至今)。在生态品牌战略阶段，海尔为了把世界改变成物联网时代所要求的世界，正在通过改变两点来实现：第一，改变企业，把企业从原来有围墙的花园改变成热带雨林式的可以自进化的商业生态体系；第二，改变生活方式，变成物联网时代的生活方式，从原来以产品为主变成以场景和生态为主。以此，让不同的国家、不同的民族都可以享受到物联网时代的美好生活。海尔正在从衣、食、住、行、康、养、医等方方面面为每个用户定制物联网时代的美好生活，成长为一个用户信任的生态品牌。

现在中国在国际上有产品品牌影响力的不止海尔，但是，敢说自己的管理思想和管理模式影响了世界的却凤毛麟角。管理理念和方法缘起西方，中国企业的现代管理理论大多都来自西方。而海尔自2005年以来提出的"人单合一"的商业模式，却正在影响西方的学界和企业界。

"人单合一"的基本含义是指每个员工都应直接面对用户，创造用户价值，并在为用户创造价值中实现自己的价值分享。员工不是从属于岗位，而是因用户而存在，有"单"才有"人"。原海尔集团董事长张瑞敏认为，互联网带来的"零距离"将以企业为中心颠覆为以用户为中心，使大规模制造变成大规模定制，这是对科学管理原理的颠覆。互联网带来的"去中心化"把员工的领导从过去的上级变成了用户，这是对科层制的颠覆。互联网带来的"分布式"意味着资源不局限于企业内部而是来自全球，"世界就是我的研发部"。自2005年推行的人单合一，学者们认为海尔颠覆了企业原有的组织结构，进行了一场小微运动。拥有6万多名员工的海尔被拆分成2 000多家"小海尔"，号称"创客团队"，这些小团队独立作业，实现企业平台化、员工创客化、用户个性化。"创客"正在"取代"产品，被海尔"制造"出来。海尔将变身为一家平台公司，为海量的小微们提供适合创业的资金、资源、机制、文化等各种支持，而未来海尔将只有三类人：平台主、小微主和小微成员。在同时代的企业中，海尔是个先行者。

2016年6月，张瑞敏被耶鲁大学管理学院授予"传奇领袖奖"，成为年度唯一获奖的中国企业领袖。"传奇领袖奖"创立于25年前，旨在表彰对创建国际化企业有突出贡献并对企业领导模式有模范作用的优秀企业家领袖，从而激励来自不同国家和行业的管理者们。伦敦政治经济学院(LSE)克里斯蒂安·布施教授认为"海尔模式可能会成为下一个社会模式"。哈佛教授约翰·科特则表示,海尔模式"不仅可以创建一个非常伟大公司,还会帮助整个国家"。斯坦福大学讲师、前白宫政策顾问埃米·威尔金森到访海尔后高度肯定"人单合一"模式,并认为"人单合一"模式值得西方企业借鉴。

以海尔为代表的中国企业管理模式正登上世界舞台。这些商学院都是培养世界级企业管理精英的殿堂,更是西方管理理念的发源、实践、提升的场所。海尔进入他们的视线及案例,意义深远,也必然引发更多西方企业界对海尔及更多中国企业的关注与研究。

[资料来源:海尔集团官网]

思考:

1. 从海尔集团的管理改革实践中,你得到了哪些启示?
2. 海尔集团"人单合一"商业模式符合哪些管理原理?
3. 海尔集团创建了一套完整的中国企业管理模式,请分析管理思想在推动海尔走向世界过程中的作用是什么?

2-1 优秀中国企业视频

【任务导入】

每6—8人自愿组成小组完成下列任务。

根据所学知识与实际企业调查访问所获得的信息与资料,组建模拟公司。

1. 组建"××公司",自定公司名称。进行总经理竞聘,每个人以"我要做一个什么样的管理者"为题,发表竞聘演讲(要求有发言提纲)。对本公司的组建提出各种设想,并进行充分交流。

2. 结合模拟公司的实际,论证应以何种理论作为管理的理论依据。讨论模拟公司应树立哪些先进的管理理念。

第一节　中国早期的管理思想

中华民族有五千年的悠久历史,传统文化源远流长,博大精深。以儒家、道家、法家为代表的古代哲学思想,积累了丰富的管理经验,这些管理经验对我们后人对企业的管理有着重要的意义。

一、中国古代思想史演进

历史上四大文明古国的治理是管理实践不朽的杰作,其中古代中国从很早的夏商周三代时就建立了官制,实行对国家的治理,到汉朝官制已十分发达,建立了世界上颇为完备的官制系统。中央置丞相、太尉、御史大夫,分掌行政、军事、监察,国家机构的权力配置构成了行政、军事、监察三大系统鼎立的格局。此外,古代中国为后世留下了大量珍贵的历史遗迹。比如世界七大古建筑中中国的万里长城就是人类管理的奇迹之一。

我国古代的管理思想及理论框架可以追溯到先秦至汉代时期。古代管理思想主要体现在先秦到汉代的诸子百家思想中，包括儒家、道家、法家、兵家、商家等。许多古代经典著作，如《论语》《道德经》《孙子兵法》《九章算术》《三国演义》《红楼梦》等，充分反映了我国古代成功的管理思想和经验。《老子》主要体现了管理者的权变谋略和在管理过程中的境界、素质及管理原则的思想；《孙子兵法》主要体现了管理者在人事、决策、环境、组织等方面的战略思想；《韩非子》主要体现了管理者的统御谋略思想；《论语》《孟子》《荀子》主要体现了管理者如何处理人际关系的谋略思想；《三国演义》主要体现了管理者的创造性管理思维；《红楼梦》主要体现了管理者以法治家的时效管理思想；而《九章算术》则是我国古代培训管理人员及供他们日常应用的手册，其中三分之二的题目可与财政或工程官员职能相对应，堪称两千年前世界管理数学之最。

表 2-1　中国古代管理思想内容举例

内容	举例
统御之术	1. 在识人上，中国最早的兵书《六韬》中提出识人“八征法”。
	2. 在用人上，墨子认为：“奉贤者，政之本也。”《吕氏春秋》提出“得贤人，国无不安……失贤人，国无不危”。管子提出了用人的德、功、能三项基本标准。
	3. 在制人上，韩非子认为：“君无术，则弊于上；臣无法，则乱于下”“赏罚二术。君之利器”孔子认为：“其身正，不令而行；其身不正，虽令不从”。
用兵之策	1. 兵以利动：用兵打仗，要以谋略来取得成功，以经济利益作为行动的目的，以分散与集中作为变化手段。
	2. 分析形势：“形”是客观的、静态的、实际的、显而易见的；而“势”则是主动创造的、不可见的、动态的，是一种隐性的趋势和态势，是克敌制胜的综合因素。
	3. 先谋后战：先筹划好后再战。指不打无准备的仗。
	4. 避实击虚：指避开敌人的主力，找敌人的弱点进攻，又指谈问题回避要害。
	5. 不战而屈人之兵：原意为让敌人的军队丧失战斗能力，从而使己方达到完胜的目的。现多指不通过双方军队的兵刃的交锋，便能使敌军屈服。
经营之道	范蠡总结经商经验，提出了计然之策。计然之策包括“待乏原则”和“积着之理”。
其他方面	1. 在管理哲学上，提出以人为本的思想。 2. 在领导方式上，儒家提出“仁政德治”，法家提出“法制刑治”，道家提出“无为而治”。 3. 在系统运作上，古人提出许多运筹谋略，并造就大量传世杰作。 4. 在钱财管理上，孔子主张“崇俭”。荀况提出：“节其流，开起源，使天下必有余，而上不忧不足”，并形成一些核算制度。 5. 在管物上，重视“利器”。

中国作为世界伟大的文明古国，有着璀璨的历史遗产，包括丰富多彩的管理思想。由于受当时生产力发展水平的限制，这些管理思想零星分散，至今未能形成独立的科学体系，但许多管理思想的精华对今天的管理实践仍然具有借鉴的价值。

二、中国古代管理思想的三大主流学派

综观中国古代历史，我国早期管理思想主要可以从三大主流学派之中进行提炼。

1. 以孔子为代表的儒家学派

儒家理论先由孔子开创并提出主体的思想构架，再经较晚的孟子和荀子进一步的补充，正式形成了一门儒学。

儒家的管理思想提出了人性善的假设，以治国平天下为之管理的终极目标，以管理者的自我修养为管理的前提条件，对人的内外控制，以德而使之转化成为诚服臣民为主要手段的管理方法来施行管理的。我们可以把儒家的管理思想分为这么几个方面：首先是管什么？儒家的回答是“治人”；其次是谁来管？儒家的回答是“劳心者治人”；最后是怎样来管？儒家的回答是“和为贵”。对这三个方面，儒家都有独到的见解。

2. 以韩非子为代表的法家学派

法家学派的主要代表人物有商鞅与韩非子，法家与儒家相反，提出了人性本恶的假设，其管理思想的核心是以奖惩赏罚的强制手段来求得公平这一社会理想，因而力主推行法制，并以刑治为手段，通过严刑重罚推法护法，实现治国的目的。

3. 以老子为代表的道家学派

道家学说的发展可以追溯到黄帝和周易，老子所著的《老子》和庄周所著的《庄子》成为道家的经典著作。他们是道家的创始人。道家提出人性自然的假设，“王霸杂合之道，无为而治”，认为“道法自然”，“无为而万物化”，主张以弱小胜刚强，以反求正，以实现至德之世的理想境界。

> 讨论与思考：
>
> 中国的三大思想学派，在中国历史的发展中起到了哪些作用？积极的？消极的？在现代人中还有哪些方面的体现？

这三大学派都产生于中国古代思想最活跃的春秋战国时代。其管理思想的基本逻辑结构是人性假设的管理方式。他们各自提出对人的基本看法，进而提出自己的管理方式，从而各自形成较为系统的治国治生的管理思想。

三、中国古代管理思想的内容

从宏观的角度看，我国古代管理思想大致可分为三个部分：治国、治生和治身。治国主要是处理整个社会、国家管理关系的活动，即“治国之道”。它是治理整个国家、社会的基本思路和指导思想，是对行政、军事、人事、生产、市场、田制、货币、财赋、漕运等方面管理的学问；治生是在生产发展和经济运行的基础上通过官、民的实践逐步积累起来的，它包括农副业、手工业、运输、建筑工程、市场经营等方面的管理学问；治身主要是研究谋略、用人、选才、激励、修身、公关、博弈、奖惩等方面的学问。这三部分管理思想还可细划为以下五个方面：

1. “以人为本”的管理思想

“以人为本”思想在我国最早是由政治家管仲提出的，其本意是只有解决好人的问题，才能达到“本理国固”的目的。无论是古今还是中外都证明：人才是一切之根本！一个不

懂得珍惜人才的国家和组织是不可能有长远的发展的!?

2.“正人必先正己”的管理思想

中国古代管理非常强调领导者道德素质的重要性,崇尚“道德教化”和“正己正人”的管理方式。“正己而不求于人,则无怨。”“诚者,非自成己而已也,所以成物也。成己,仁也;成物,知也。”意思是端正自己与他人,成就物业为自我。从管理学的角度来说,就是最佳的管理行为都应是以双向约束为基本要求的,不仅约束他人行为使之端正,同时也使自己的行为得以规范。先哲们认为,“正己”为“正人”的前提,如果连自己都不能“正”,岂能奢言正人。我国古代管理思想的本质是“人为、为人”。

3. 富有辩证法思想的“经权观”管理思想

我国古代管理思想普遍贯穿着经权观,“经”指“变中不易的常理”,即管理中普遍的稳定的原则,“权”指“应变的权宜”,即根据时空和势态变化而不断改变着的方法和策略。这种经权观要求“执经达权”,即根据普遍的管理原则和事物运动的客观规律来选择和确定合适的管理方法,最后达到管理目标;同时要求“通权达变”,即根据不断变化的情势而随时调整自己的管理方式,“穷则变,变则通,通则久”,德治礼治的恒久之道正是由于不断的变通才得以持久,得以实现的。

4. 经世实用的战略管理思想

我国古代的军事典籍中蕴藏着大量的战略管理思想,这已成为今天军事乃至企业经营战略管理的重要思想宝藏。在《孙子兵法》中,孙子着重指出了战略谋划的重要性。

5.“天人合一”的整体和谐观管理思想

古代管理思想是以整体和谐观为基础的。也就是把管理作为一个统一的整体的过程,促使社会与自然、管理系统与外部环境以及管理组织内各种组成之间达到最佳和谐,把管理的各个要素和功能组成一个统一的有序结构。我国古代管理思想的灵魂是和谐观。

第二节　西方早期管理实践和西方古典管理理论

西方文化起源于希腊、罗马、埃及、巴比伦等文明古国,他们在公元前 6 世纪左右即建立了高度发达的奴隶制国家。这些古国在国家管理、生产管理、军事、法律等方面都曾有过许多光辉的实践。埃及金字塔、罗马水道、巴比伦“空中花园”等古代建筑工程堪与中国的长城并列为世界奇观。公元 3 世纪后,随着基督教的兴起,这些古文化逐渐被基督教文化所取代。在基督教圣经中包含的伦理观念和管理思想,对以后西方封建社会的管理实践起着指导性的作用。

一、西方早期管理实践与管理理论

1. 亚当·斯密

亚当·斯密(1723—1790 年)在 1776 年发表了《国民财富的性质和原因的研究》一

书，系统阐述了劳动价值论及劳动分工理论。

亚当·斯密认为，劳动是国民财富的源泉，劳动创造的价值是工资和利润的源泉，并经过分析得出了工资越低，利润就越高；工资越高，利润就会降低的结论。亚当·斯密对劳动分工能带来劳动生产率的提高作了全面分析，他认为劳动分工之所以能大大提高生产效率，可以归纳为三个原因：(1) 增加了每个工人的技术熟练程度；(2) 节省了从一种工作转换为另一种工作所需要的时间；(3) 发明了许多便于工作又节省劳动时间的机器。

此外，亚当·斯密认为，经济现象是由具有利己主义的人们的活动产生的。人们在经济行为中，追求的完全是私人利益。但是，每个人的利益又为其他人的利益所限制，由此就产生了相互的共同利益，进而产生和发展了社会利益。社会利益正是以个人利益为基础的。这种认为人都要追求自己的经济利益的"经济人"观点，正是以"看不见的手"为标志的资本主义生产关系的反映。

2-2 案例讨论

2. 查尔斯·巴贝奇

英国的查尔斯·巴贝奇(1792—1871 年)是一位精通数学、机器制造的经济学家，1832 年他发表了《论机器与制造业的经济》一书。巴贝奇系统地研究专业化的问题：劳动分工可以缩短掌握操作所需的时间，节约变换所浪费的时间，而且简单操作的重复有利于熟练化和产生技巧。他认为要提高工作效率，必须仔细研究工作方法，同时还提出了一种工资加利润的分配制度，为现代劳动工资制度的发展和完善做出了重要贡献。

3. 罗伯特·欧文

罗伯特·欧文(1771—1858 年)是英国的空想社会主义者。他曾在自己经营的一家大纺织厂中做过试验。他提出要缩短工人的劳动时间、提高工资、改善住房。他的改革试验证明：重视人的作用，尊重人的地位，可以使工厂获得更大利润。从一定程度上可以说欧文是人事管理的创始者。

从 18 世纪末到 20 世纪初这段时间里，管理学基本上处于积累实际经验的阶段，这为后来泰罗等人创立科学管理体系打下了良好的基础，因而开始了从经验管理向科学管理的过渡。

二、西方古典管理理论

随着资本主义的发展和工厂制度的形成，旧的基督教教义与资本主义精神发生了冲突，于是产生了基督教新教。在基督教新教义的鼓励下，经商和管理日益得到社会的重视，有越来越多的人来研究社会实践中的经济与管理问题。

(一) 泰罗的科学管理理论

1. 科学管理之父——泰罗

费雷德里克·泰罗(1856—1915)是美国古典管理学家，科学管理的创始人。

泰罗出生于美国中产阶级家庭，泰罗的父亲是一名成功的律师。良好的家庭环境，从小塑造出泰罗性格中某些不同寻常的优秀品质。泰罗热爱阅读古典名著，勤于动手、热衷实验，对待任何事物都非常认真执着，有"打破砂锅问到底"的精神。

泰罗中学毕业考上了哈佛大学法学院，而泰罗的父亲也希望他能够子承父业，成为一名优秀的律师。然而事与愿违。十八岁那年，泰罗因为眼疾而退学，1875 年进入一家小机械厂当徒工，1878 年进入费城米德瓦尔钢铁厂当机械工人，在该厂一直工作到 1897 年。在此期间，因工作努力，表现突出，很快先后被提升为车间管理员、小组长、工长、技师、制图主任和总工程师，并通过业余学习获得了机械工程学士学位。

在米德瓦尔钢铁厂工作期间，泰罗发现许多工人“故意偷懒”“磨洋工”，工作效率很低。虽然实行计件工资制度，但由于雇主在提高生产后就降低计件单价，造成工人不愿多做工作，生产效率难以提高。在实践中，他感到当时的企业管理当局不懂得用科学方法来进行管理，不懂得工作程序、劳动节奏和疲劳因素对劳动生产率的影响，而工人则缺少训练，没有正确的操作方法和适用的工具，这都大大影响了劳动生产率的提高。因此，为了改进管理，他进行了各种试验。后又在伯利恒钢铁公司继续从事管理方面的研究。1901 年以后，泰罗大部分时间用于咨询、写作、演讲等，宣传他的企业管理理论——科学管理，即通常所说的泰罗制。

2. 科学管理理论的主要内容

(1) 工时研究

泰罗科学管理的核心是提高工作效率。通过在工厂工作多年的观察，泰罗发现工人在工作中效率低下的主要原因是工人认为企业主克扣工资因此故意偷懒磨洋工，而企业主认为工人们不认真工作于是不愿意支付合理报酬。事实上，最高的工作效率是工厂主和工人共同达到繁荣的基础。它能使较高的工作和较低的劳动成本结合起来，从而使工厂主得到最大的利润，工人得到最高的工资，进一步提高他们对扩大再生产的兴趣，促进生产的继续发展和工厂主、工人的共同富裕。于是泰罗进行了一项非常著名的搬运生铁块的实验，通过试验和研究，泰罗把工人的每一个工作分成尽可能多的简单的基本动作，去掉其中没有用的动作，同时，选择最适用的工具、机器，通过对最熟练的工人每一个操作动作的观察，选择出每一个基本动作最快和最好的方法，并记录下时间，加上必要的休息时间和其他延误时间，得到完成这些操作的标准时间。在此基础上制定出工人“合理的日工作量”。“合理的日工作量”是工人每个工作日标准定额的基础，标准定额是对工作进行管理的依据。

(2) 职业化培训和标准化

泰罗认为，有了科学的定额，能否完成还需要其他因素。这些条件包括两个方面，一是掌握了科学方法的工人，二是能够实施科学方法的工作条件。

泰罗认为，要使工人能够发挥出其最大能量，必须对工人进行恰当的选择，造就“第一流”的工人队伍。所谓第一流的工人，即该工人有能力最适合干这种工作，且该工人必须愿意做这种工作。根据人的能力和天赋把他们分配到相应的工作岗位上，还要对他们进行培训，教会他们科学的工作方法，激发他们的劳动热情。

要使工人掌握标准化的操作方法，使用标准化的工具、机器和材料，并使作业环境标准化，以利于提高劳动生产率。在这方面，他做过一个实验：工具标准化实验。研究了铲运工人的铲子规格与生产效率的关系，根据不同的物料设计了不同规格的铲子，小铲用于铲运重物料，如铁矿石等；大铲用于铲运轻物料，如焦炭等，这种做法大提高了生产效率。泰罗认为，必须用科学的方法对工人的操作方法、工具、劳动和休息时间的搭配，机器的安排和作业环境的布置等进行分析，消除各种不合理的因素，把各种最好的因素结合起来，形成一种最好的方法，他把这叫作管理当局的首要职责。后来实行的合理化操作运动就是在此基础上发展而来的。

标准化和工人培训，是科学管理中的两个基本方面，即人和物两个方面，它为工时研究和科学的定额管理提供了人和物的条件保证。标准化开了以后流水生产线的先声，工人培训开了以后职业教育的先声，对后代的影响极大。

(3) 差别计件工资

管理中的一个重要问题是合理的薪酬。如果高效率没有高工资，再好的方案也是白搭。为此，泰罗设计出一种效率工资——差别计件工资制，以解决科学定额下的合理报酬问题。实行差别计件工资制鼓励工人完成或超额完成工作定额。所谓的差别计件工资制是指，计件工资随完成定额的程度而上下浮动。如果工人完成或超额完成定额，则定额内的部分连同超额部分都按比正常单价高 25%计酬；如果工人完不成定额，则按比正常单价低 20%计酬。

差别计件工资制与工时研究、标准化、工人培训密不可分，必须结为一体。泰罗认为，要成功地实行差别计件工资制，必须使工时研究科学化；必须使所有机器设备和工具都维修得很好，并完全标准化；必须对工人进行培训，完不成定额任务必须首先追究计划室和领班的责任。否则，差别计件工资制就会失败。

(4) 计划职能与执行职能相分离

泰罗主张，改变原来的经验工作方法，代之以科学的工作方法。经验工作方法是指每个工人采用什么操作方法、使用什么工具等，根据个人的经验决定。所以，工人工作效率的高低取决于他们的操作方法和使用的工具是否合理以及每个人的技术熟练程度和努力程度。科学工作方法是指每个工人采用什么操作方法、使用什么工具等，都要根据试验和研究来决定。

泰罗主张设立专门的管理部门，职责主要是研究、计划、调查、训练、控制和指导操作者的工作。提出把计划职能和执行职能分开。管理部门要按科学的规律来制订计划，制定计划职能的人称为管理者，执行计划职能的人称为劳动者。

(5) 管理人员的专业化

推行科学管理的首要问题，也是科学管理运动中阻力最大的难题，就是管理人员的问题。没有高素质的管理人员，科学管理就根本无法进行。

泰罗指出，管理人员必须由懂得科学、熟悉经营业务、具有较高专业素质和专业能力的人员来担任。这一要求的实质是实现工商企业中所有者和经营者的分离，以专家取代过去的工头，以经理取代过去的工厂主。在经营权和所有权分离并由专家行使经营权的基础上，还应该在管理者内部实现专业化分工，使管理者尽可能只管单一性事务，即强调内行管理，以提高管理的质量和效率。

泰罗强调，管理是通过教育学会的。他认为，管理是能够学会而且是管理人员必须学会的一门专门技术，应当在管理实践中学会它。

（6）职能工长制

泰罗主张实行“职能管理”，即将管理工作予以细分，使所有的管理者只能承担一种管理职能。他设计出8个职能工长，代替原来的一个工长，其中4个在计划部门，4个在车间，每个职能工长负责某一方面的工作。各工长在其职能范围内，可以直接向工人发出命令。

事实证明，这样的管理方式易造成一个工人受多个人领导的现象，易引起管理混乱，所以职能工长制没有得到推广，但这种职能管理思想为以后职能部门的建立和管理的专业化提供了参考。

（7）例外原则

在职能工长制的基础上，泰罗还提出了在组织中从事管理活动的例外原则。

所谓“例外原则”，就是指高级管理人员为了减轻处理烦琐事务的负担，把处理各项文书、报告等一般日常事务的权力下放给下级管理人员，高级管理人员只保留对例外事项的决策权和监督权。

例外原则的提出，在组织理论上也有着重要意义。实际上，例外原则所强调的是组织中的层级管理，是完善和健全直线指挥系统的重要原则之一。

3. 泰罗科学管理的意义

泰罗的科学管理理论对现代管理学的发展做出重大贡献，有着重要的意义。

（1）泰罗将试验研究的方法带入了管理研究之中，开创了实证式科学研究管理的先河。

（2）他率先提出了要以科学管理的方式取代经验管理，让人们认识到经验虽然重要但不是管理的唯一方法，为管理思想开拓了新的视野。

（3）泰罗通过科学研究提高了工作效率，简化工作流程，挑选最适合的工人，最终的研究成果以各个环节和要素的标准化为形式表现。标准化管理已经成为现代管理的一个普遍性核心构成部分。

（4）泰罗首先提出了科学管理是一种心理革命，是人性与效率的统一。

所谓心理革命，主要是指管理人员必须实现观念上的彻底转换，改变旧有的、传统的管理观念。“科学管理的实质是在一切企业或机构中的工人们的一次完全的思想革命——也就是这些工人，在对待他们的工作责任，对待他们的同事，对待他们的雇主的一次完全的思想革命。同时，也是管理方面的工长、厂长、雇主、董事会，在对待他们的同事、他们的工人和对所有的日常工作问题责任上的一次完全的思想革命。没有工人与管理人员双方在思想上的一次完全的革命，科学管理就不会存在。”

案例与讨论：海尔的科学管理

海尔公司多年来总结了一套系统、科学、规范的管理方法，是在汲取了泰勒科学管理的基础上发展起来的，科学管理是企业不断成长发展的推动力。

1. 管理的颗粒度——OEC管理

OEC(Overall Every Control and Clear)即全方位优化管理法,全方位地对每个人、每一天、每件事进行控制和清理,让事事都有人管,人人都管事。海尔于1989年提出OEC管理法,朱镕基总理曾批示在全国推广这种管理经验。海尔的任务分解非常具体,把落在领导身上目标责任分解到每个人身上,每人一个小目标。日事日清,将工作的循环周期压缩到一天,避免工作缺陷的堆积,使整个企业处于一个良好的运作状态。

OEC管理法由三个体系构成:目标体系、日清体系和激励机制。首先确立目标,日清是完成目标的基础,必须将日清的结果与正负激励挂钩。OEC管理法贯穿于PDCA循环,通过设定目标体系、设定具体措施和方法、将方法付诸实施、纠正和改进计划及修正目标,保证每个流程处于受控状态,并且达到良性循环。OEC管理法就是PDCA循环有效地落实到每个人、每一天和每件事的企业管理方法。

2. 平等的用人理念

海尔公司在招聘过程和人员配置方面都遵循着平等原则,营造公平、平等、竞争、择优的用人环境。在过去一些企业特别是国有企业中,企业在选人、用人方面还存在着诸多不足。我国企业长期以来受计划经济体制的影响,在选人用人方面没用做到完全公平。海尔首先在生产中强调人员选拔的公平性,管理人员在调换女工的工作岗位时,要求两个人平等竞争,谁做得好谁上岗,反对讲关系。这要求工人改变传统的观念,让企业员工认识到招聘不是表面或者形式,而是为了选拔有真才实学的人。海尔还第一次将农民合同工评为技师,将合同工和正式工一视同仁,他们在工厂的地位一样。这种平等的用人观念激发了员工的工作热情,提高了生产积极性,受到平等对待的员工会更加努力地工作。

3. 目标和职责到位

长期以来,国有企业文化压力小,岗位职责明确但是不急迫、不到位,传统观念制约着员工的思想,海尔公司内部在管理人员企业战略的指导下,提出大家都认同、都接受的目标职责,并要求员工要按照规章制度办事,形成恪尽职守、管理规范、运转有序的工作格局。信息采集人员集中和清算企业运作的信息,及时掌握每天的管理信息并汇报给上级管理人员,公司上层领导每天开例会,将海尔的观念(8020原则、海尔机制等)结合具体工作进行剖析,分析员工工作中出现的问题并提出解决方案,解决了管理人员和员工双方的信息不对称问题,并且让管理工作更有效率。

[海尔的科学管理.蔡婕.商情.2017年34期]

思考:结合科学管理理论讨论海尔集团的管理方法如何帮助海尔不断发展?

(二)法约尔的一般管理理论

1. 经营管理之父——法约尔

亨利·法约尔是法国科学管理专家,管理学先驱之一,1841年生于土耳其伊斯坦布尔,1925年卒于巴黎。由于他长期担任企业的高级领导,所以,他研究的对象和泰罗的有所不同。泰罗着重于车间、工场的生产管理研究,而法约尔着重研究企业的全面经营。法约尔认为经营和管理是两个不同的概念，经营不等于管理。经营是引导一个组织趋向某一既定目标，它的内涵包括了管理。其代表作《一般管理与工业管理》(1916 年)标志着一般管理理论的形成。法约尔的管理理论对以后管理理论的发展有着重大的影响，因而，西方国家把法约尔称为"现代经营管理之父"。

2. 一般管理理论的主要内容

法约尔的管理功能理论认为管理功能包括计划、组织、命令、协调和控制。管理的内容包括 6 项：技术、推销、财务、安全、会计和经营。他在实践基础上总结出 14 条管理原则，即分工、权力、纪律、命令一致、指挥统一、公益高于私利、报酬、集权或分权、层级制、秩序、公正、安全、主动、集体精神。

(1) 企业经营活动的类别

法约尔认为，企业经营活动可以概括为六大类：

1) 技术活动——指生产、制造、加工等；

2) 商业活动——指购买、销售、交换等；

3) 财务活动——指资金的筹集、运用和控制等；

4) 会计活动——指盘点、制作财务报表、成本核算、统计等；

5) 安全活动——指维护设备和保护职工的安全等；

6) 管理活动——指计划、组织、指挥、协调和控制。

企业无论是高层领导，还是普通工人，每个人都要或多或少从事这六项活动，只是随着职务的高低和企业的大小不同而各有侧重。在高层人员的工作中，管理活动所占比重较大，直接从事生产和事务性活动的管理活动较少。

(2) 管理的五个基本职能

法约尔首次把管理活动划分为计划、组织、指挥、协调与控制五项职能，并对这五大职能进行了详细分析，揭示了管理的本质。他认为，计划是探索未来和制订行动方案；组织是建立企业的物质和社会双重结构；指挥，就是使其人员发挥作用；协调是连接、联合、调和所有的活动及力量；控制是注意一切是否按已制定的规章和下达的命令进行。

(3) 管理的十四项基本原则

法约尔十分重视管理原则的系统化，他根据长期的管理经验，总结出了管理的十四项基本原则。

① 分工。分工可以提高劳动效率。它不仅适用于技术工作，也适用于管理工作。但分工要有一定的限度，不能过粗或过细。

② 权力与责任。管理者因为拥有权力可以发布命令，但权力和责任必须相符。凡行使职权的地方就应当建立责任。

③ 纪律。没有纪律，企业就难以发展。而建立和维持纪律的最好方法，一是要有好领导，二是企业与职工之间的协议要尽可能明确和公正，三是实行制裁要公正。

④ 统一指挥。组织内的每一个成员只接受一个上级的指挥。违背这个原则，就会使权力和纪律受到破坏。

⑤ 统一领导。凡是从事同种工作或具有相同目标活动的部门，应该由同一个管理

者，按统一的计划加以领导。一个组织或一个部门只能有一个正职。

⑥ 个人利益服从集体利益。集体利益高于个人利益。集体目标中应包含员工个人的目标，使企业目标实现的同时满足个人的合理需求。当个人利益与集体利益发生冲突时，优先考虑集体利益。

⑦ 公平报酬。报酬发放必须公平合理。对贡献大、活动方向正确的员工要给予奖励，但奖励以能激起员工的工作热情为限，否则将起副作用。

⑧ 集权。集权的程度应视管理人员的个性、道德品质、下级人员的可靠性以及企业的规模、条件等情况确定。

⑨ 等级链与跳板。等级链是由企业最高领导到最基层之间所组成的等级系列。等级链是一条权力线，用以贯彻执行统一的命令并保证信息传递的秩序。但是，为了克服由于指挥的统一性原则而产生的信息传递的延误，法约尔设计了一种跳板，利用这种跳板，可以进行横向的信息交流，但只有在各方面都同意，而上级又始终知情的情况下才能这样做。

⑩ 秩序。秩序即人和物必须各尽所能。管理人员首先要了解每一工作岗位的性质和内容，使每个工作岗位都有称职的职工，每个职工都有合适的岗位。同时，还要有条不紊地精心将物资、设备安排在合适的位置。

⑪ 平等。每一个管理者对自己的下属必须公正。员工受到平等对待后，会以忠诚和献身的精神完成他们的任务。

⑫ 保持人员稳定。人员的频繁调动不利于工作的开展。任何组织都要保持稳定的员工队伍，并鼓励员工长期为组织发展服务。

⑬ 首创精神。发挥个人的聪明才智，提出有创造性的想法，既能给员工带来极大的快乐，也是刺激员工努力工作的最大动力之一。企业的领导人不仅自己要有首创精神，而且还要鼓励全体成员发挥首创精神。

⑭ 团结精神。职工的融洽、团结可以产生巨大的工作动力。要注意保持和维护组织中人与人之间的团结、和谐、协作的关系，形成和谐与团结的气氛。此外，还应加强企业内部的交流。

3. 法约尔的一般管理理论的意义

法约尔提出的企业经营的六种活动、管理的五个基本职能和管理的十四条原则，成为西方管理理论发展史上的一个里程碑，为以后管理理论的发展勾勒出了基本的理论框架，从而使管理具有了一定的科学性。当然，这些原则并不完整，它们只是考察了组织的内在因素，忽视了组织同它周围环境的关系。因而，该理论也存在一定的局限性。

（三）韦伯的行政管理理论

1. 组织管理之父——韦伯

马克斯·韦伯（1864—1920）是德国的政治经济学家和社会学家，他被公认是现代社会学和公共行政学最重要的创始人之一。

韦伯最初在柏林大学开始教职生涯，并陆续于维也纳大学、慕尼黑大学等大学任教。代表著作有《社会和经济组织的理论》等。他提出了理想的行政组织体系理论，被人们称为“组织理论之父”。

2. 韦伯管理思想的主要内容

(1) 理想的行政组织体系的特点

韦伯认为,理想类型作为一种理论结构,是从一个时代某些特有的社会现象这种经验材料中概括和抽象出来的。其特点有以下几点:

第一,明确的分工。每个职位的权力和义务都应有明确的规定,人员按职业专业化进行分工。

第二,自上而下的等级系统。组织内的各个职位,按照等级原则进行法定安排,形成自上而下的等级系统。

第三,人员的任用。人员的任用要完全根据职务的要求,通过正式考试和教育训练来实行。

第四,职业管理人员。管理人员有固定的薪金和明文规定的升迁制度,是一种职业管理人员。

第五,遵守规则和纪律。管理人员必须严格遵守组织中规定的规则和纪律以及办事程序。

第六,组织中人员之间的关系。组织中人员之间的关系完全以理性准则为指导,只是职位关系而不受个人情感的影响。

韦伯认为,这种高度结构的、正式的、非人格化的理想行政组织体系是人们进行强制控制的合理手段,是达到目标、提高效率的最有效形式。这种组织形式在精确性、稳定性、纪律性和可靠性方面都优于其他组织形式。

(2) 权利的类型

韦伯认为,任何组织都必须以某种形式的权力作为基础,没有一定形式的权力,组织将不能实现其目标。韦伯将权威分为以下三种:

① 法定权力:以组织内部各级领导职位所具有的正式权力为依据。

② 传统权力:以历史沿袭下来的先例、惯例、习俗等为基础而形成的权威,具有沿袭下来,神圣不可侵犯的权力地位。

③ 超凡权利:是对某一个人特殊的、超凡的神圣性而形成的权威,如先知、救世主、政治领袖等具有的权威。

3. 韦伯行政管理理论的意义

韦伯对管理理论的主要贡献是提出了“理想的行政组织体系”理论,主要反映在他的代表作《社会组织和经济组织》一书中。韦伯认为,理性的行政组织体系最符合理性原则,是达到目标、提高劳动生产率的最有效的形式,在精确性、稳定性、纪律性和可靠性等方面都优于其他组织。所以,它适用于各种管理工作和各种大型组织,如教会、国家机构、军队和各种团体。韦伯对完善古典管理理论做出了重要的贡献。

第三节　行为科学理论

20 世纪初，世界资本主义经济进入了一个新时期，生产规模不断扩大，社会化大生产程度不断提高，新技术被广泛应用于生产部门，新兴工业不断出现。但同时，社会经济中劳资矛盾进一步加剧，工人不满和对抗的情绪日益严重。在这种情况下，古典管理理论因为着重强调管理的科学性、合理性、纪律性，而未给予管理中人的因素和作用足够重视，已逐渐不能适合管理发展的需要。一些管理学者从进一步提高劳动生产率的角度，把人类学、社会学、心理学等运用到企业管理中，20 世纪 20 年代开始，逐渐形成了行为科学理论。

一、梅奥与霍桑试验

1. 梅奥

梅奥是人际关系理论及行为科学的代表人物，主要从事心理学和行为科学的研究，代表作是《工业文明中人的问题》。该书总结了他亲身参与和指导的霍桑试验及其他几个试验的研究成果，详细论述了人际关系理论的主要思想。梅奥是继泰勒和法约尔之后，对近代管理思想和理论的发展做出重大贡献的学者之一。

2. 霍桑试验

霍桑实验是心理学史上最出名的事件之一。这一系列在美国芝加哥西部电器公司所属的霍桑工厂进行的心理学研究是由哈佛大学的心理学教授梅奥主持。

霍桑工厂是一个制造电话交换机的工厂，具有较完善的娱乐设施、医疗制度和养老金制度，但工人们仍愤愤不平，生产业绩很不理想。为找出原因，美国国家研究委员会组织研究小组开展实验研究。

霍桑实验共分四阶段：

第一阶段是照明实验：时间从 1924 年 11 月至 1927 年 4 月。

当时关于生产效率的理论占统治地位的是劳动医学的观点，认为影响工人生产效率的是疲劳和单调感等，于是当时的实验假设便是"提高照明度有助于减少疲劳，使生产效率提高"。可是经过两年多实验发现，照明度的改变对生产效率并无影响。具体结果是：当实验组照明度增大时，实验组和控制组都增产；当实验组照明度减弱时，两组依然都增产，甚至实验组的照明度减至 0.06 烛光时，其产量亦无明显下降；直至照明减至如月光一般实在看不清时，产量才急剧降下来。研究人员面对此结果感到茫然，失去了信心。从 1927 年起，以梅奥教授为首的一批哈佛大学心理学工作者将实验工作接管下来，继续进行。

第二阶段是福利实验：时间是从 1927 年 4 月至 1929 年 6 月。

实验目的总的来说是查明福利待遇的变换与生产效率的关系。但经过两年多的实验发现，不管福利待遇如何改变(包括工资支付办法的改变、优惠措施的增减、休息时间的增减等)，都不影响产量的持续上升，甚至工人自己对生产效率提高的原因也说不清楚。

后经进一步分析发现，导致生产效率上升的主要原因如下：(1) 参加实验的光荣感。实验开始时6名参加实验的女工曾被召进部长办公室谈话，她们认为这是莫大的荣誉。这说明被重视的自豪感对人的积极性有明显的促进作用。(2) 成员间良好的相互关系。

第三阶段是访谈实验：研究者在工厂中开始了访谈计划。此计划的最初想法是要工人就管理当局的规划和政策、工头的态度和工作条件等问题做出回答，但这种规定好的访谈计划在进行过程中却大出意料之外，得到意想不到的效果。工人想就工作提纲以外的事情进行交谈，工人认为重要的事情并不是公司或调查者认为意义重大的那些事。访谈者了解到这一点，及时把访谈计划改为事先不规定内容，每次访谈的平均时间从三十分钟延长到1—1.5个小时，多听少说，详细记录工人的不满和意见。访谈计划持续了两年多，工人的产量大幅提高。

工人们长期以来对工厂的各项管理制度和方法存在许多不满，无处发泄，访谈计划的实行恰恰为他们提供了发泄机会。发泄过后心情舒畅，士气提高，使产量得到提高。

第四阶段是群体实验：梅奥等人在这个试验中选择14名男工人在单独的房间里从事绕线、焊接和检验工作。对这个班组实行特殊的工人计件工资制度。实验者原来设想，实行这套奖励办法会使工人更加努力工作，以便得到更多的报酬。但观察的结果发现，产量只保持在中等水平上，每个工人的日产量平均都差不多，而且工人并不如实地报告产量。深入的调查发现，这个班组为了维护他们群体的利益，自发地形成了一些规范。他们约定，谁也不能干的太多，突出自己；谁也不能干的太少，影响全组的产量，并且约法三章，不准向管理当局告密，如有人违反这些规定，轻则挖苦谩骂，重则拳打脚踢。进一步调查发现，工人们之所以维持中等水平的产量，是担心产量提高，管理当局会改变现行奖励制度或裁减人员，使部分工人失业，或者会使干得慢的伙伴受到惩罚。这一试验表明，为了维护班组内部的团结，可以放弃物质利益的引诱。由此提出"非正式群体"的概念，认为在正式的组织中存在着自发形成的非正式群体，这种群体有自己的特殊的行为规范，对人的行为起着调节和控制作用。同时，加强了内部的协作关系。

二、梅奥的人际关系学说

在霍桑试验的基础上，梅奥创立了人际关系学说，提出了与古典管理理论不同的新观点、新思想。

1. 人际关系学说的主要内容

(1) 工人是"社会人"而不是"经济人"

梅奥认为，人们的行为并不单纯出自追求金钱的动机，还有社会方面、心理方面的需要，即追求人与人之间的友情、安全感、归属感和受人尊敬等，而后者更为重要。因此，不能单纯从技术和物质条件着眼，而必须首先从社会心理方面考虑合理的组织与管理。

(2) 企业中存在着非正式组织

企业中除了存在着古典管理理论所研究的为了实现企业目标而明确规定各成员相互关系和职责范围的正式组织之外，还存在着非正式组织。这种非正式组织的作用在于维护其成员的共同利益，使之免受其内部个别成员的疏忽或外部人员的干涉所造成的损失。为此非正式组织中有自己的核心人物和领袖，有大家共同遵循的观念、价值标准、行为准则和道德规范等。

梅奥指出，非正式组织与正式组织有重大差别。在正式组织中，以效率逻辑为其行为规范；在非正式组织中，则以感情逻辑为其行为规范。如果管理人员只是根据效率逻辑来管理，而忽略工人的感情逻辑，必然会引起冲突，影响企业生产率的提高和目标的实现。因此，管理当局必须重视非正式组织的作用，注意在正式组织的效率逻辑与非正式组织的感情逻辑之间保持平衡，以便管理人员与工人之间能够充分协作。

(3) 新的领导能力在于提高工人的满意度

在决定劳动生产率的诸因素中，置于首位的因素是工人的满意度，而生产条件、工资报酬只是第二位的。职工的满意度越高，其士气就越高，从而产生效率就越高。高的满意度来源于工人个人需求的有效满足，不仅包括物质需求，还包括精神需求。

2. 人际关系学说的实践意义

霍桑试验对古典管理理论进行了大胆的突破，第一次把管理研究的重点从工作上和从物的因素上转到人的因素上来，不仅在理论上对古典管理理论作了修正和补充，开辟了管理研究的新理论，还为现代行为科学的发展奠定了基础，而且对管理实践产生了深远的影响。

(1) 人才是企业发展的原动力

人际关系学说通过对工人心理研究，提出了“社会人”的概念，从而使企业主开始重视要关注职工的需求，给现代管理注入了企业应注重人才发展的观念，人才是企业发展的源泉动力。

(2) 有效的沟通是管理的重要工作内容

通过霍桑访谈试验，梅奥已注意到亲善的沟通方式，不仅可以了解员工的需求，更可以改善上下级之间的关系，从而使员工更加自愿地努力工作。

(3) 企业文化是寻求效率逻辑与感情逻辑之间的动态平衡的有效途径

发现非正式组织的存在是梅奥人际关系理论的重要贡献，作为企业的管理者，也应对此有所重视。员工不是作为一个孤立的个体存在，而是生活在集体中的一员，他们的行为很大程度上是受到集体中其他个体的影响。怎样消除非正式组织施加于员工身上的负面影响也是当代管理者必须正视的一个问题。只有个人、集体、企业三方的利益保持均衡时，才能最大限度地发挥个人的潜能。培养共同的价值观，创造积极向上的企业文化是协调好组织内部各利益群体关系，发挥组织协同效应和增加企业凝聚力最有效的途径。

三、行为科学理论

霍桑实验及梅奥的人际关系学说随着时间的推移，其影响也逐步扩大。一些大学也开始设立相应的课程，传播和研究人际关系学说，人际关系学说及其观点也逐渐引入企业。

从此以后，许多管理学家、社会学家和心理学家从行为的特点、行为和环境、行为的过程以及行为的原因等多种角度开展对人的行为的研究，形成了一系列的理论，使行为科学成为现代西方管理理论的一个重要流派。

所谓行为科学，是利用许多学科的知识来研究人类行为的产生、发展、变化的规律，以预测、控制和引导人的行为，达到充分发挥、调动人的积极性的目的。

1. 行为科学理论的分类

（1）个体行为理论

人是组成组织的最小单元，也是组织活动的具体执行者和组织活动的基础。因此，研究人的基本行为规律是构建组织模式的基础。而在人的行为中，最主要的是解释支配人的行为的动机是什么，并从中寻找出如何激励人的积极性的基本原理。由于动机与激励的程度不同，人的工作业绩也是不同的。通过对个体行为的研究，该理论取得了一系列具有代表性的理论研究成果。

个体行为理论主要研究两个方面，一是研究有关人的需要、动机和激励方面的理论，包括我们后面会学到的马斯洛需要层次理论、赫茨伯格双因素理论等；二是研究有关企业中的人性理论，主要包括 X——Y 理论、不成熟——成熟理论。

（2）群体行为理论

霍桑实验以后人们开始关注组织的行为，人际关系学派也逐渐兴起。人们开始重视群体行为研究，使之成为行为科学的一个重要组成部分。该理论主要是研究团体发展动向的各种的因素以及这些因素的相互作用和相互依存的关系。如团体的目标、团体的结构、团体的规模、团体的规范心脏信息沟通和团体意见冲突理论等。

（3）组织行为理论

组织行为理论主要包括领导理论和组织变革、组织发展理论。

2. 行为科学理论的重要意义

案例与讨论：处罚与慰问

某饭店经理接到处分职工刘成的报告，他觉得问题不太清楚，就作了一番调查。事实是刘成的妻子患病住院，他妻子想喝鸡汤。由于刘成上班，晚上去医院陪妻子，连去市场买鸡的时间都没有。在这种情景下，他在餐厅里偷了一只鸡，犯了错误。经理了解了情况以后，批准了餐厅对刘成作记大过一次、扣发当月奖金。然后带着慰问品去医院看望刘成的妻子，并对他妻子说：“刘成在工作中表现很好，对你也很挂念，他是你的好丈夫。”患病的妻子含笑听着。次日，经理找刘成谈话，先肯定他工作好，接着又指出偷公家东西是十分错误的，并征求其对处分的想法。

刘成对这种赏罚分明、合情合理的处理十分感动，并表示自己错了，愿意接受这种处分。这时，经理离开座位说：“你妻子生病半个多月，我们都不知道，没有给予关心，我们很对不起你。”说后，经理毕恭毕敬地向刘成鞠了一个躬。

经过此事之后，刘成对公司充满感激之情，更加努力地为宾馆工作。

思考：

1. 该公司对刘成事件的处理合理吗？
2. 刘成虽然受到了处罚为什么会对公司充满感激之情？
3. 这件事情反映了什么样的管理理论？

(1) 突出了对人以及对人的因素的研究

行为科学贯彻了以人为本的思想,以人力资源为首要资源,高度重视对人力资源的开发和利用,提倡以人道主义的态度对待工人,通过改善劳动条件,提高劳动者工作生活的质量,培训劳动者的生产技能,调动人的积极性,进而提高劳动效率。这些思想有利于推动生产发展和社会进步。

(2) 通过吸收与借鉴进一步完善了管理学科体系

行为科学积极吸收了心理学、社会学、人类学等学科的科学知识,应用社会调查、观察测验、典型试验、案例研究等科学方法对人的行为,特别是职工在生产中的行为进行研究,提出了一些调动人的积极性的学说和方法,并在企业中实际应用,收到了相当的效果。

(3) 提出了管理理论的一系列具体要求,提升了管理水平

行为科学理论是管理思想发展的一个重要的里程碑。行为科学理论解决的关键问题是号召人们掌握一种综合的管理技能。这些技能对于处理人群问题至关重要。这些技能包括:

第一,理解人类行为的诊断技能;

第二,对工人进行咨询、激励、引导和信息交流的人际关系技能。

行为科学是管理学中的一个重要分支,它通过对人的心理活动的研究,掌握人们行为的规律,从中寻找对待员工的新方法和提高劳动效率的途径。目前行为科学已在管理上得到广泛的应用,并取得了明显的成效。它的成功改变了管理者的思想观念和行为方式。行为科学把以"事"为中心的管理,改变为以"人"为中心的管理,由原来对"规章制度"的研究发展到对人的行为的研究,由原来的专制型管理向民主型管理过渡。

第四节　西方现代管理理论与管理理论的新发展

一、西方现代管理理论

西方现代管理理论的形成标志着西方管理理论进入了第三个发展阶段。它是在第二次世界大战后,随着社会生产力的发展以及社会学、系统科学、电子计算机技术在管理领域中日益广泛的应用而逐渐形成的。人们通常所说的西方现代管理理论不是一种管理理论,而是对各种不同管理学派理论的统称。

1. 管理过程学派

该学派认为,管理是一个过程,是在有组织的集体中让别人和自己一起去实现既定的目标。该学派最初的代表人物是法约尔。管理人员在管理活动中执行着计划、组织、领导、控制等若干职能。管理是一个循环的过程,从计划到控制,再从控制到计划,表明了过程的连续性。

2. 社会系统学派

该学派认为,人的相互关系就是一个社会系统,它是人们在意见、力量、愿望以及思想

等方面的一种合作关系。管理人员的作用就是要围绕着物质的、生物的和社会的因素去适应总的合作系统。

社会系统学派最早的代表人物是美国的巴纳德。巴纳德的主要贡献是：

(1) 提出了社会的各种组织都是一个协作系统的观点。他认为，组织的产生是人们协作愿望导致的结果，个人办不到的许多事，协作却可以办到。

(2) 分析了正式组织存在的三种要素，即成员协作的意愿、组织的共同目标及组织内部的信息交流。

(3) 提出了权威接受理论。过去的学者是从上到下解释权威的，认为权威都是建立在等级系列的组织地位基础上。而巴纳德则是从下到上解释权威，认为权威的存在必须以下级的接受为前提，至于怎样才能接受，需要具备一定的条件。

(4) 对经理的职能进行了新的概括。经理应主要作为一个信息交流系统的联系中心，并致力于实现协作努力工作。

3. 决策理论学派

决策理论学派的主要代表人物是美国的赫伯特·西蒙。决策理论的主要论点有：

(1) 强调了决策的重要性。该理论认为，管理的全过程就是一个完整的决策过程，即决策贯穿于管理的全过程，管理就是决策。

(2) 分析了决策过程中的组织影响。上级不是代替下级决策，而是提供给下级决策前提，包括价值前提和事实前提，使之贯彻组织意图。价值前提是对行动进行判断的标准，而事实前提是对能够观察的环境及环境作用方式的说明。

(3) 提出了决策应遵循的准则，并主张用“令人满意的准则”去代替传统的“最优化原则”。

(4) 分析了决策的条件。管理者决策时，必须利用并凭借组织的作用，尽量创造条件，以解决知识的不全面性、价值体系的不稳定性及竞争中环境的变化性问题。

(5) 归纳了决策的类型和过程。把决策分成程序化决策和非程序化决策两类。程序化决策是指反复出现和例行的决策；非程序化决策是指那种从未出现过的或者其确切的性质和结构还不很清楚或相当复杂的决策。

4. 系统管理理论学派

强调管理的系统观点，要求管理人员树立全局观念、协作观念和动态适应观念，既不能局限于特定领域的专门职能，也不能忽视各自在系统中的地位和作用。

系统管理学派的代表人物是理查德·约翰逊、卡斯特和罗森茨韦克。

5. 经验主义学派

该学派重视研究管理案例。通过案例研究，向一些大企业的经理提供在相同情况下管理的经验和方法。经验主义学派的主要代表人物是德鲁克。经验主义学派基本观点是否认管理理论的普遍价值，主张从“实例研究”“比较研究”中导出通用规范，由经验研究来分析管理。他们特别重视关于某个公司组织结构、管理职能和程序等方面的研究。

6. 管理科学学派

管理科学学派也被称为管理数理学派或管理计量学派。这一学派的主要代表人物是美国的伯法等人。他们认为,“管理”就是用数学模型及其符号来表示计划、组织、控制、决策等合乎逻辑的程序,求出最优解,以达到企业目标。因此,认为管理科学就是制定用于管理决策的数学和统计模型,并将这些模型通过电子计算机应用于管理实践中。

7. 权变理论学派

权变理论是一种较新的管理思想。权变通俗地讲,就是权宜应变。该学说认为,在企业管理中,由于企业内外部环境复杂多变,因此,管理者必须根据企业环境的变化而随机应变,没有一成不变、普遍适用的“最佳”管理理论和方法,要求管理者根据组织的实际情况来选择最好的管理方式。

阅读与思考:儒家精神与中国特色企业管理思想融合

管理是一种文化,文化具有民族性。任何管理都是对人的管理,人既是管理主体,又是管理客体。人是文化的人,不同文化背景下的人的道德观、价值观、思维模式、交往方式、生活方式等均有很大差别。因此,管理必须与人的文化背景相适应,这样才能达到有效目的。所谓中国现代企业管理,就是在企业管理上要把中国儒家文化与西方现代管理学(先进管理理论与方法)紧密结合起来,创造出一个新的企业管理流派。这样,许多具有中国特色的新的管理概念、文化内涵就涌现了出来,例如,经营哲学、价值观念、企业精神、企业道德、企业制度、企业团体意识等。儒家精神与中国特色企业管理思想的融合表现在以下几个方面:

1. 以人为本是现代企业管理的核心,也是儒家文化管理思想的基本特征。

现在的各种管理学说,无不强调以人为本。人本主义哲学是我国先哲孔子最先发现,这比西欧在文艺复兴时才发现“人”要早一千多年。儒家文化认为,人是宇宙的中心、人是万物之灵。古代“民”和“人”通用。儒家文化还认为,民贵君轻,民为邦本,本固邦宁。现代企业的主体、根本是人,人是现代企业管理的核心,只有调动职工积极性,开发他们的智力,才能提高劳动生产率。

2. 人性假设,人性本善,是现代企业管理的前提,也是儒家文化管理思想的人性基础。

在儒家文化发展历史上,长期占主导地位的是性善论。首先提出性善论的是孟子。他提出性善论的目的,是为其仁政学说奠定理论基础。孟子的性善论的管理特征,就在于他强调通过提高人的道德自觉来发挥人的内在潜力和创造力,这在现代企业管理学中仍有它的重要地位和价值。

3. “道之以德,齐之以礼”,是现代企业管理的管理路线。

孔子主张运用人的仁爱心、自尊心、自信心、自觉心来发挥人内在的动力,以求达到社会的平衡与协调。现代企业管理依据儒家文化人本管理原则,可以采用“道之以德,齐之以礼”的管理路线。一方面用道德来引导、诱发人的行为,另一方面又用礼法来规范约束人的行为。这样企业职工不但会产生羞耻感,而且还能自觉纠正自己的错误。“道之以德”,是儒家管理思想的道德激励机制;“齐之以礼”,是儒家管理思想的约束机制。

4. 止于至善，是现代企业管理主客体的道德塑造。

现代企业管理核心是人，不论是管理的主体还是客体，都应有高尚的道德。企业管理从某种角度上说，是协调各种矛盾的工作。协调人际关系最重要的道德自律，人人都能严于律己，就会减少很多冲突和矛盾，即使产生了也容易解决。儒家有若干重要的道德规范，用以提高人的道德自律，若能做到这些，就达到了最高境界，即"止于至善"。

5. 身正令行是现代企业管理者的人格魅力。

儒家认为治国、平天下，应该是贤人、君子或圣人。只有这些人才有资格充当管理者或领导者。这些人是德才兼备者。"德"体现在人格中，一个领导者的真正权威来自他的人格魅力。儒家十分强调管理者的人格影响力。

现代企业管理者自身要学而不厌、奋斗不止、勇于竞争，以增强自强不息的精神力量。不仅如此，还要身正令行，克制自己的私欲，学会沟通人际关系的本事，提高领导水平，学会运用领导艺术，坚持率领职工去实现企业的管理目标。

6. 德教为先、利国利民，是现代企业管理者的价值建构。

儒家反对"不教而诛"的管理方法，它把教育看成是培养国家管理人才的重要手段。儒家教育的显著特点是"德教为先"。儒家教育的目的在教化民众去恶存善，培养国家管理人才。现代企业管理者和被管理者通过教育，要懂得为国为民立德立功，要懂得普利众生、兼善天下。现代企业追求的目标应该是从立德出发，最后要求立功，要有功于民、有功于国、有功于世。现代企业要生产出质量合格的产品，要不断开拓新产品。企业要有社会责任感，对消费者负责，对国家负责，不能贪图小集团的私利，不能生产假冒伪劣产品，既要讲经济效益也要讲社会效益，要讲社会公德、社会良心，要真正做到利国利民。

7. 任贤使能是现代企业管理者的识人用人之道。

用人首先在知人、识人。尚贤用贤是我国的民族传统。任人唯贤是唯一正确的用人路线。一个企业要兴旺发达，必须要拥有一大批人才。市场经济是竞争型经济，各企业间的竞争实质上是人才的竞争。要注意唯才是举、量才授职、以诚待下、用人不避亲疏，还要扬长避短、论功行赏。

8. 中道和合是现代企业管理者的辩证思维方法。

中道和合是儒家独具特色的哲学辩证法，也是正确的思维方法。儒家讲"中庸"、中道，是教导人们看问题、处理问题不要偏颇，要掌握好事物的"度"。这一思想在实际管理工作中，对认识问题、观察问题、处理问题均很有价值。在现代企业管理中，要学习儒家管理思想，还要注意：唯变所适，与时偕行；动静适时，待机而行；阴阳互补，以中为用；见微知著，预测未来；分别主次，抓住重点；经世致用，务求实效。

9. 理在象中是现代企业管理者的形象设计。

在现代市场经济中，企业形象是一种无形资产和宝贵财富，它可以和人、财、物三者并列，其价值可以超过有形资产。儒家奉为经典之一的《周易》熔"象"和"理"于一炉，构成了一个独特的知识体系。象是象征的意思。象见于外：这是企业的形象识别。理在象中:这是企业的理念识别。按照《周易》的说法,象反映理,理寓于象中,通过“象”来认识“理”,即透过现象来看本质。企业形象的塑造不仅在于“视觉识别”和“行为识别”,更重要的是“理念识别”。

10. 富民安人是现代企业管理者的目标要求。

富民富国是儒家管理的经济目标,仁政王道是儒家管理的政治目标,大同社会是儒家管理的理想目标。儒家认为人类社会是进化的,由乱世到升平盛世,再到太平盛世。太平盛世所要实现的王道理想,就是“天下平和”“世界大同”。

[资料来源:万本根.企业家日报.2016(11)]

思考:分小组查阅资料并阐述除了儒家精神还可以用哪些中国文化思想建设具有中国特色的现代企业?

二、管理理论的新发展

进入20世纪60年代以来,西方管理学界出现了许多新的管理理论,这些理论思潮代表了管理理论发展的新趋势。

1. 战略管理思想

20世纪70年代后,世界进入科技、信息、经济全面飞速发展时期,企业所处的技术、市场、社会、政治、经济环境都发生了翻天覆地的变化。于是,管理学界开始重视充满危机和动荡的外部环境的变化,谋求企业的长期生存发展,注重构建竞争优势,形成了较为系统的战略管理理论。

1965年,安索夫的《公司战略》一书的问世,开创了战略规划的先河。1976年,安索夫的《从战略规则到战略管理》出版,标志着现代战略管理理论体系的形成,并第一次提出“战略管理”一词。安索夫认为,战略是“企业高层管理者为保证企业的持续生存和发展,通过对企业外部环境与内部条件的分析,对企业全部经营活动所进行的根本性和长远性的规划与指导”。劳伦斯与罗斯奇合著的《组织与环境》(1969),系统论述了企业组织与外部环境关系,提出公司要有应变计划,以求在变化及不确定的环境中得以生存;卡斯特与罗森茨韦克在其合著的《组织与管理——系统权变的观点》(1979)一书中主张,在企业管理中要根据企业所处的内外条件随机应变,组织应在稳定性、持续性、适应性、革新性之间保持动态的平衡。迈克尔·波特是美国哈佛大学商学院的教授,兼任许多大公司的咨询顾问。1980年,他的著作《竞争战略》把战略管理的理论推向了顶峰。该书的重要贡献是提出了分析技术的综合结构,有助于一个公司对产业进行总体分析,预测产业未来的变化,理解竞争对手以及自身地位,并根据具体业务类型将这种分析转化为一种竞争的战略。

2. 学习型组织

1990年,美国麻省理工学院斯隆管理学院的彼得·圣吉教授出版了他的享誉世界之作《第五项修炼——学习型组织的艺术与实务》,引起管理界的轰动。这本书于1992年获得世界商学院最高荣誉奖——开拓者奖。从此,建立学习型组织、进行五项修炼成为管理理论与实践的热点。为什么要建立学习型组织?因为世界变化得太快。企业环境的变化要求企业不能再像过去那样被动地适应。因此,企业只有主动学习才能适应迅速变化的市场环境。美国壳牌石油公司总裁卡洛说:“应变的根本之道是学习”。

所谓学习型组织,是指通过培养弥漫于整个组织的学习气氛、充分发挥员工的创造性思维能力而建立起来的一种有机的、高度柔性的、扁平的、符合人性的能持续发展的组织。这种组织具有持续学习的能力,具有高于个人绩效总和的综合绩效。或者可以说,学习型组织是指那些能认识环境、适应环境,进而能动地作用于环境的有效组织。

彼得·圣吉提出了学习型组织的五大要素,中译本译为“五项修炼”,即自我超越、心智模式、共同愿景、团队学习和系统思考。其中,系统思考是灵魂,它渗透于各项修炼之中。

案例与讨论:海尔集团创建学习型组织的意义

企业建立学习型组织的目的就是要让整个组织的所有层次、所有人员都有学习的习惯,都有思考的习惯,这种学习和训练必须是全员性的,而不仅仅是领导才学习、才思考。

海尔人认为,如果海尔的每个班组、每个车间、每个工厂都能成为小的互动的学习型团队,那么集团就会成为一个充满活力的互动的整体。海尔培训工作的原则是干什么学什么,缺什么补什么,现学现用,立竿见影。在此前提下首先是价值观的培训,什么是对的,什么是错的,什么该干,什么不该干,这是每个员工在工作中必须首先明确的内容。他们坚信,一个互动的学习型的海尔就意味着比竞争者更快的学习能力,更快地把学问迅速转化为行动的迁移能力,这是海尔赢得未来竞争的最终优势。

海尔不断地在企业中营造平等、和谐、求学、上进的氛围,让每一位员工都明了为什么要过有愿景的生活和怎样认识自己的心智模式。让企业员工都来考虑,结合企业发展战略,未来几年你该怎样工作和怎样生活。其次创建了与企业愿景相一致的企业文化,把企业的发展战略通过演讲、讨论、训练等形式,使其成为每一位员工的共识,成为企业文化的主线。长期坚持,使共同学习、共同讨论成为员工彼此交往的主要方式,成为员工生活的一部分。

就是依据这样的思想,特别是围绕“互动”的理念,海尔逐步创造出了多种具有鲜明特色的员工培训模式。

比如,实战技能训练。这是海尔培训工作的重点。这类培训具有三个特点:一是在现场,二是要即时,三是讲实例。具体说,就是抓住实际工作中随时出现的或好或坏的事件,当日利用班后时间在现场进行讨论分析,针对案例所反映出的问题或倾向,总结经验或教训,统一员工的认识或行为。然后利用现场看板形式公之于众,让更多的人学习分析问题、解决问题的思路及方法,达到共同提高的效果。对非常典型的事件,还要在集团报《海尔人》上公布,在集团范围里讨论。在员工文化培训方面,海尔还进行了丰富多彩的、形式多样的培训及文化氛围建设,如通过员工的画与话、灯谜、文艺表演、找案例等用员工自己的画、话、人物、案例来诠释海尔理念,从而达成理念上的共识。

管理人员的培训也多以这种在现场研究案例的方式进行,每日的日清会、每周的专业例会、每月的8号会都可以说是案例讲解分析会，是最有效的管理人员的现场培训。并且他们还实行了将管理考核单变为互动培训单的形式，把索赔制度变成了索学制度。

在新的培训模式中，教与学、训与被训的关系发生了彻底变化。由于“互动”是以平等的交流、讨论为基础的，所以人们早已司空见惯的“我说你做”“我训你听”的填鸭式、灌输式的培训方式在海尔是行不通的。在培训现场，教师和领导的概念是不存在的，他们至多也只能以讨论会主持人的身份出现。大家所关心不仅仅是答案是什么，而且更热衷于讨论寻找正确答案的最佳途径或方法。在这个过程中，无论是管理者还是教师，如果没有真才实学，如果不了解情况，就可能被“互动”得哑口无言。所以，在海尔，即使是专职培训师要做到称职也是极不容易的。除了要接受严格的资格认定、持证上岗外，还要面对每月一次的工作考评。这种考评不是看你教了多少内容，说了多少话，而是要看你引导和参与学员“互动”学习的效果如何。海尔有句话，叫作“好老师不在讲台上，而在学员中”。

张瑞敏说，海尔要尽快使每个员工都成为符合国际化要求的，既有技术又懂管理的现代复合型人才。

圣吉给学习型组织下的定义是：“通过培养弥散于整个组织的学习氛围、充分发挥员工的创造性思维能力而建立起来的一种有机的高度柔性的，扁平的、符合人性的、能持续发展的组织。”海尔大学就是这样的一个学习型组织，海尔集团为培养出国际水平的管理人才和技术人才而于1999年12月26日为内部员工专门兴建了这样一个培训基地。它是完全按照现代化的教学标准来建设的，并与国际知名的教育管理机构合作，举办系统的综合素质培训及国际学术交流。每位学员都带着创新的动机和现有的创新成果到海尔大学参与学习，通过互动、学习，寻求事物发展的普遍性规律并总结成模块，然后再回到实践中，在新的创新模块平台上进行更高水平的创新，从而形成不断循环、螺旋上升的过程。

如果团队中每个成员都能把自己掌握的新知识、新技术、新思想拿出来和其他团队成员分享，集体的智慧势必大增，团队的学习力就会大于个人的学习力，团队智商就会大大高于每个成员的智商，整体大于部分之和。所以，企业就要打造好新型的学习性组织，在组织层面上尽快地建立一整套现代化管理和激励体系和能够支持招聘、挖掘、培养、激励和发展人才的公司治理结构、文化理念和激励机制，并适时提供必要的训练，以求更好地整合、分享员工的知识。

［资料来源：海尔集团官网］

思考：请问海尔集团学习型组织的创建对企业的发展什么重要意义？

3. 企业再造

企业再造是20世纪80年代末90年代初发展起来企业管理的又一新理论。1993年，迈克尔·海默和杰姆斯·钱皮合著了《企业再造工程》一书，该书总结了过去几十年来世界成功企业的经验，阐述了生产流程、组织流程和企业决胜于市场竞争中的决定作用，提出了应对市场变化的新方法——企业流程再造。1995年，海默与詹姆斯·昌佩出版了

《再造管理》。海默与昌佩提出应在新的企业运行空间条件下，改造原来的工作流程，以使企业更适应未来的生存发展空间。这一全新的思想震动了管理学界，企业再造的思潮迅速在美国兴起，并快速传到日本、欧洲，乃至全世界。

企业再造，按照海默与昌佩所下的定义，是指“为了飞速地改善成本、质量、服务、速度等重大的现代企业的运营基准，对工作流程作根本的重新思考与彻底翻新”。这也就是为适应新的世界竞争环境，企业必须抛弃已成惯例的运营模式和工作方法，以工作流程为中心，重新设计企业的经营、管理及运营方式。企业再造理论的最终构架是：现代企业普遍存在着“大企业病”，应变能力极低；企业再造的首要任务是业务流程重组，它是企业重新获得部分优势与生存活力的有效途径。业务流程重组的实施又需要两大基础，即现代信息技术与高素质的人才，以业务流程重组为起点的“企业再造”工程将创造出一个全新的工作世界。

4. 自我管理

自我管理有广义和狭义之分。狭义的自我管理是指个人通过不断地自我认识、自我设计、自我教育、自我激励、自我控制、自我完善，来实现个人的理想和目标。广义的自我管理是指组织为实现最大效益的目标而进行的内部自我调解、自我控制的过程。在自我管理中，强调全体员工的参与和员工的自主管理。

(1) 个人的自我管理

个人的自我管理，就是指个人在组织的共同愿景或共同价值观的指引下，在所授权的范围内自我决定工作内容、工作方式，实施自我激励，并不断地用共同愿景来修正自己的行为，使个人能够更出色地完成既定目标。在自我管理的过程中，个人得到了充分的发展，自己在工作中得到了最大的享受。

(2) 团队的自我管理

团体的自我管理，是指组织中的小工作团队的成员在没有特定的团队领导人的条件下自己管理团队的工作，进行自我协调，共同决定团队的工作方向，大家均尽自己所能为完成团队任务而努力。在某种条件下，团队自我管理比个人自我管理更困难，成功的团队自我管理不仅需要每个团队成员均有良好的素质和责任，还要有一个团队精神来凝聚大家。

自我管理已成为现代组织广泛采用的一种组织机制，它以重视人为基础，通过民主参与管理，在成就人的同时推进组织的有效运行。在知识社会的今天，自我管理相对于以前的组织管理，它把组织管理带入了一种全新的高境界，更符合人性的特征。

5. 知识管理

20 世纪 90 年代以来，美国的企业在发展中出现了一些新现象：信息技术广泛应用于企业的生产经营过程；网络化成为企业组织结构调整的突出原因；全球化成为影响和制约企业发展的一个重要环境变量；知识正在成为企业管理的主要资源。无论是以物、以人为核心的管理，还是以文化为核心的管理，使得管理学不断升级。到了知识经济的今天，管理的根本性变革不是以机器和分工为基础，而是以人的知识和能力为基础；不是以占有自然资源（物质资源和能源）为基础，而是以占有人力资源为基础。知识成为管理的核心。

20世纪90年代中期以后,知识管理已在美国蓬勃发展。

知识管理,就是对一个企业集体的知识与技能的捕获,并把这些知识与技能分布到能够帮助企业实现最大产出的地方的过程。具体地说,就是通过对组织的知识资源的开发和有效利用以提高组织创新能力,从而提高组织创造价值的能力的管理活动。可见,以知识为核心的知识管理包括两个不可分割、紧密联系的方面:一是对知识进行管理,知识是管理的主要对象;二是运用知识进行管理,知识是管理的主要手段。

现在人们越来越意识到,知识将成为创造财富及其附加价值的主体,获取和应用知识的能力,也将成为企业核心竞争力的关键。知识社会的来临使得企业再造和学习型组织成为时代的热潮。

总　结

从古至今,中外许多思想家、管理学者和管理工作者为管理科学的发展作出了巨大的贡献。第二次世界大战之后,管理思想得到了丰富和发展,出现了许多新的管理理论和管理学说,形成众多的学派,被告称管理理论的丛林。进入20世纪七八十年代以来,西方管理学界又出现了企业文化、学习型组织、企业再造、自我管理等新的管理理论,它们代表了管理理论发展的新趋势。

中国在十二次全国代表大会明确提出将系统地完成经济体制改革的任务,并坚持社会主义道路。中国共产党第十三次全国代表大会提出社会主义初级阶段理论、所有权和经营权分离的理论,为深化企业改革奠定了理论基础。改革开放以来,一大批有胆识、勇创新的企业家茁壮成长,他们在实践中学习西方管理理论,并不断提出有中国特色企业管理思想、创新管理方式、提高员工综合素养,不断提高中国企业管理水平和持续健康稳定的发展。

【课后训练】

一、案例分析

管理者的困惑(二):管理理论与实践如何结合

2004年,国龙集团的高总要求在国外修读工商管理硕士学位的儿子高斌回来帮助自己打理企业。高斌在美国毕业之后,曾在高新技术行业工作,从基层做到中层管理者,在国外学习了不少先进的管理经验和理论。

高斌来到企业之后,经过两个星期的观察分析,向父亲提出了他的想法。

一是,企业缺乏科学管理。这体现在多个方面,如车间的工人操作流程没有统一标准,严重影响工人的生产效率,车间还存在相当一部分老传新的培训方式,没有科学依据。高斌提出应当聘请专业的咨询公司来企业做专业诊断,进行技术分析,将生产技术层面的管理科学化,进行生产流程的标准化设计等。

二是，企业员工业余生活乏味。由于企业位于工业区，没有休闲和娱乐设施，职工在宿舍里经常打牌消磨时间。高斌提出为员工建设一系列的娱乐设施，如图书室、放映室、篮球场等。

三是，企业员工的学历层次较低，员工之间无法通过学习交流提升技术或提升自己的能力。因此，高斌认为，企业进行专业的培训或为员工制定一系列的学历提升方案是非常有必要的。

高总听了儿子的想法之后，要求高斌制定完善的方案呈报公司董事会商议。

通过董事会的商议，高斌所提出的想法都付诸了实施，一是聘请的专家顾问对企业的生产技术存在的问题进行诊断，并进行一系列的技术改造、流程再造以及标准化管理，大大提高了企业的生产效率。二是为员工建设了一个篮球场、一个KTV娱乐室和一间规模不大的阅览室，这几项举措都深受员工的好评，大大丰富了职工的业余生活，增加了企业员工之间的交流。三是通过与校企合作学校的沟通合作，为员工组建了学历提升班。通过企业出资一部分，员工自己交纳一部分学费的方式，员工报读了自学考试。但这件事情收效并不理想。员工的学习兴趣不浓，仍然没有构建强烈的学习氛围，只关心是否能够通过考试。有些没有一次性通过考试的同学，甚至在半年之后就放弃了学习，也放弃了一次提升自己的机会。

思考：

1. 从国龙集团的管理改革实践中，你得到了哪些启示？

2. 你认为高斌改革方案为什么效果不佳？

3. 在企业中到底该如何运用管理的理论和经验来解决问题？

二、复习与思考

1. 泰罗的科学管理理论对现代管理的影响体现在哪些方面？你能够举例说明你生活或工作中所运用到的科学管理吗？

2. 现代企业提倡的以人为本，你能结合人际关系学说来谈谈生活中的以人为本吗？

3. 请举例说明管理者如何用思想创新，并引领技术创新和管理创新？

【管理游戏】

圆球游戏

1. 所有的人分成三组，每个小组约20人，分别配有1、2、3号球。

2. 游戏要求将球按1、2、3号的顺序从发起者手里发出，最后按此顺序回到发起者手里。在传递过程中，每一人都必须触及球，所需时间最少的获胜。

3. 球掉在地上一次额外加10秒。

思考：

1. 最快完成任务的一组是以什么方式完成游戏的？
2. 还有没有其他更好的方式用来完成任务？有最好的游戏方式？

【校园体验】

管理理论的应用与发展

1. 以小组为单位，挑选一本管理类书集中阅读，分享阅读感想，由此你们有什么收获？

2. 以小组为单位，在学校附近一家中型超市实地观察，看看他们有没有实施科学管理？如果没有，具体体现在哪些方面？你们有什么好的建议呢？

3. 上网查询或通过其他信息渠道，搜集一个所学管理理论在实际中应用的事例或反映最新管理动态的资料。

下篇　管理职能

模块三　计划与决策

■ 知识目标

1. 掌握计划的概念、特征、原则和作用。
2. 掌握计划的编制方法。
3. 掌握决策的含义、特征及类型。
4. 掌握决策的原则和程序。

■ 技能目标

1. 培养编制计划书一般流程的能力。
2. 培养运用科学的计划编制方法指导现实工作计划的能力。
3. 培养运用决策知识对某一具体问题作出决策的能力。

■ 素质目标

1. 具备实事求是、开拓创新的分析解决问题的意识。
2. 加深对五年规划和乡村振兴国家战略计划的理解，了解中国国情。

情景导入

优秀中国企业案例（三）：新希望集团前行始终不忘乡村振兴

新希望集团有限公司（以下简称新希望），是一家以现代农牧与食品产业为主营业务的民营企业集团，由著名民营企业家刘永好先生于 1982 年创立，是伴随中国改革开放进步和成长的民企先锋。目前已拥有世界第二、中国第一的饲料产能以及中国第一的禽肉加工处理能力，是中国最大的肉、蛋、奶综合供应商之一。

一、新希望集团的发展历程

在 40 余年的发展历程中，新希望集团立足农牧行业并不断向上、下游产业延伸，形成农牧食品、乳品快消、智慧城乡、金融投资等相关产业，在全球拥有分子公司超过 600 家，员工超 13.5 万人，集团资产规模超 3 000 亿元人民币，荣登 2021 年《财富》世界 500 企业强榜单第 390 位。新希望集团的发展主要经历了以下 6 个阶段：

1. 1982—1986 年初创阶段。刘永好四兄弟作为专业户从养殖业起步、开始创业。

2. 1987—1991 年探索转型阶段。1988 年，新希望形成饲料主业的经营模式，是中国改革开放以后的第一批私营企业。

3. 1992—1997 年突破拓展阶段。1992 年，“希望集团”注册成立，成为中国第一家私营企业集团。1994年，希望集团成为中国500家私营企业排名第一位，面向全国发展。1997年组建新希望集团。

4. 1998—2004年跨越发展阶段。1999年，首次走出国门，在越南建设第一家海外工厂。2001年，进入乳制品行业。2002年，进入中国企业500强。

5. 2005—2012年归合呈现阶段。2011年，成立新希望财务有限公司，是经中国银监会批准设立的全国第五家民营企业集团财务公司。2012年，新希望六和被《财富》杂志评选为中国企业500强中位列第65位。

6. 2013至今变革创新阶段。2015年，新希望乳业海外布局再出手，力做澳洲最具竞争力和影响力的奶牛养殖企业。2016年，新希望六和投资近3亿元人民币对北京嘉和一品企业管理有限公司的中央厨房进行全资收购，作为在食品端的又一重大布局，加强在食品加工环节的竞争力。

二、新希望集团服务乡村振兴的“五新”发展计划

新希望集团始终扎根三农领域，聚焦民生产业，争做“乡村振兴排头兵”。2018年新希望集团的《乡村振兴白皮书》中提出做新时代的“五新”企业的概念，表示以持续创新的心态，重新跨入发展的快行线。“五新”是转换新机制、布局新赛道、探索新科技、担当新责任、任用新青年这五个方面。

1. 新机制：要以小企业的精神做大企业的事情

新希望相信，“脑袋越小、身体越灵巧”，他们维持一个精干的总部，至今只有120人，文化简单、作风高效；全面推行合伙人制度，和合伙人达成经营共识，共创价值、共担风险、共享成功，目前全集团有400多个合伙人，有100多家合伙制企业。

对于合伙人，新希望不仅赋“能”，还赋“势”。对于机制，关键是要放得开，新希望给予年轻合伙人试错的空间，没有失败的积累，就没有成功的飞跃。

2. 新赛道：奔跑需要赛道，赛道既在脚下，更在眼里

消费升级的大趋势让新赛道不断涌现，传统企业也有成为“独角兽”的春天。新希望乳业已于2019年初顺利登陆A股资本市场。新希望通过合伙人机制孵化草根知本集团，按照“实业＋资本＋互联网”的核心经营模式，同心多元化，投资了冷链物流、宠物食品、调味品、营养保健品等细分领域。

国家提出的“三大攻坚战”也为新希望打开新赛道。为优质农产品插上品牌的翅膀，新希望绿品公司应运而生；通过收购A股上市公司——兴源环境，提升集团环境治理能力，打造生态文明田园综合体。在建的“简阳贾家运动休闲小镇”和“吴江钱港国际康养小镇项目”以康养为底色，同时加入田园康养、文化旅游等内容将引领乡村振兴新模式，使乡村山水有情、故土可归、家国可寄、乡愁可依。

3. 新科技：传统的农牧行业也有一颗追求高科技的心

新希望的新科技战略讲究“长宽高”：“长”在应用、转换和增值；“宽”在跨界，发挥交叉学科的优势；“高”在方法论和高技术引进。

新希望的产业与生物科技密不可分。集团在美国成立了波士顿研究院，在国内成立了五大产业技术研究院。5G时代即将到来，信息科技将重新定义农牧产业，因此新希望

构建了“智慧养殖、高效防疫、智能环保”三结合的“新好”养殖模式，正在向全国推广；近几年，新希望涉农科研成果先后获得6个国家科技进步二等奖，与中国农科院成功合作培育出民族品牌“中新北京鸭”，打破我国鸭种长期依赖国外的局面；新希望为建设“智慧城乡”的一揽子解决方案正在形成。

4. 新责任：民营企业是改革的受益者，更应反哺社会

结合农牧产业，投身精准扶贫和乡村振兴战略，是新希望集团履行社会责任的重要支点。从1994年倡导光彩事业起步，新希望从造血式投资，到“公司＋农户”的产业拉动，再到公益培训和技术帮扶，遍布中国农村的新希望人想在前头、干到实处。科技下乡，人才先行，2018年初，新希望推出“10万新农民培训计划”，要用5年时间培训和帮助10万个乡村技术员和绿领新农民，2018年已在全国13个省培训了23 000多人。新希望1＋1精准扶贫计划也在稳步推进，集团2000名中层干部定点结对帮扶对象和扶贫项目。

5. 新青年：多给年轻人机会，给他们干事业的舞台

新希望特别欣赏拥有“五好”态度和精神的年轻人：好学新事物、好听不同意见、好问不懂知识、好奇新科技应用、好想新主意，新希望敞开大门欢迎这样的年轻人。并推出人才培养的百千万计划，即每三年招培100名青年合伙人、1 000名管理培训生、10 000名大学毕业生。六年两轮成效显著，经验丰富的老同志成为年轻人最好的老师，全集团现有3 400名管理干部平均年龄在30岁上下，相当数量的佼佼者已经成为公司创新业务的领军者。他们的格局、眼界、收入远超同龄人。新希望解锁了优秀企业的密码，会毫不犹豫持续重仓年轻人。

总之，解好企业转型的大课题，就要了解国家经济发展大气候，把好大脉搏，坚持埋头拉车、抬头看路、仰头看天三结合的行动方略。新希望靠“五新”走向快速发展之路，未来还将靠“五新”跻身世界级企业。

［资料和视频来源：新希望集团官网］

思考：

3-1 优秀中国企业视频

1. 案例中提到的“消费升级”和“独角兽”指的是什么？

2. 1994年4月，刘永好联合9位民营企业家开启了中国“光彩事业”的产业扶贫之路，率先在凉山建成了全国第一家光彩事业工厂——西昌希望饲料厂，为大凉山带去了现代农业的火种。此后25年，新希望集团的产业扶贫投资也已超过50亿元，建设工厂上百家。进入新经济时期，党和国家提出“三大攻坚战”，新希望集团又开启了“精准扶贫1＋1”行动。“三大攻坚战”的主要内容是什么？从“光彩事业”到“精准扶贫1＋1”，在到“五新”乡村振兴计划，请分析新希望集团如何在国家战略计划中找准定位，从而实现跨越发展。

【任务导入】

每6—8人自愿成模拟公司完成系列任务(一)

1. 在前期调研的基础上,以模拟公司为单位,运用“头脑风暴法”等方法,组织深入研讨,确定公司的发展定位.明确模拟公司的“5W2H”,即模拟公司创建的意义(WHY)、“卖”什么(WHAT)、发展的时间规划(WHEN)、发展的区域(WHERE)、客户是谁(WHO)、如何发展(HOW)、资金投入预算(HOW MUCH)。

2. 编制模拟公司的发展计划书,要科学地规划有关要素,计划书的结构要合理、完整。

第一节 计划的种类与计划的编制

一、计划的概述

1. 计划的概念

计划是指用文字、符号和指标等形式表述的,组织在未来一定时期内关于目标和行动方案的管理文件。计划是一种结果,它是通过一系列计划工作之后的成果。比如,在生活中,学生需要制定学习计划、教师需要制定教学计划、外出旅游需要制定旅游计划等;在工作中,员工需要制定工作计划,组织需要制定生产计划、销售计划、人力资源计划,国家需要制定财政收支计划、就业计划、人才培养计划等。

在管理学中,“计划”这个词本身具有双重意义,其一是计划,其二是计划工作。计划与计划工作是两个不同的概念,但是彼此有一定的联系。广义的计划工作是指制定计划、执行计划和检查计划执行情况三个紧密衔接的工作过程。狭义的工作计划则是指制定在未来一定时期内要达到的目标以及实现目标的途径。狭义的计划可用“5W2H 分析法”(七问分析法)表示。这个方法简单、方便,易于理解、使用,富有启发意义,广泛用于企业管理和技术活动,对于决策和执行性的活动措施也非常有帮助,也有助于弥补考虑问题的疏漏。

What——做什么?指组织未来一段时间的经营活动内容及要求。以生产企业为例,计划通常包括拟订生产产品的品质、数量和生产进度、销售额等。

Why——为什么做?指计划工作的原因和目的,统一组织各层次的行动,从而提高组织的运行效率。

Where——何地做?指计划实施的环境,规定计划实施的地点和场所,以便合理安排计划实施空间。

Who——谁来做?指明确各部门的职责,规定每个阶段的工作由哪些部门完成,哪些部门协助。

When——何时做?指规定计划中各项工作的开始和完成时间,以便能够对资源进行合理安排。

How——怎么做?通过制定相应的措施对组织的资源进行合理分配使用,以便实现组织目标。

How Much——多少?做到什么程度?数量如何?质量水平如何?

阅读材料：企业在设计新产品时，5W2H 法的应用程序

1. 检查原产品的合理性

(1) 为什么(Why)？为什么采用这个技术参数？为什么不能有响声？为什么停用？为什么变成红色：为什么要做成这个形状？为什么采用机器代替人力？为什么产品的制造要经过这么多环节？为什么非做不可？

(2) 做什么(What)？条件是什么？哪一部分工作要做？目的是什么？重点是什么？与什么有关系？功能是什么？规范是什么？工作对象是什么？

(3) 谁(Who)？谁来办最方便？谁会生产？谁可以办？谁是顾客？谁被忽略了？谁是决策人？谁会受益？

(4) 何时(When)？何时要完成？何时安装？何时销售？何时是最佳营业时间？何时工作人员容易疲劳？何时产量最高？何时完成最为时宜？需要几天才算合理？

(5) 何地(Where)？何地最适宜某物生长？何处生产最经济？从何处买？还有什么地方可以作销售点？安装在什么地方最合适？何地有资源？

(6) 怎样(How to)？怎样做省力？怎样做最快？怎样做效率最高？怎样改进？怎样得到？怎样避免失败？怎样求发展？怎样增加销路？怎样达到效率？怎样才能使产品更加美观大方？怎样使产品用起来方便？

(7) 多少(How much)？功能指标达到多少？销售多少？成本多少？输出功率多少？效率多高？尺寸多少？重量多少？

2. 找出主要优缺点

如果现行的做法或产品经过七个问题的审核已无懈可击，便可认为这一做法或产品可取。如果七个问题中有一个答复不能令人满意，则表示这方面有改进余地。如果哪方面的答复有独创的优点，则可以扩大产品这方面的效用。

3. 决定设计新产品

克服原产品的缺点，扩大原产品独特优点的效用。

举一反三应用思考：用 5W2H 制定员工培训计划该怎么做？

2. 计划的目的

计划通常被称为管理的主要职能，为什么计划在管理中如此重要？我们从计划的目的来解析，计划在管理中的重要性。至少，我们可以归纳出四个原因，一是计划指明了方向；二是减少了环境变化的冲击，降低了风险；三是最小化了浪费和重叠；最后设立了控制标准。

(1) 为组织的稳定发展和目标实现提供保证

未来环境的不确定性和不稳定性使组织面临着各式各样的风险，良好的计划可以明确组织发展目标和方向，使组织内各部门相互协调、相互配合，各项工作有条不紊地开展，从而使得高管能够摆脱日常事务的烦琐，把大量的精力投入到战略层面的工作中，保证组织战略目标的实现和长远发展。

(2) 为有效筹集和合理配置资源提供依据，降低了风险

为了保证组织目标以较低的成本顺利实现，必须在规定的时间内提供所需规格数量的各类资源。资源提供不及时或数量不够，可能导致组织活动的中断。资源数量过多，可能会导致资源的积压或浪费。计划将组织活动在时间和空间上进行分解，可以为组织的资源筹集和配置提供依据，同时降低风险。

(3) 为组织活动的分工提供了依据

为实现组织目标，组织就需要从事一定的业务活动，而业务活动的开展又需要组织内大量成员协同进行。为了保证成员之间的工作不冲突、不遗漏、不重复，就必须进行科学的分工。计划的编制将组织目标在时间和空间上进行了科学的分解，为组织活动的分工提供了客观依据。

(4) 为组织活动的检查和控制奠定基础

由于不同的组织成员对任务的理解和要求可能存在偏差，组织所面对的环境特点与事先的预期可能也有出入，所以，组织活动在实施过程中可能会出现与事先预期程序不符合的地方，甚至出现偏差。这种偏差如果不能得到及时的处理和纠正，可能会导致组织活动的失败，甚至危及组织的生存。要及时发现这种偏差，就必须对组织活动进行适时有效的检查和控制，而计划的编制就为这种活动提供了客观标准和依据。

阅读材料：中国五年规划制定的目的与意义

不谋万世者，不足谋一时；不谋全局者，不足谋一域。大到国家，小到个人，有了目标就有了前行的方向。

1953 年元旦，《人民日报》社论《迎接一九五三年的伟大任务》公布了一则重磅消息，我国开始执行国家建设的第一个五年计划。“一五”计划的重点是集中力量加强工业建设，尤其是重工业。

“现在我们能造什么？能造桌子椅子，能造茶碗茶壶，能种粮食，还能磨成面粉，还能造纸，但是，一辆汽车、一架飞机、一辆坦克、一辆拖拉机都不能造。”毛泽东的这番话，真实地反映了当时的发展状况，道出了党和国家优先发展重工业背后的战略考量。

中国的政策体系中，党代会报告是中国共产党最重要的公共政策，而五年规划则是中国政府最重要的公共政策。我国已连续编制实施了十四个五年计划或规划，对推动国家发展发挥了重要作用。

“一五”计划的实施，为我国的工业化奠定了初步基础；“三五”至“五五”计划的实施，为建立比较完整的工业体系和国民经济体系做出巨大贡献；“七五”计划后，我国基本上解决了温饱问题；“九五”期末，人民生活总体达到小康，进入世界银行划分的下中等收入国家行列；“十一五”时期，我国实现了从下中等收入国家行列到上中等收入国家行列的跨越。2020 年“十三五”规划收官之年，我国全面建成小康社会，并为开启全面建设社会主义现代化国家新征程奠定扎实基础。

“展望未来，到 2035 年我国基本实现社会主义现代化，需要通过三个五年规划来实

现，再往后到2050年要建成社会主义现代化强国，也需要通过三个五年规划来实现。”清华大学中国发展规划研究院执行副院长杨永恒教授介绍说：“从历史脉络来看不难发现，五年规划是国家总体发展战略的阶段性部署和安排，每个五年规划都是在分阶段落实国家总体发展战略。”

回顾已经完成的十三个五年规划，纵贯其间的有一条不变的主线——人民至上。无论是哪一阶段的任务，说到底都是为了增进人民福祉，以人民为中心。HDI(Human Development Index，即人类发展指数)是联合国推出的旗舰指数。在改革开放之初的1978年，我国HDI指数大概为0.41，2018年则升至0.758。我国也是联合国推出HDI指数以来，全球唯一从低人类发展水平跨越到高人类发展水平的国家。

改革开放40多年来，中国共有7.4亿人摆脱贫困，约占全球减贫人口的70%以上。换句话说，中国以世界人口五分之一的体量，为全球减贫事业做出了70%的贡献，这是史无前例的发展奇迹。我国的减贫经验也为广大发展中国家摆脱贫困、推动发展、走向现代化提供了全新的路径选择，贡献了中国方案与中国智慧，其中一个重要“秘诀”就是五年规划。五年规划在凝聚发展共识、引领发展方向、配置公共资源、实现战略目标等方面发挥着不可替代的作用，有利于保持政策的连续性、稳定性，进而促进我国经济持续健康发展、推动社会全面进步。

总之，历史经验证明，坚持编制五年规划，确保了宏观层面上的政策连续性，有助于我国的长期稳定发展，是中国道路中国模式的集中体现之一，也表明我国作为一个负责任大国的守诺重践。与此同时，这也是在向广大市场主体释放信号，让企业了解国家期待社会发展成什么样子，从而引导企业围绕规划开展布局。

[《我国五年规划及编制相关问题的解读》，杨永恒．中央纪委国家监委网站]

思考：新希望集团是如何围绕国家的五年规划，不断推行企业跨越发展的？

3．计划的特点

计划是最重要的管理职能之一，是组织管理目标、战略、决策的具体化，是组织全体成员的行动纲领。与其他职能相比，有以下几个特点：

(1) 目的性——计划工作为实现组织目标服务

计划工作是为了实现确定的目标对未来组织活动时间和空间两个维度的进一步地展开和细化。所谓在时间维度上的展开和细化，是指计划工作把目标及实现目标的行动方式分解为不同时间段的具体任务及行动安排；所谓空间维度上的细化，是指计划工作把目标及实现的行动方式分解为组织内不同层次，不同部门，不同成员的目标及行动安排。

另外，在同一个组织工作的两个人，都有自己的需要和目标，组织正是通过有意识的合作来完成群体的目标而生存的。因此，组织的各种计划及各项计划工作都必须有助于完成组织的目标。

(2) 首位性——计划工作是管理活动的桥梁，是组织领导控制，制定目标等管理活动的基础

未来的不确定性和环境的变化使组织犹如在大海中航行，如果要时刻保持正确航向

达到预定的彼岸,那么我们就必须明白自己所处的位置,明确自己行动的目标。计划工作的目的就是使原有的行动保持同一方向,促使组织目标实现。在制定计划的前提下,才便于管理人员了解需要什么样的组织关系,什么样的人员,按什么样的方针去领导下属,以及采用什么样的控制。因此,计划工作相对于其他管理职能处于首位,因为它牵涉到制定整个集体努力去完成的必要目标。

(3) 普遍性——计划工作是各层管理人员的共同职能

在企业经营管理活动中,一位管理人员,由于他或她在本组织内的权力或地位不同,和另一位管理人员比,可能做更多的计划工作或者做更重要的计划工作。虽然各种计划的作用不同,但一切个人、组织、部门的任何工作都必须有计划地进行,计划工作是全体组织人员的一项基本工作,上至董事长、总经理,下至一线的基层管理人员和一般员工,都要制定工作计划。不然,组织的工作就不能得到落实,也顾不上实现组织的目标了。

因此,计划工作的特点和范围会因各级主管人员职权的不同而不同,但做好这项工作却是各级主管人员的一个共同职能,管理人员都要有一定程度的自主权,并必须为此承担制定计划的责任。

(4) 效率性——计划工作要追求效率

计划工作的任务,不仅保证目标的实现,而且要保证从众多备送方案中选择最优的方案。通过计划工作达到"做正确的事"和"正确地做事"的目的。衡量一个计划的效率,就是看这个计划对目的和目标的贡献,一项好的计划,可以使企业以合理的代价实现目标,这样的计划是有效率的。

(5) 创造性——计划工作是创造性的管理过程

计划很多情况下都是在总结以往经验,预测未来变化的基础上,针对需要解决的新问题和可能发生的新变化、新机会而做出的决定,因而它是一个创造过程,计划工作是对管理活动的设计,就像是新产品的成功在于创新一样,成功的计划也是依赖于创新。

4. 计划的原则

(1) 系统原则

计划的本质是对组织内的各种资源进行优化配置,以实现组织的计划目标。由此,必须系统地分析组织内外环境和条件,运用系统的观点和方法开展计划工作。系统原则要求组织对所制定的长期计划、中期计划和短期计划在时间上进行合理安排;对全局战略计划、部门职能计划和基层个人计划进行有机的空间安排。同时在整个计划的制订过程中,必须统筹兼顾、全盘考虑。

(2) 平衡原则

不同层次和不同部门所制定的计划,必须做到与全局和自我的平衡,随着事物的发展,在时间和空间上也必须保持平衡。如果系统的各个局部不平衡,那么由各个局部所组成整体的功能就会大大缩小,正如木桶原理揭示的:最短的木板决定了木桶盛水的多少。如果事物在各个发展阶段不稳定,造成大起大落、忽快忽慢,也必然造成计划目标不能达成。尽管不可能达到绝对平衡,但相对的平衡是计划工作的基本要求。

（3）发展创新原则

按照发展的观点来开展计划工作，有两点需要注意：第一，留有余地。从发展的角度来做计划工作，要看到未来不确定性因素的影响，做计划时要留有余地，在时间上不能安排得太满。但也不能有意识地虚报产出能力，必须尊重客观规律，避免盲目性。第二，力求创新。计划工作本身就属于一种创造性的劳动，在组织的发展要求下，计划工作人员要创造性地提出一些新思路、新方法，使组织在发展中得到创新，保证计划的科学、合理。

二、计划的种类

1. 按计划的表现形式分

按照不同的表现形式，可以将计划分为宗旨、目标、战略、政策、规则、程序、规划和预算等几种类型。如下图 3－1 所示：

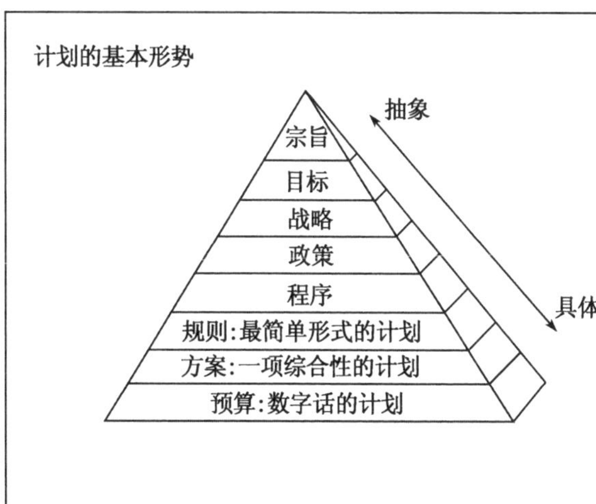

图 3－1　计划的层次体系

（1）宗旨（使命）。宗旨描述了组织的愿景，共享的价值观，信念和存在的理由，是一个组织最基本的目标。这对组织有强有力的影响。组织为其宗旨而存在，为了实现其宗旨，组织可以为自己选择一项使命，而使命的内容就是组织选择的服务领域。如医院的使命是救死扶伤；工厂的使命是生产商品；法院的宗旨是解释和执行法律等。

（2）目标。一定时期的目标或各项具体目标是在宗旨指导下提出的，目标具体规定了组织及其各个部门的经营管理活动在未来一定时间内所要达到的预期成果，往往是抽象的宗旨的具体化。比如说，一个工厂的使命是生产商品，围绕这一使命最终要落实到不同时期的目标和各部门的具体目标。

（3）战略。战略是为了实现组织总体目标而确定的行动方针和取得、利用和分配资源政策性规定。它是为实现组织的目标选择发展方向、行动方针及各类资源分配方案的总纲。

（4）政策。政策是组织的行动指南，是制约组织成员各种行为的一种原则性规定文件。但政策的执行都有一定的灵活性，因为政策只对组织成员的行为进行原则性规定。但没有具体规定组织成员在具体的条件下应该怎样做，因此，一方面我们切不可把政策当规则;另一方面,我们又必须把这种自由限制在一定的范围内。自由处理的权限大小一方面取决于政策自身,另一方面取决于主管人员的管理艺术。

(5) 程序。程序是一种经过优化的计划,是对处理未来活动的理性方法和步骤的规定。它详细列出必须完成某些活动的切实方式,并按照时间顺序对必要的活动步骤进行排列。程序也是一种工作步骤,通过对大量日常工作程序和方法的总结提炼,使之逐步规范化,以提高工作效率。

(6) 规则。规则通常是最简单形式的计划,是对未来在某种情况下应采取或不应该采取某种行动的具体的、明确的规定。它与政策是有区别的,规则在应用中不具有自由处置权,而政策具有一定灵活性。规则与程序一样,告诉人们应如何行动,但与程序不同的是,规则指导行动但不说明时间顺序。

(7) 规划(方案)。规划是一种综合性计划,是一个包括目标、政策、规则、程序的要采取的步骤、要使用的资源以及为完成既定行动方针所需要的各种因素的综合性计划。

(8) 预算。预算是一种"数字化"的计划,是把预期的结果用数字化的方式表示出来,它可以是计划更加明确、清晰。同时,预算也是一种主要的控制手段。

2. 按计划的时间跨度分

一般可将计划分为长期计划、中期计划和短期计划。长期计划一般在五年以上,描述了组织的长远发展方向和战略,是组织长远重大战略决策的具体化。对于一个企业来讲,长期计划通常包括企业发展规模、企业产品发展方向、企业主要经济指标的发展水平、企业员工的教育培训开发计划、员工的薪酬收入水平等。中期计划一般在一到五年,与组织中的中层和基层有较多的联系,大多属于策略性的计划,与长期计划相比,中期计划相对比较稳定,变化比较小。短期计划一般在一年以下,是依据中长期计划所制定的目标和要求,结合实际情况对中长期计划的具体落实,操作性比较强。季度计划和月度计划就属于短期计划。从整体上来看,长期计划为组织指明了长远的发展方向和奋斗目标,中期计划为组织指明了具体路径,短期计划则为组织明确了具体的实施步骤和具体方案,所以,只有将这三者进行有机的结合才能使计划目标得到更好的实现。

3. 按计划的影响程度分

一般可将计划分为战略计划和战术计划。战略计划通常是为整个组织未来较长时间设立总体目标的计划。战术计划通常是指组织整体目标的具体化,解决的是组织内具体部门或职能在未来某一段时间内的行动方案。战略计划具有长期性和整体性的特点,长期性是指规划未来较长的时间,整体性是指针对整个组织所指定的,强调的是整体协作。战略计划是战术计划的依据,战术计划是在战略计划的指导下进行的,是对战略计划的落实。

4. 按计划的职能分

一般可将计划分为总体计划、职能部门计划和各管理层面计划。一个组织一般有多个计划组成的计划体系。在这个体系中,有制定组织整体发展规划的总体计划,也有制定组织各方面的职能计划,还有根据组织各管理层次所制定的各管理层面的计划。其中,总体计划居于主导地位,各职能、各管理层计划围绕实现总体计划而制定,整体计划体系应保持总体平衡和有机结合。

5. 按计划内容的明确性分

一般可将计划分为具体计划和指导性计划。具体计划具有明确规定的目标，不存在模棱两可的情况。比如，一个企业的销售经理计划使企业的销售额在下一年度增长10%，他需要制定特定的程序、预算方案以及实现目标的日程表，这就是具体计划。但是，具体计划也不是没有缺点，它所要求的明确性和可预见性的条件不一定都能满足，这时，就要求管理者保持一定的灵活性以防意外变化。在这种情况下，指导性计划可能就更合适一些。指导性计划只规定一些一般的方针，指出重点但不把管理者限定在具体的目标或特定的行动方案上。比如，一个增加销售额的具体计划可能规定明年的销售额要增加12%，而指导性计划则可能只规定明年的销售额要增加10%—15%。显然，指导性计划具有内在的灵活性，必须与具体计划配合使用，权衡利弊。

6. 按计划的重复性分

一般可将计划分为重复性计划和一次性计划。重复性计划是指在一段时间内可以重复使用多次的工作计划。这类活动经常反复，具有固定结构，每当出现这类问题时就可以利用既定程序来解决而不需要重新研究，比如，原材料的入库、新产品的存放等。一次性计划是指为完成某一特殊目标而制定的计划。这类问题性质和结构比较复杂，很难确定。因此，解决问题没有一成不变的方法和程序，需要用个别方法进行处理，比如新产品的开发、生产规模的扩大、薪酬结构的变化等。

三、计划的工作的程序

3-2 阅读材料

计划的制订是一个复杂而全面的过程。制定一个完整的计划一般需要以下几个步骤：

1. 分析现实与机会

这个步骤包括描述宗旨和评估机会两项工作。

(1) 描述宗旨

计划工作过程起源于组织的使命和宗旨。一种是组织并不存在明确宗旨，这通常出现在新创办的组织或处于重大变革时期的组织计划工作中，这时界定并描述组织的宗旨便成为计划工作的重要内容。另一种是有既定宗旨，但需要员工正确的理解，并将其贯彻到计划的制订和实施工作中。

(2) 评估机会

对未来可能出现变化和预示的机会进行初步分析，形成判断；根据自己的长处和短处搞清自己所处的位置；了解自己利用机会的能力；列举不肯定因素等。

2. 确定目标

通过对现实情况的分析，管理者对组织面临的机会和挑战及应对策略形成了初步的判断，第二步就是确定组织的目标，由于目标是组织行动的出发点和归宿，确定目标就形成了计划工作的核心内容。在这一步骤中，通过目标分解，目标结构分析形成组织中的目标网络体系。在这个体系中，整体目标具有支配组织内所有分目标和计划的性质。

3. 编制计划方案并进行平衡挑选

在明确了目标，并对未来的内外部环境都有了清晰的认识后，就要开始进行计划的制订。这一步骤其实包括：

（1）制订计划方案

计划方案类似于行动路线图，是指挥和协调组织活动的工作文件。通过它可以清楚的分析企业管理人员和员工要做什么？何时做？由谁做？何处做以及如何做等问题。

（2）评价备选方案

这一步骤是根据前提和目标来权衡各种因素，比较各方案的利弊，对各个方案进行评价。编制计划时，我们往往会得到多个可供选择的方案，同时还有很多可考虑的可变因素和限制条件。在对备选方案进行过程中所得出的结论，一方面取决于评价者所采用的标准，另一方面还取决于评价者对各个标准所赋予的权数。

（3）选定方案

这是采用计划的关键一步，也是做出决策的重要环节。有时候，可供选择方案的分析和评估表明两个或两个以上的方案是合适的。在这种情况，管理人员在确定首先采取的方案的同时，可以决定把其他几个方案后备选方案，这样可以加大计划工作的弹性，使之更好地适应未来的环境。

4. 编制预算和计划实施

编制预算，即将计划数字化。这项工作一方面是为了计划的指标体系更加明确，另一方面使企业更易于对计划执行进行控制。因为定量的计划比定性的计划更具有可比性、可控性和可操作性，因此，如果预算编的好，则可以成为汇总各种计划的一种手段，也可以成为衡量计划完成进度的重要标准。但需要注意的是，这一步骤还不应当被看作是计划工作的终结。彼得·德鲁克就曾指出："计划如果不能变为行动，那它是无用的。"完整的计划应当包括计划的行动。

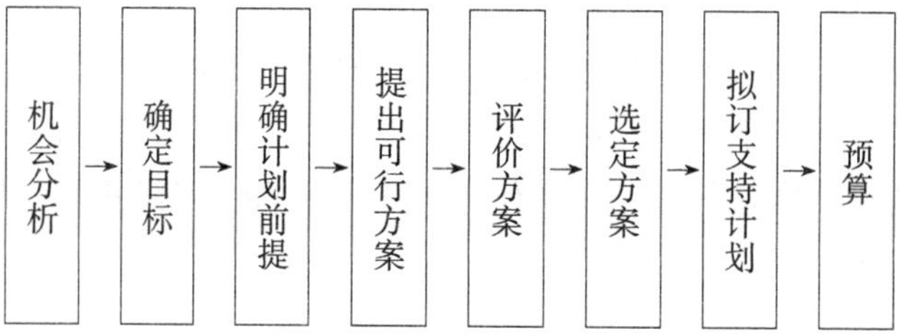

图 3-2　计划工作的步骤

四、计划编制的方法

1. 滚动计划法

滚动计划法是根据未来环境的变化情况和计划的执行情况定期修改未来计划，并逐期向前推移，使中期计划和短期计划有机地结合起来。在计划工作中，很难准确预测将来影响企业经营的各种因素，而且随着时间的延长，这种不确定性会扩大。如果机械地按几年以前的计划实施，可能会造成更大的损失或错误。滚动计划法通常用近细远粗的方法，有效地避免这种不确定性所带来的不良后果。如表 3-1 所示,这是一个五年期的滚动计划法。

表 3-1　五年期的滚动计划法

详细计划	比较详细的计划		比较粗略的计划		
2017	2018	2019	2020	2021	
	详细计划	比较详细的计划		比较粗略的计划	
	2018	2019	2020	2021	2022

滚动计划相当于每年的执行计划都是在四年前就已经初步制定出来了,经过两次修改和调整形成了最终的计划。滚动计划法符合人们认识事物的客观规律,由浅入深,由粗到细,使制定的计划更加符合实际。滚动计划法的优点是:首先,该方法使中期计划和短期计划相互衔接,考虑的时间跨度比较大,有利于计划的连续性。其次,本期执行的计划是经过多次修改和完善所得到的,会更加符合实际情况。最后,滚动计划法大大提高了计划的弹性,增强了组织的应变能力。

2. 时间管理——一种个人计划

在日常生活和工作中,经常会出现这样的情况:知道自己领了某份文件,但怎么也找不到,不得不花费更长时间去寻找;计划本月完成的工作,但到了月底还是有几件没有完成等。要想使自己的工作更有效率,就必须能够控制自己的时间,对时间进行管理。

时间管理是一种个人制订计划的方法,通过制定具体的工作和生活目标,合理安排工作和生活顺序,有效地利用时间,从而提高工作和生活效率。对于管理者或生活中的每个人来讲,时间可以分为主动时间和被动时间。主动时间是指自己能够控制的时间,可以自由安排工作或生活;被动时间是指自己不能控制的时间,表现为应付下属的请求、顾客的需求、各种矛盾的处理等。对于主动时间,管理者或个人要养成好的工作习惯或生活习惯,比如,事先规划时间的习惯,按轻重缓急处理各类问题的习惯,按时间分类存放文件的习惯等;对于被动时间,管理者要主动、积极地先行控制,这样可以有效掌握计划进度。

在时间管理过程中,重要的是必须明确目标、制订计划、分清重点、确定先后,只有这样才能达到事半功倍的效果。

自我评估:你是一个称职的计划人员吗?

提示:对下列的每一个问题只需回答"是"与"否"。

1. 我的个人目标能以文字的形式清楚地说明。
2. 多数情况下我整天都是乱哄哄的和杂乱无章的。
3. 我一直都是用台历或约会簿作为辅助工具。
4. 我很少仓促地做出决策,总是仔细研究了问题之后再行动。
5. 我利用"速办"或"缓办"卷宗对要办的事情进行分类。
6. 我习惯于对所有的计划设定开始日期和结束日期。

7. 我经常征求别人的意见和建议。

8. 我想所有的问题都应当立刻得到解决。

根据问卷设计者的观点，优秀的计划人员可能的答案是：2和8答案为“否 ”，其余为“ 是”。

第二节　决策的原则和程序

一、决策的概述

1. 决策的定义

决策是指组织或个人为了实现某种目标，在两个或两个以上的备选方案中，选择一个满意的方案，并加以实施和修正完善的动态过程。在日常生活和工作中，人们经常需要做出决策，它是一件艰难的事情，任何决策都不一定是最理想的。对于组织也是一样的，决策体现管理者的价值，对于管理者来说，其工作的实质就是决策。

管理小故事：捉火鸡的故事

有个人布置了一个捉火鸡的陷阱，他在一个大箱子的里面和外面撒了玉米，大箱子有一道门，门上系了一根绳子，他抓着绳子的另一端躲在一处，只要等到火鸡进入箱子，他就拉扯绳子，把门关上。一天，有12只火鸡进入箱子里，不巧1只溜了出来，他想等箱子里有12只火鸡后，就关上门，然而就在他等第12只火鸡的时候，又有2只火鸡跑出来了，他想等箱子里再有11只火鸡就拉绳子，可是在他等待的时候，又有3只火鸡溜出来了，最后箱子里1只火鸡也没剩。

[资料来源：百度百科]

思考：当情况发生恶化时，是应该等待观望还是及早做出决策？管理学家西蒙认为人们不可能做出最优决策，你同意他的看法吗？为什么？

2. 决策的特性

(1) 判断性

决策是一种认识活动。在决策的一系列过程中，无论是行动目标的辨认，还是行动方案的设计和选择，都要在一定程度上了解客观情况，认识、判断事物的客观规律及其发挥作用的条件。至于做出决定，更重要通过思维判断得出结论，从而下定决心，拍板定案。对决策的这一特性，管理学家们给予了深刻的认识。他们认为，在企业经营上，一个重要的特点是具有果断决定事物的能力。也就是说，在形势需要之际，果断制定决策。一般来说，身处混沌纷乱的形势之下，完善决策的制定则需要敏锐的洞察力，有效地分析事物的必要的本质，估量出所承担的风险。

（2）指导性

因为决策总是一种面向未来的行动。人们在实践活动前，总要根据目标，明确做什么，做不做和如何做等一系列问题。而这些正是决策的内容，都是实践活动所必需的。如果说实践是决策的执行与实施，那么决策就是实践的选择与预演。有什么样的决策，就有什么样的实践；决策的科学与否，直接影响和制约着实践的成败。这种例子数不胜数。

（3）选择性

这是由决策的基本过程所决定的，因为决策过程是决策者对决策方案进行分析、比较、决断的过程。选择是决策的核心。为了保证决策的正确性，通常要根据决策目标，拟定多种方案，以供决策者进行比较、选择。通过比较、选择，决策者才能从中选出满意的方案，以最小的投入获得最大的收益，达到决策的最优目标。所以，合理的决策都要求对所有的可能性进行审慎的评价。

（4）创造性

这是因为决策要反映事物的客观规律性，就必须开展一系列的创造性工作。比如发现问题、分析问题、提出问题和解决问题的要求和采取解决问题的措施等，决策者的决策必然是一种创造性的活动。

3. 决策的类型

（1）按决策所涉及的问题范围，可分为程序化决策和非程序化决策

程序化决策又称常规决策或重复决策。它是指按原已规定的程序、处理方法和标准进行的决策。因为有反复处理的经验，容易找出规律，可以制定出一套常规的处理办法或程序，不必每次重新决策。因此，其方法可以程序化、标准化，重复使用。

非程序化决策又称非常规决策、例外决策。它是指一些具有极大偶然性、随机性，又无先例可循且具有大量不确定性的决策活动，其方法和步骤难以程序化、标准化，不能重复使用。

前者是处理结构良好问题的有效途径，后者是处理结构不良问题的独特解决方法。程序化决策相对简单，并在一定程度上依赖于以前的解决方法。如在酒店里，服务员不小心将饮料溅到一位客人的身上，客人非常恼火要求赔偿，餐厅经理一般会做如下处理：从餐厅经费中支付一定费用来为客人洗干净衣服。经理只需求助于一个系统化的程序、规则，不需要列出一系列可能的解决方案。非程序化决策是独一无二的、不重复发生的，当决策者遇到新问题或结构不良问题时，是没有现成的方法可以遵循的，如企业兼并或重组、新产品的开发、城市地铁的修建等。如图 3－3。

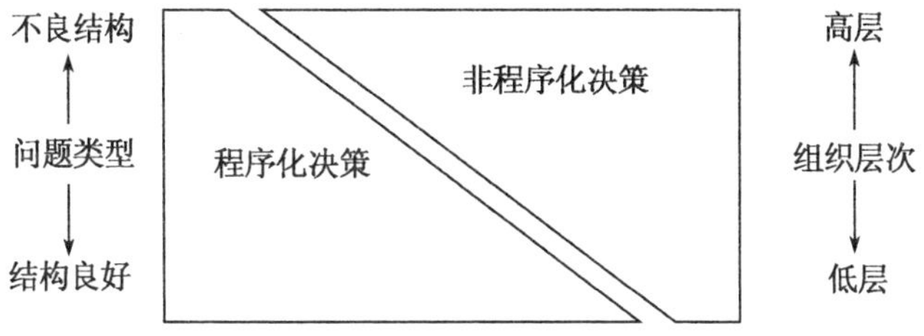

图 3－3　问题类型、决策类型和组织层次

如图所示，结构良好问题和组织低层是与程序化决策相对应的，结构不良问题和组织高层是与非程序化决策相对应的。低层管理者主要处理一些熟悉的、日常的、重复发生的问题，随着职位的提高，所面临的问题也越来越复杂、越来越棘手，需要高层管理者进行处理。

(2) 按决策结果的确定性程度不同，可分为确定性决策、风险性决策和不确定性决策

确定性决策是指备选方案所处的条件是已知的，并能较准确地预测各自的后果，易于分析、比较和抉择的决策。确定性决策是种理想化状态，在实际工作中，很难出现。

风险性决策是经济活动中最常见的一种决策情况，是指各种可行方案的条件大部分是已知的，但每个方案的执行都有可能出现几种结果，各种结果的出现有一定的概率，且概率是可以估计出来的，决策时根据各种自然状态发生的概率进行的决策。

不确定性决策是指决策事件未来的各种自然状态完全未知，各种状态出现的概率也无法估计，只能凭决策者主观经验、感觉和估计做出的决策。组织中大多数的重要决策和战略性决策都属于此类决策。

(3) 按决策的重要性不同，分为战略决策、战术决策和业务决策

战略决策是指所有决策中最重要的，主要涉及组织大政方针、战略目标等重大事项的决策活动，是有关组织全局性的、长期性的、关系组织生存和发展的根本性决策，如企业经营战略、企业发展方向、技术引进、组织结构改造等，这类决策主要由企业高层管理负责制定。

战术决策是组织在内部范围贯彻执行的决策，属于执行战略决策过程中的具体决策。管理决策旨在实现组织内部各环节活动的高度协调和资源的合理利用以提高经济效益和管理效能，如企业财务决策、人力资源规划、销售计划、设备更新、新产品定价等，这类决策主要由企业中层管理制定。

业务决策是指日常工作中为提高工作效率和生产效益，合理组织业务活动而做出的决策，影响面比较窄，对组织产生较小影响，如日常工作任务的分配、岗位职责的制定、材料的采购、工作进程安排等，这类决策主要由企业基层管理负责制定。

(4) 按决策的期限不同，分为长期决策和短期决策

长期决策是指关系到组织将来发展方向的长远性、全局性的重大决策，如人力资源开发、行业投资选择、组织发展规模的确定等。这类决策在制定之前要深入研究、认真分析，一旦制定出来，不会轻易改变。

短期决策是指为实现长期战略目标而制定的短期策略，如企业日常营销、生产中的资源配置等。在组织中，这类决策比较常见且灵活性较大。

阅读材料：经营决策是企业领导的首要职责

企业持续增长与个人持续成长的核心关键，是持续做出正确决策的能力。选择比努力更重要，选择决定命运，选择能力就是做出正确决策的能力，因此，持续做出正确决策，无疑是成长最为关键的要素。日本企业家稻盛和夫一直以来都是商业圈的一个神话人物，因为从他手上同时出现了两个世界500强的企业，对于一般企业家来说，想要

把公司经营到世界500强,那可是要拼尽一生才能实现的愿望,但是偏偏就有人,能同时兼任两个企业的董事长,而且还把这两个企业都送进了世界500强,这个人就是被称作"中国版稻盛和夫"的宋志平先生。

宋志平认为管理是正确地做事,经营则是做正确的事。他在企业工作了40年,前20年重点抓管理,后20年重点抓经营。经营和管理好企业是做企业的全部,但作为企业领导,更要重视经营、重视环境的变化。但经营要面临很多的变化,并据此进行选择,这是非常难的事。针对一个选择、一个决策,他经常是成百上千次地思考,如影随形、不能释怀。决策前的最后一分钟,如果认为有些信息有问题,或者环境发生变化,还会改变主意。作为决策者,有时真的是如履薄冰、如临深渊、战战兢兢。经营决策至关重要,是企业领导最重要的工作。宋志平之所以能把中国建材和中国国药集团两家企业都做成世界500强,就是"经营"这两家企业的结果。

改革开放以来,一大批有胆识、勇创新的中国企业家茁壮成长,形成了具有鲜明时代特征、民族特色、世界水准的中国企业家队伍。现代企业家能力包括了企业家的思考决策能力,自我完善,终身学习的能力,良好的心理素质,以及高度的社会责任感。

对于一个成功的企业家而言,敏锐的洞察力与判断力,创新精神,正确的用人观,以及果断正确地作出决策的能力是必不可少的。企业家作为公司决策人或者说重要决策者,其作出的任一错误决策都可能为公司带来致命的打击。所以无论何时,企业家都应该以敏锐的洞察力和判断力及时做出对公司最有利的决策,在面对危机或犯下错误时,也应保持冷静的头脑,立刻看清形势,做出在当时情况下损失最小的决策。在"致敬改革开放40年40人"中排名第一的长江实业董事长李嘉诚先生,曾在长江公司发展成为塑胶花行业的龙头老大时敏锐地发觉塑胶花这一行业即将萎缩,便果断决定急流勇退,逐渐淡出塑胶花行业,开始探索企业最好的发展方向。他以独到的慧眼,从香港的特殊环境与社会发展大趋势中,洞察出了地产行业在当时的巨大潜力和广阔前景。他不断审时度势,总是能顺应时代发展潮流,及时调整自己的决策,将自己的企业不断发展壮大,创造了一个又一个"神话"。可见,具有优秀的思考判断能力与决策能力对企业家而言意义重大。

那么企业家如何才能具有并保持敏锐的洞察力和判断力,从而保持决策正确的持续性呢?这就要求企业家要终身学习。须知当今社会瞬息万变,知识更是无穷无尽,一个人就是再聪明,也不可能掌握所有的知识。只有不断读书,不断学习,才有可能在竞争激烈的今天屹立不倒,不被淘汰。

宋志平爱读书的习惯,他部下们都非常了解。因为他基本上是书不离身,会抓住每一点儿空余时间读书。他读的书涉及政治、经济、历史和企业管理等多个领域。无论到哪里出差,只要有时间他就会去书店转转,能挑到一本好书对他而言是一件高兴的事。他的职业生涯是"台阶式"的,从科长、副处长、处长、副厂长、厂长、总经理助理,到常务副总经理、总经理、董事长,几乎企业里每一个层级的岗位宋志平都做过。每一个职位对于当时的他来说都是全新的,要快速适应角色并把工作做好,靠的只能是不断学习。

由此可知，只有一个不断读书，终身学习的企业家，才有可能及时审时度势，始终引领公司走在世界潮流的最前面，采用最先进的管理方法管理公司，以创新的精神不断开拓。

[参考资料：宋志平. 我的企业观. 中信出版社，2014 年 11 月]

思考：管理是一门实践性很强的工作，如何理解管理者“既要善学善思，又要善谋善为”？

二、决策的原则

1. 满意原则

满意原则，是指在决策中选择出的方案是满意的。这是针对“最优化”而言的，因为，对于决策者来讲，要想使决策达到最优，就必须获得与决策有关的全部信息，同时了解这些信息的价值所在，在此基础上制定所有的可能方案，并且能够准确预计到每个方案将来的执行结果。然而在现实工作中，这种条件却很难满足，决策者一般不可能收集到反映这一切的全部信息。因此，决策者要对未来做出“绝对理性”的判断是不可能的，只能做出认为“令人满意”的或“足够好”的选择。

2. 层级原则

由于组织需要的决策一般都非常广泛、负责，是高层领导者难以全部胜任的，必须按其难度和重要性分级决策，将那些经常重复、程序化地决策交给下属去执行。但要注意的是，不论决策分几级进行，在每一级中只能有一个决策机构，以免政出多门。

3. 权责对等原则

为了保证决策能够更好地贯彻执行，必须坚持权责对等的原则，也就是说谁决策谁负责。该原则具有两层含义：

(1) 决策者要对决策的结果负责

不管结果是成功还是失败，结果都应该由决策者承担。如果决策失误，组织可能会受到损失，为了避免损失或减少这种损失的发生，决策者就必须对决策的结果负责，防止推卸责任、滥用职权、盲目决策，尽最大可能保证决策的科学与合理。

(2) 决策者应负责决策的贯彻执行

在管理实践中，谁做出决策，谁就要负责决策的贯彻执行。一方面，决策者最了解方案的特点以及方案的实施路线、方法，能够更好地控制决策全过程；另一方面，如果决策者不负责贯彻执行，一旦决策目标没有实现，决策者就可能将责任推卸给决策执行者，造成权责不对等。

4. 集体和个人决策相结合原则

在现代组织管理中，随着社会化生产的提高，客观事物的变化，周围环境的影响，有时只靠一个人的智慧和能力已经很难实现，必须依靠集体的力量和智慧，才能保证决策的正确、合理。因此，既不能事事集体决策，大家参与；又不能事事个人决策，一人拍板。对那些带有战略性、非程序化的重大决策，应实行集体决策；对其他的应酌情选择集体或个人决策，将两者较好地结合起来。

5. 定性分析与定量分析相结合原则

定性分析，是指根据人们对客观情况和规律的认识和经验，运用主观的智慧和判断能力，对事物的性质及其发展变化趋势进行逻辑判断，做出决策。定量分析，是指运用有关的科学原理和数学方法进行分析计算，来判断事务的特性和变化规律性。在现代管理中，要灵活运用两者之间的优势，定性分析和定量分析相结合，以提高决策的科学水平。

阅读材料：如何成为有效的经营者

决策是经营者的第一项工作，别人谁都替代不了经营者。决策包括战略选择、业务方向和路径的选择、人的选择。

第一，定方向，选人才。宋志平在中国建材担任一把手时，选择重组水泥业务，这个决策改变了整个中国水泥行业格局，也改变了全球水泥行业格局，成就了中国建材这样的大企业。之所以选择做水泥原因主要有以下两点：

一是因为水泥行业在建材这个行业占产值的70%，是大产业，作为中央企业应该去做大产业，如果做小众产业，即便那个行业的订单全给中建材做也做不大。

二是机遇比较好。企业家最重要的特质不是冒险，而是抓机遇。中国建材当时抓住了水泥行业恶性竞争给行业重组带来的机遇。2005—2006年，水泥的价格从每吨400元跌到了每吨180元，全行业哀鸿遍野。这是抄底的时候，中国建材发起了重组。如果今天再做这件事，一方面需要的资金太多，另一方面可能也重组不了。

在国药，宋志平选择对医药分销这个薄弱环节进行整合，而不是整合药厂，从而形成了今天的国药集团。机遇非常重要，一个行业、一个企业不会总遇上好机遇，一个人也一样。关键是机会来了，企业家能不能识别它，能不能抓住它。

第二，选业务、选人，哪个更重要？其实人比业务更重要，因为选了好的业务，如果没有优秀的人来操作，同样做不好，而且决策者也无法验证到底是因为战略没做好，还是人没选对。选人一定要把握好两点：

一是德才兼备，以德为先。以德为先才能长久，否则企业做不长，这是最重要的选择。

二是选专业主义者、痴迷者。选的这个干部一定要是干一行、爱一行、专一行的人。

第三，选业务要做到“四问”“四不做”和“四要”。

一是四问。即自身是否有优势，市场是否有空间，商业模式能否复制，与资本市场是否能对接。

二是四不做。即产能过剩的项目不做，不赚钱的项目不做，不熟悉的项目不做，有明显法律风险的项目不做。

三是四要。即对项目要进行风险评估，专业要协同，要收购团队，要执着坚守。

2006年，中国建材上市之后开始大规模混改，“混”了上千家民营企业，使中国建材从一个没有水泥的企业，发展成为全球水泥大王，2020年水泥产能达到5.3亿吨。

宋志平的决策逻辑关系就是定了战略、有了目标之后，要缺什么找什么，做资源整合者。缺钱,去找钱;缺人,去找人;缺企业,去找企业。中国建材、国药就是这样发展起来的,这也是他的一个核心理念。

[资料来源:如何成为有效的经营者? 宋志平,《企业管理》2021 年 6 月]

思考:企业管理者的首要职责是什么?

三、决策的程序

决策作为一种过程,包括了一定的步骤和程序,虽然实际决策的具体内容有所不同,但就一般情况而言,分为以下几个阶段,如图 3-4 所示。

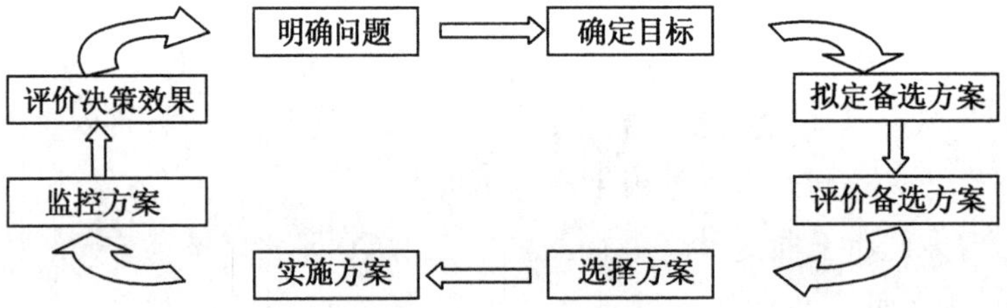

图 3-4　决策流程图

1. 明确问题和确定目标

目标是指管理者在特定的条件下所要达到的一定结果。决策过程的第一步就是识别和诊断问题。现实状况与期望状况的偏差提醒了管理者存在潜在的问题,要想识别问题,管理者必须将事情的现状和某些标准进行比较,通过这种比较来发现问题。同时将组织目标分解到组织的各个方面、各个层次、各个时间段,形成与组织结构相适应的,保证目标实现的目标结构系统。

2. 拟定和评价备选方案

决策通常要求以较低的费用、较高的效率、较好的效果来实现。这就需要对各种备选方案进行分析、比较和选择,从而拟定和评价各种备选方案。决策者要批评性地分析和评价每一个方案,评价每种方案的成本、收益和风险性大小,最后对各种方案进行排序。

3. 选择方案

选择方案就是在对各种备选方案评价的基础上,权衡利弊得失,选择出一个对组织最满意的方案。方案的选择方式要根据决策问题的重要程度来定。

4. 实施方案

选择方案之后,管理者就要制订实施方案的具体步骤和措施,在实施过程中要注意以下几点:第一,促使广大组织成员积极参与决策,了解决策、认同决策;第二,制定具体的、明确的、有效的实施措施;第三,运用目标管理法将决策目标层层分解,落实到每个部门和具体人;第四,建立评估反馈制度,以便了解方案执行情况,及时进行调整。

5. 监控方案

在决策实施过程中,决策者应及时了解和掌握决策实施的各种信息,及时发现新问题,并对原来的决策进行必要的修改和完善,以适应新形势和条件。此外,一个方案牵扯的时间可能比较长，在这段时间内，情况可能发生变化，所以，管理者也需要不断地对方案进行修改和完善。

6. 评价决策效果

决策实施之后，要总结经验，改进决策。通过总结经验教训，往往可以发现一些最初决策时看起来正确，但在实施后却令人不太满意的地方。总结决策的经验教训，不单单是几个决策者的事，还要充分调动决策执行者、方案参与者和决策效果评价者的参与，从各自立场，多方位、多角度地进行审视、总结，以提高决策水平。

第三节　决策的影响因素和方法

现代经常使用的企业经营决策方法一般可分为定性决策方法和定量决策方法两大类。前者注重于决策者本人的直觉，后者则注重于决策问题各因素之间客观的数量关系。

一、定性决策方法

定性决策方法，又称“软”方法。是一种直接利用决策者本人或有关专家的智慧来进行决策的方法。

> 讨论：你在求学的过程中，是否做过什么重大的决策？它对你的影响如何？

这种方法适用于受社会经济因素影响较大的、因素错综复杂以及涉及社会心理因素较多的综合性的战略问题，是企业界决策采用的主要方法。

1. 经验判断法

这种方法主要应用于那些简单的决策，具体包括三种。

(1) 淘汰法，即根据条件和评价标准对全部备选方案逐个筛选，淘汰那些不尽完美的方案或将一些方案作为上一级目标的约束条件，以缩小评选范围。

(2) 排队法，即把备选方案按实现决策目标的条件和评价标准，按优劣顺序排队，然后筛选。但是，遇到多目标决策时，这种方法很难直接把全部备选方案进行优劣区分。

(3) 归类法，即将备选方案划分为几类，然后采用淘汰法筛选。它的缺点在于方案按类划分，各类备选方案都会形成优劣方案共存，淘汰某类时，可能将优化方案淘汰掉。

2. 专家会议法

专家会议法，是根据市场竞争决策的目的和要求，邀请有关方面的专家，通过会议形式，提出有关问题，展开讨论分析，做出判断，最后综合专家们的意见，做出决定。

这种方法的优点是通过座谈讨论，能互相启发，集思广益，取长补短，能较全面地集中各方面的意见得出决策结论。缺点是由于参加人数有限，代表往往很不充分，容易受到技术权威或政治权威的影响，与会者不能真正畅所欲言，往往形成“一边倒”的局面。

3. 德尔菲法

德尔菲法是由美国兰德公司于 20 世纪 50 年代初发明的。最早用于预测，后来推广应用到决策中来。它既可以由群体成员来完成，也可以由分散的成员来完成。德尔菲是古希腊传说中的神谕之地，城中有座阿波罗神殿可以预测未来，因而借用其名。

德尔菲法是专家会议法的一种延续，是一种向专家进行调查研究的专家集体判断。它是以匿名方式通过几轮函询征求专家们的意见，组织决策小组对每一轮的意见都进行汇总整理，作为参考资料再发给每一个专家，供他们分析判断，提出新的意见。如此反复，专家的意见渐趋一致，最后做出结论。这种决策方法的大体过程是：拟定决策提纲、专家的选择、提出预测和决策、修改决策、确定决策结果。

4. 头脑风暴法

头脑风暴法是专家会议法的具体运用，是由被称之为“风暴式思考之父”的 A·F. 奥斯本提出的方式。这是用小型会议的形式，启发大家畅所欲言，经过相互启发，产生连锁反应，提出可供选择方案的方法。常用在决策的初级阶段，解决组织中的新问题或重大问题。

头脑风暴法的目的在于创造一种自由奔放思考的环境，诱发创造性思维的共振和连锁反应，产生更多的创造性思想。头脑风暴法一般只用来产生方案，而不是进行决策。

5. 电子会议

最新的定性决策方法是将专家会议法与尖端的计算机技术相结合的电子会议(Electronic-meeting)。多达 50 人围坐在一张马蹄形的桌子旁。这张桌子上除了一系列的计算机终端外别无他物。将问题显示给决策参与者，将他们自己的回答打在计算机屏幕上。个人评论和票数统计都投影在会议室内的屏幕上。

电子会议的主要优点是匿名、诚实和快速。但是，电子会议也有缺点：那些打字快的人使得那些口才好但打字慢的人相形见绌；再者，这一过程缺乏面对面的口头交流所传递的丰富信息。

二、定量决策方法

定量决策方法属于决策中的“硬方法”。它是指运用数学模型，可以借助计算机进行决策的一种方法。与定性决策相比，更具有可靠性和时效性。根据未来情况的控制程度，可以将有关活动方案的决策分为三类：确定型决策方法、风险型决策方法和不确定型决策方法。

1. 确定型决策方法

在选择决策方案时，存在一个明确的决策目标；存在两个以上可供选择的决策方案；每个方案实施后只有一种自然状态；可以计算各方案在确定的自然状态下的损益值。人们能够比较准确地估计市场未来的需求情况，从而可以比较有把握地比较各种方案未来的效果，以此做出决策。常用的确定型决策方法有盈亏平衡点法。

盈亏平衡点法又叫量本利分析法，是通过分析生产成本、销售利润和产品数量这三者之间的关系，掌握盈亏变化规律，指导企业能够选择以最小的成本生产出最多产品，并使企业利润最大化的经营方案。

假设 Q 代表产量或销售量，F 代表总固定成本，π 代表总利润，p 代表单位产品价格，v 代表单位变动成本。

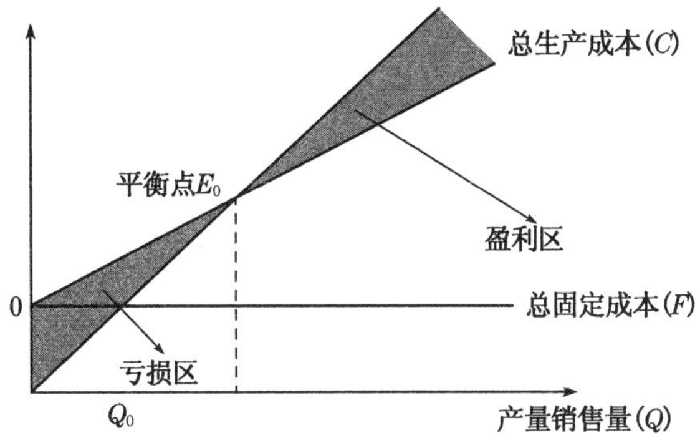

图 3-5　盈亏平衡点分析图

图 3-5 描述了企业利润、销售收入和产生成本之间的关系。企业利润是销售收入减去生产成本后的剩余，即 $\pi=S-C$。其中，销售收入是产品销售量和单位销售价格的乘积，即 $S=Q\times p$；生产成本包括固定成本和变动成本，即 $C=F+Q\times v$。固定成本在一定时间和一定范围内不会变化，变动成本则会随着产量的增加(或减少)而提高(降低)费用。“固定”与“变动”只是一个相对的概念，从长期来看，随着企业生产能力和经营范围的变化，一切费用都会变动；从短期来看，单位变动成本是固定的，单位固定成本会随着产品数量的增加而减少。

企业获得利润的前提是生产过程中的各种消耗均能得到补偿，也就是说销售收入至少等于生产成本，如图 3-5 所示的 E_0 点，相应的产量为 Q_0。当产量小于 Q_0 时，销售收入少于生产成本，企业亏损；当产量大于 Q_0 时，销售收入大于生产成本，企业赢利。

综上所述：

销售收入＝产量×单价

生产成本＝固定成本＋变动成本

　　　　＝固定成本＋销售量×单位变动成本

用相应的符号来表示，盈亏平衡时的公式：

$$Q\times p=F+Q\times v$$

经整理，可得盈亏平衡时的产量为：

$$Q=F/(p-v)$$

经整理，可得盈亏平衡时的单位变动成本为：

$$v=p-F/Q$$

例 3-1：某公司生产某产品的固定成本为 50 万元，单位可变成本为 10 元，产品单位销售价为 15 元，其盈亏平衡点的产量为：

$$Q=F/(p-v)=500\,000/(15-10)=10(\text{万件})$$

例 3-2：某公司生产某产品固定成本为 50 万元，产品单位销售价格为 80 元，本年度产品订单为 1 万件，问单位变动成本降至什么水平才不至于亏损？

根据题意，得到：$v=p-F/Q=80-500\,000/10\,000=30$(元/件)

例 3-3：某厂生产一种产品。其总固定成本为 200 000 元；单位产品变动成本为 10

元;产品销价为 15 元。

求:(1) 该厂的盈亏平衡点产量应为多少?

(2) 如果要实现利润 20 000 元时,其产量应为多少?

解:(1) $Q=\dfrac{C}{P-V}$

$$=\frac{200\ 000}{15-10}=40\ 000(\text{件})$$

即当生产量为 40 000 件时,处于盈亏平衡点上。

(2) $Q=\dfrac{C+B}{P-V}$

$$=\frac{200\ 000+20\ 000}{15-10}=44\ 000(\text{件})$$

即当生产量为 44 000 件时,企业可获利 20 000 元。

2. 风险型决策方法

在比较和选择决策方案时,如果存在不止一种相互排斥的可能状态,每种状态都以一定的可能性出现,并能预测其发生的概率,则可以采用风险决策的方法。风险决策中最常用的方法是决策树法。

风险决策的标准是期望值。如果决策指标为收益时,选择期望值最大的方案;相反,如果决策指标为成本时,选择期望值最小的方案。一个方案的期望值是该方案在各种可能状态下的损益值与其发生概率的乘积之和,这种方法称为决策树法。

决策树是由决策点、方案枝、状态点和概率四个要素组成。如图 3-6 所示,决策树是由决策点为出发点,引出若干方案枝,每个方案枝的末端是一个状态点,状态点后引出若干概率枝,每个概率枝代表一种状态。这样,从左到右展开便形成了一个如树状的决策树。

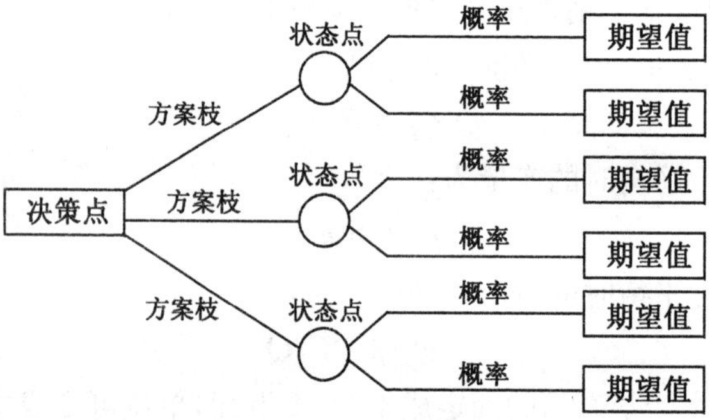

图 3-6 决策树

决策树法的程序一般为:

(1) 绘制决策树。决策树从左到右层层展开,根据已知条件列出各方案的各种自然状态。

(2) 计算各方案的期望值,并将其标注于该方案对应的状态点上。

(3) 进行剪枝。比较各方案的期望值,将劣等方案剪掉,用//在该方案枝上表示。

(4) 选出最佳方案,将其他方案剪掉。

现在用一个例子来说明决策树的应用。

例 3－4:某企业为了扩大某产品的生产,拟建立新厂。根据市场预测,产品销路好的概率为 0.8,销路差的概率为 0.2。现有三种方案可供企业选择:

方案一:新建大厂,需投资 400 万元。初步估计,销路好时,每年获利 150 万元;销路差时,每年亏损 40 万元。使用期限为 10 年。

方案二:新建小厂,需投资 200 万元。初步估计,销路好时,每年获利 60 万元;销路差时,每年仍可获利 40 万元。使用期限为 10 年。

方案三:先建小厂,三年后如果销路好在扩建大厂,但需要追加 300 万元。使用期限为 7 年,估计每年获利 180 万元。

请问在这三个方案中,哪个方案最好?

首先,绘制决策树,如图 3－7 所示。

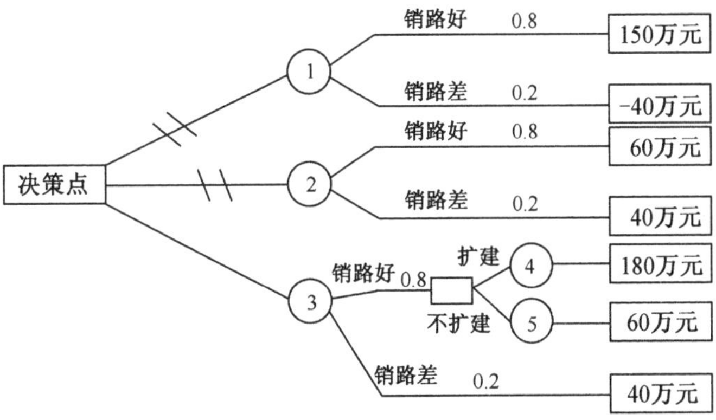

图 3－7　决策树

然后,计算各方案的期望值,并将其标注于该方案对应的状态点上。

方案一(状态点 1)的期望值为:[0.8×150＋0.2×(－40)]×10－400＝720 万元;

方案二(状态点 2)的期望值为:[0.8×60＋0.2×40]×10－200＝360 万元;

至于方案三(状态点 4)的期望值为:7×180－300＝960 万元,状态点 5 的期望值为:7×60＝420 万元,也就是说,销路好时,扩建比不扩建要好。方案三(状态点 3)的期望值为:(0.8×60×3＋0.8×960＋0.2×40×10)－200＝792 万元。

再次,进行剪枝。方案一和方案二的期望值都小于方案三,需将前两种方案剪掉。

经过计算比较,在三种方案中,第三种方案最好,可以获得 792 万元的收益。另外,有一点需要说明,为使问题简化,在本例中没有考虑货币的时间影响因素,而在实际工作中是必须考虑的。

3. 不确定型决策方法

不确定型决策是在对未来自然状态完全不能确定的情况下进行的。由于决策主要靠决策者的经验、智慧和风格,便产生不同的评选标准,因而形成了多种具体的决策方法。

例 3-5:某公司计划生产一种新产品。该产品在市场上的需求量有四种可能:需求量较高、需求量一般、需求量较低、需求量很低。对每种情况出现的概率均无法预测。现有三种方案:A 方案是自己动手,改造原有设备;B 方案是全部更新,购进新设备;C 方案是购进关键设备,其余自己制造。该产品计划生产 5 年。据测算,各个方案在各种自然状态下 5 年内的预期损益见表 3-2。

表 3-2 各方案损益值表

自然状态 损益值方案	需求量较高	需求量一般	需求量较低	需求量很低
A 方案	70	50	30	20
B 方案	100	80	20	−20
C 方案	85	60	25	5

(1) 乐观法(大中取大法)。这种方法决策是建立在决策者对未来形势估计非常乐观的基础之上的,即认为极有可能出现最好的自然状态,于是争取好中取好。具体方法是:先从每个方案中选择一个最大的收益值,即 A 方案 70 万元,B 方案 100 万元,C 方案 85 万元;然后,再从这些方案的最大收益中选择一个最大值,即 B 方案的 100 万元作为决策方案。

(2) 悲观法(小中取大法)。这种方法决策是建立在决策者对未来形势估计非常悲观的基础上的,故从最坏的结果中选最好的。其具体方法是:先从每个方案中选择一个最小的收益值,即 A 方案 20 元;B 方案−20 元,C 方案 5 万元;然后,从这些最小收益值中选取数值最大的方案(A 方案 20 万元)作为决策方案。

(3) 平均法(等概率法)。这种方法决策是将未来不明的自然状态出现的可能完全等同地加以看待,因此,没各种自然状态出现的概率都相同,从而将其转化成风险型决策。

(4) 后悔值法(大中取小法)。这种方法的基本思想是如何使选定决策方案后可能出现的后悔达到最小,即蒙受的损失最小。各种自然状态下的最大收益值与实际采用方案的收益值之间的差额,叫作后悔值。这种决策方法的步骤是:先从各种自然状态下找出最大收益值;再用各个方案的收益值去减最大收益值,求得后悔值;然后,从各个方案后悔值中找出最大后悔值,并从中选择最大后悔值最小的方案为决策方案。如表 3-2 所示,三个方案最大后悔值分别为 30、40、20。因为 C 方案的最大后悔值最小(20),故选中该方案。

总 结

所谓计划是指为了实现决策所确定的目标预先进行的行动安排的过程。而决策是指人们为了达到一定的目标,在掌握充分的信息和对在有关情况进行深刻分析的基础上,用科学的方法拟定并评估各种方案,从中选出合理方案的过程。计划为决策服务,是决策的基础;决策是计划的目的,其有效性要用结果来验证。

【课后训练】

一、案例分析

管理者的困惑(三):目标与计划的制定

国龙集团高总在经历了改革的尝试之后,决定对公司的整体现状进行一次综合诊断。并举行了全集团高管培训会,聘请了资深的企业管理专家为企业进行专场讲座。专家陈峰在求索管理咨询公司工作多年,经验丰富且专业知识深厚,关键是企业的高层管理者希望通过这次培训了解到自己所无法了解到的信息。

培训会定在周二的下午。国龙集团的高总特意没有参加。

陈峰的讲课时间安排在下午2:30—6:00,直到2:45,那些经理才陆续到了教室。听课的经理中主要有生产部经理梁天,计划办公室主任张成,营销部经理葛伟,人事部经理赵嘉,研究发展部经理王彦祖,财务经理杨梦佳,还有一些经理助理等。

陈峰注意到,有些经理一走进教室,就做好了睡觉的准备。

按照高总的要求,陈峰提出来:"我想,今天听课的除了人事部的赵经理外,其他人对听课的兴趣都不大。如果是这样,与其光听我一个人讲,不如我们一块讨论一些管理问题。难得各位经理都在,大家在国龙集团这些年,同企业一同发展。经过大家的努力,企业有了良好的发展势头。不过,随着企业规模的扩大和来自外部市场竞争的加剧,我们正在和将要面临许多挑战。大家不妨从各自的角度谈谈自己在工作中遇到的与人有关的主要问题。"

沉默了几分钟后,研究发展部的王彦祖说:"陈先生,我先介绍一下技术发展部。我们这个部门的前身是只是集团一个办公室,当初就我和今天的经理助理小沈两个人。这两年,随着企业发展的要求,我们在产品设计开发、技术引进等方面做了大量的工作。一方面跟学院合作进行科研开发,一方面引进高技能型人才,不过,人力资源部门在引进人才这一块工作做得不是太到位,我们也理解,人才引进难,留住人才难。从技术层面讲,更新快,发展快,我们的研发实在不容易。但对于我们研发部门的考核管理,如何建立科学的标准,也是极其影响我们部门员工积极性的重要因素。集团下发的年度计划中给我们部门的目标就明显不合理。"

陈峰刚想再问点什么,营销部经理葛伟举手示意。"我们营销部应该是在集团一直有着举足轻重的地位,是最大的部门了,在华北、东北和华东我们都建立自己的经销网络。据上半年的统计,我们的市场份额大概有35%,比去年增长了40%。应该说,公司确立的紧抓服务的营销战略是对的。但是公司单纯的以销售额来评价各个地区销售业绩的政策影响了东北区的销售。因为不管从消费者数量,还是从收入来说,东北区都明显不如其他两个地区。而公司制定年初目标时,对这方面的考虑似乎不够充分。销售人员的士气有些低落。另外,销售目标还应该与市场环境紧密结合起来考虑,尤其是我们这个行业受国家政策是影响也较大,目标定的不合理,我们计划如何制定和完成?"

财务经理杨梦佳的问题是:如何给我的财务人员分工。有时候有些人非常忙,而有些人又没有事做。坦率地说，财务部门的效率不高。

陈峰整理了一下自己的记录，发现计划办公室主任张成没有发言，于是就问："张主任，你的主要工作职责是什么呢？"

"我们的主要任务是做好企业的整体计划，包括企业的发展计划，生产计划等。有时还会同财务部门做预算。"

"那最后的执行结果如何，有没有进行反馈，控制或者总结？"

张成说："当然有，年度肯定是要总结。不过，有些计划确实不好做。几个部门的意见都不统一，上面下达了计划下面未必完成得了。"

又过了一段时间，陈峰说："这些问题都不是孤立的，他们之间都互有联系。所以任何单纯的就问题论问题，是很难有一个妥善的解决方法。今天，我也不想就某一个问题妄下断语，如果有可能，我希望我们能一起解决。"

思考：

1. 在培训会上国龙集团几位高管讨论的问题说明了什么？

2. 如何看待营销部经理提出的"目标定的不合理，我们计划如何制定和完成"的分歧？

二、复习与思考

1. 某石油公司的决策分析

某石油公司，为了从能源危机中获取巨额利润，试图从油母页岩中提取石油制品这一事情进行决策。从目前的国际形势看，石油价格可能有 4 种变动状态：

(1) 价格下降，低于现价(低价)；

(2) 价格上涨，高于现价(高价)；

(3) 现价不变；

(4) 出现"禁运"，价格猛涨(禁运)。

根据上述情况分析，公司作出在未来 10 年时间内开发没母页岩的三种策略：

(1) 研究：集中力量研究该油的油过程，以降低成本；

(2) 边研究，边开发：两者结合，但开发仍按现有工艺进行，会有亏损；

(3) 应急开发计划：按现有工艺尽快开发，风险更大。各方案的损益值见下表。

损益表　　(单位：百万元)

损益值 方案 / 状态	研究	边研究、边开发	应急开发
低价	−50	−150	−500
现价	0	−50	−200
高价	50	100	0
禁运	55	150	500

上述某石油公司的决策的每一个方案都有几种相互排斥的可能状态，但每一状态出

现的概率是不可知的，很显然这时的决策就是不确定型决策。请用不确定型决策的方法分析石油公司该如何做出合理的决策。

2. 你作为一名大学生，面对未来就业选择的决策，如何做好准备工作？

3. 结合你的生活实际，运用决策树法，对你的所能支配的货币投向进行决策。

4. 某化妆品厂生产一种化妆品需投入固定成本 30 万元，单位产品可变成本为 80 元，产品销售价格为 100 元/件。试用盈亏平衡分析方法确定其盈亏平衡产量？如果企业的利润目标是 15 万元，企业至少应维持多大的生产规模？

【管理游戏】

头脑风暴法

1. 确定一样物品，比如铅笔或者其他任何东西，让同学在 1 分钟以内想出尽可能多的它的用途。

2. 5—7 人为一个小组，每个组选出一人记载本组所想出的主意的数量，在一分钟之后，推选出本组中最新奇、最疯狂、最具有建设性的主意，想法最多、最新奇的组获胜。

3. 规则：不许有任何批评意见，只考虑想法，不考虑可行性。想法越古怪越好，鼓励异想天开。可以寻求各种想法的组合和改进。

思考：

1. 你是否会惊叹于人类思维的奇特性，惊叹于不同人想法之间的差异性？

2. 头脑风暴对于解决问题有何好处，它适于解决什么样的问题？

【校园体验】

做好自己职业生涯规划设计

职业生涯规划就是确立自己的职业发展目标，选择实现这一目标的职业以及制定相应的工作、培训和教育计划，并按照一定的时间安排，采取必要的行动，实现职业生涯目标的过程。结合计划与决策的理论思考你打算选择什么样的行业，什么样的职业，什么样的组织，想达到什么样的成就，想过一种什么样的生活，如何通过你的学习与工作达到你的目标，赶快行动来自己的完成职业生涯规划设计。

模块四　目标管理

■ **知识目标**

1. 了解目标及目标管理。
2. 掌握目标确定的方法。
3. 理解目标体系的构成。
4. 掌握目标管理的基本流程。

■ **技能目标**

1. 培养学生制定目标的能力。
2. 培养学生实施目标管理的能力。

■ **素质目标**

1. 坚持目标导向树立契约精神，学会承担责任。
2. 将精益求精和专注的精神贯穿于目标管理的全过程。

情景导入

优秀中国企业案例(四)：华为公司的目标管理法

华为技术有限公司(以下简称“华为”)创立于1987年，是全球领先的ICT(信息与通信)基础设施和智能终端提供商。目前华为约有19.5万员工，业务遍及170多个国家和地区，服务全球30多亿人口。

华为致力于把数字世界带入每个人、每个家庭、每个组织，构建万物互联的智能世界。华为人一直都在坚持做的事情：生存、赶超和变革——这既是华为坚守的原则，也体现出了它发展的几个不同阶段。

1. 华为发展历史的第一阶段(1987—1994)

1987年，创始人任正非与五位合伙人共同出资2万元成立了华为公司。在这一时期，华为在产品开发战略上主要采取的是跟随战略，先是代理香港公司的产品，随后逐渐演变为自主开发产品的集中化战略。在市场竞争战略上采取单一产品的持续开发与生产，从农村包围城市的销售策略，通过低成本的方式迅速抢占市场，扩大市场占有率，也扩大了公司的规模。

2. 华为发展历史的第二阶段(1995—2003)

这个阶段的华为的侧重点是在产品开发战略上，由单一集中化向横向一体化发展；地域方面，由聚焦国内市场向同时面向国内和国际市场，而国际市场优先转变；而市场拓展方面，依然沿用的是“从农村包围城市”的发展战略，选择从发展中国家开始做起，以低成本战略，逐步将产品打入到发达国家市场。

3. 华为发展历史的第三阶段(2004—2012)

在这一阶段，华为在产品开发战略上采取了纵向一体化、多元化和国际化并举的战略；在市场竞争战略上，采取与“合作伙伴”共赢的战略。公司也由全面通信解决方案电信设备提供商向提供端到端通信解决方案和客户或市场驱动型的电信设备服务商转型。华为这个时期的组织结构，相比成长期的组织结构，进行了渐进式的演变，从原来的事业部与地区部相结合的组织结构，转变成以产品线为主导的组织结构。

4. 华为发展历史的第四阶段(2013 年至今)

华为公司在这个阶段设立基于客户、产品和区域三个纬度的组织架构，各组织共同为客户创造价值，对公司的财务绩效有效增长、市场竞争力提升和客户满意度负责。产品与解决方案是公司面向运营商及企业/行业客户提供 ICT 融合解决方案的组织，负责产品的规划、开发交付和产品竞争力构建，创造更好的用户体验，支持商业成功。

华为在不同的阶段有着明确的发展目标，每一个目标华为都能认真对待，并且在科学的目标管理制度下，绝大多数目标都能在规定时间内高质量达成，帮助华为奠定了今天的市场地位。同时华为狼性文化，打造了一支召之即来，来之即战，战无不胜的铁军，背后的一个关键因素就是华为的目标管理。华为有着明确的发展目标，每一个目标华为都能认真对待，并且在科学的目标管理制度下，绝大多数目标都能在规定时间内高质量达成，帮助华为奠定了今天的市场地位。《华为目标管理法》这本书的作者在华为有多年的工作经历，参与了多个任务的目标管理工作，对华为目标管理的制度和流程相当熟悉。该书从目标确定、沟通、控制、规划实施、检查、评价七个方面来全面解读华为的目标管理制度和关键行动(如图 4－1)对华为目标管理的全流程有一个简单的内容概括。

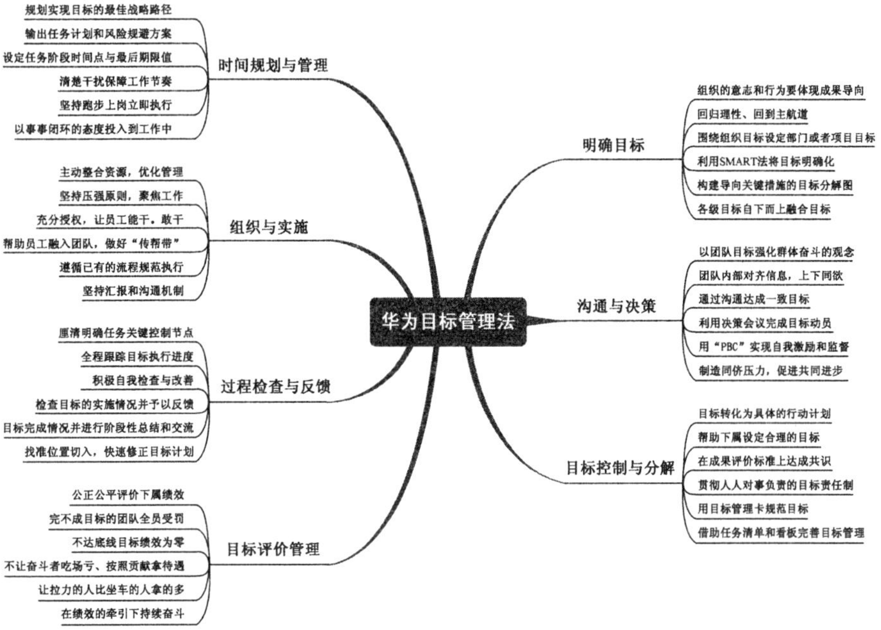

图 4－1　《华为目标管理法》内容导图

总之，华为的成功重要原因之一，就是华为有着完美的目标管理法。华为在树立明确的目标后，将公司整体目标分解成部门目标，部门目标分解为个人目标，并量化为经济指标和管理指标，最终成就了华为的成功。

[资料和视频来源:1. 华为公司官网. 2.《华为目标法》. 郭楚凡、黄艳平. 电子工业出版社，2018 年 4 月.]

4-1 优秀中国企业视频

思考：

1. 如何理解“华为中的每个人既是工作者，也是管理者”这句话的意思？其中体现了目标管理的什么原则？

2. 作为一名公司中层管理人员，一方面是公司决策部署的第一执行人，另一方面也是部门的负责人，所以只有目标明确和可行，自己有努力的方向和率先垂范的动力，才能把各项生产任务落实到位，把生产作业组织得力。请思考在工作中要怎么做好目标管理呢？

【任务导入】

每 6—8 人自愿组成模拟公司完成系列任务(二)

1. 对每个小组组建的“模拟公司”的企业经营环境从宏观、行业、微观三个角度进行分析，完成企业内外部环境分析报告。

2. 根据对每个小组的“模拟公司”的企业经营环境分析，制定公司的 5 年发展总目标，并完成 5 年发展目标分解体系图。

第一节　目标与目标确立

每个人都应该有自己的目标和愿望，在头脑中树立明确的目标是走向成功的第一步。没有明确的目标，整个组织的活动就是杂乱无章的，更无从评价管理的效率与效果。因此，目标对各个组织而言都起着非常重要的作用。

一、目标及其作用

“凡事预则立，不预则废”。计划的订立，不仅给执行人指明方向，而且能够使工作的进行保持合理节奏，有条不紊。计划的成功与否，很大程度上取决于其指向的正确与否，换句话说，即计划达成的目标是否准确。目标的设定在整个计划的制订、实施过程中起着导向性作用，决定着计划的成败。因此，无论对个人的发展还是对企业的发展，合理目标的设定都显得十分重要。

1. 目标对个人规划的意义

目标在职业生涯中的作用就是灯塔，就是指引你整个职业发展的指向标。思考目标的过程就是确认自身价值、增强自信心、促使自己上进的过程。

案例与思考:如何合理设置目标

华为创始人任正非与2020年金牌员工代表进行了一轮谈话,2020年华为金牌员工中,有刚入职两年的新人,也有在华为工作了十余年以上的老员工。在谈话中,任正非解答了员工的一些疑惑,传达了华为的一些价值观。任正非在谈及人生目标的设定时指出,人生应该是一步一步踏踏实实前进的,不要好高骛远,别给自己设定过高的目标,可能努力也达不到,一生都会失败。

众所周知,华为的业务遍布海内外,一些员工经常要被外派,甚至一外派就是好几年。不过,虽然某些国家的条件很艰苦,但是在待遇上以及晋升上却相对有优势。华为的海外政策是垂直提拔,来自国内外财经、审计等专业毕业的优秀学生,大多数都到海外从担任项目经理开始,通过项目经理熟悉公司的业务,滚一身泥巴,洗个热水澡,从外行变成内行。在任正非看来,华为的员工更应该要懂华为的具体业务,而不是仅仅坐在电脑前"算算账""拨拨算盘"。他表示,一个项目的CEO(首席执行官)比CFO(首席财务官)的工作要复杂很多。首先,CEO要做计划,如果机器设备都不熟悉,怎么能做出计划?第二,如果没有实践过,连工时定额都不清楚,怎么能做出预算?明白了计划、预算、核算,能做CFO了,那能不能做概算?如果这几种都不是很清楚,那上升通道就窄了。

任正非认为对员工说到,工作本来就很难,没有困难,凭什么你们要拿这么高的工资?有困难,就说明华为做得了,别人做不了,说明了华为的价值。的确,相比较大多数公司,华为的员工福利待遇以及工资水平在业内都是数一数二的,但是做的事情也确实更难,承担的责任也更多。总之一家公司只有对员工付出,让员工不断成长,尊重技术,才能够走得更远。

[资料来源:任正非与2020年金牌员工座谈会的讲话.任正非.华为心声社区.2021年5月]

问题:你有规划自己的未来吗?在规划时你是否考虑过根如何体现自己价值?

2. 目标对组织的作用

对组织而言,目标是各项管理活动所指向的终点,每一个组织都有自己的目标。尽管不同的组织有不同的目标,但有一点共通的,即追求效率。如果组织不能始终做到这一点,就会逐渐丧失自己的存在价值。从企业的角度看,目标起着以下作用:

(1) 企业经营思想的具体化

企业目标是在分析企业外部环境和内部条件的基础上确定的企业各项活动的发展方向和奋斗目标,使企业远景明确、清晰化,是企业经营思想的体现。

(2) 合理配置资源的工具

企业一旦明确自身目标,在经营过程中可据此有所侧重地分配资源,合理利用资源。不仅如此,明确的目标还有利于突出管理工作的重点,使其有的放矢。

(3) 衡量企业经营成果的标准

企业目标为企业决策指明了方向,是企业计划的重要内容,同时也可以作为衡量企业经营成效的标准。

企业目标的定位,随着企业使命的变迁有所变化。在华为公司的发展历程当中,在其历次的战略制定与调整当中,“活下去”是华为始终坚持的最高目标,但它同时也是华为战略目标的最低标准。因为,只有活下去,企业才有机会寻求更好的发展。如果企业连活着都成为问题,那么所谓的发展都是空谈。同时,任正非强调:“没有正确的假设就没有正确的方向;没有正确的方向,就没有正确的思想;没有正确的思想就没有正确的结论;没有正确的理论,就不会有正确的战略。对战略而言,一定是基于对未来的大胆假设,才能够制定出合理的行动路径以及战略目标。”事实上,华为公司也并非没有出现过战略失误。但是,围绕以客户为中心的服务理念,通过一定的反馈机制,华为所有的动作都能够从客户层面迅速被反馈回来。并且,这种反馈能够直接到达集团层面,有利于高层对战略做出迅速地调整。这是华为始终能够以客户为中心驱动公司运营的一个重要原因。在华为公司看来,战略所要解决的是“做正确的事”,而战术解决的一定是“正确地做事”,因此首先一定要解决做正确的事,并坚定地沿着这个方向走,才能够达成最终的目标。

二、目标的确立

管理寓言:

有一个古老的故事,有人问三个石匠在做什么。第一个石匠说:“我在混口饭吃。”第二个石匠一边敲打石块一边说:“我在做全国最好的石匠活。”第三个石匠眼中带着想象的光辉仰望天空说:“我在建造一所大的宫殿。”

10 年之后,第一个手艺毫无长进,被老板炒了鱿鱼;第二个勉强保住了自己的饭碗,但只是普普通通的泥水匠;第三个却成了著名的建筑师。

[来源:彼得·德鲁克.《管理实践》机械工业出版社,2018 年 11 月]

讨论:这个寓言故事说明了什么?

1. 确立目标的误区

(1) 目的和目标的混淆

所谓目的是组织各种行动最终要达到的宏观上的结果。为了实现组织确立的目的,需要制定一系列的目标。例如,我们今年要增收节支。

所谓目标是为了达到目的所采取的步骤。目标常常附有数字和日期,这些数字和日期是对某一具体目的具体说明。目标是同目的联系在一起的,不是孤立存在的,脱离了目的,目标就没有什么意义了。

举例说明:

对于洪经理的行政部门来说,根据公司总体“开源节流”的目的,确定行政部门的本年工作目标是:2023 年度行政费用比去年下降 15%。

为了达到“开源节流”的目的,需要明确规定行政部门工作的目标。工作目标不仅指明了努力的方向，更为重要的是使员工有一个可以依此行动、检验和修正的尺度，这就是工作目标。

“开源节流”这样的部门目的显得过于笼统，缺乏具体的内容加以支持，“到底管理开支要缩减到多少，以什么来衡量……”，这些具体的、指导员工进行实际工作的问题都没有得到回答。那么员工们又如何来进行工作呢？

修改后的目标：“在上一年度的基础上，在保证其他部门正常工作的前提下，节约管理费用方面的开支15%。”这样员工对要完成的工作才有一个明确的认识，知道怎样才算是工作效率的提高、支出的缩减。

(2) 定量目标和定性目标的区分

① 定量目标：是可以用数字明确下来的目标，销售额的增长率、费用降低率、市场份额的增长率、人员增长率、新增代理家数、产品合格率。

例如，明年全年要在整个区域内达到X产品400万元的净销售额及23万套的销售量，在下半年内增加整个区域的销售额15%；在上一年度的基础上，在保证其他部门正常工作的前提下，节约行政方面的开支20%。

② 定性目标：一般是用叙述性语句描述的目标，不用数字说明，年内制定新的报销制度(财务)、年内建立新的考核制度(人力资源)、年内公司管理规范化(总经理办公室)、年内改善文档管理的状况(行政部)。

例如，年内消除A销售区域内的“窜货”问题；年内制定出公司各部门行政费用的支出标准。

③ 对于定性和定量目标存在两种错误观点。第一，认为有的目标只能定性，无法定量，所以难以衡量。事实上，不能量化不等于不能衡量。定性目标完全是可以像定量目标那样进行衡量。特别是工作的标准以及如何考核的问题。行政部门的经理在下属制定工作目标时，可以不提或少提要完成工作的数量，但必须提出定性化的工作标准。定性化的工作标准同样会起到指导下属工作方向、激发下属工作积极性、创造性的目的。第二，定性目标无法制定，不如不要。在公司中，有一些工作或者一些职位是不需要定目标的。如公司前台每天接听多少电话，部门秘书每天处理多少文件等。这些职位既不需要定量目标，又不需要定性目标。但是，这些工作不是不要目标，而是根据工作规范或是岗位职责规范或者相关的管理制度进行工作。

(3) 多重目标的问题

在很多情况下目标并非都是单一的，尤其是在目前的经济状况下，很多公司都处于创业、发展阶段，管理并不是非常规范，不能确定某一职位专职负责某一方面某一项工作。同时由于资金不宽裕，一个人要承担多方面的工作才能使组织灵活机动地跟随外界出现的问题进行调整。解决多重目标的原则是：

① 分清主目标和次目标。分清主目标和次目标的方法有两种：一是根据上司的主目标进行分解确定；二是根据“高效益活动分析”加以确定。

② 目标不要过多。一般一到三个主目标即可。

举例说明：

下面来看一位店长所面临的问题：

目标一：增加对营业员的培训次数，以便提高其业务素质，增强销售能力。

目标二：短期内增加门店促销推广活动，以增加销售业绩。

产生冲突的问题一：营业员在这段时间内不能参加推广活动。

目标三：门店引进一款爆款新品并迅速达到良好的销售业绩和市场占有率。

目标四：改善门店现有产品的结构和市场占有率。

产生冲突的问题二：引进一项新产品意味着减少推广原有产品的陈列空间。

③ 目标间的冲突。在实际工作中，有时一个目标与另一个目标在短期内会发生冲突。

不可否认实际工作中，不同的目标之间发生矛盾的情况确实存在。那么，应如何对之进行协调呢？一些情况下，需要在目标之间建立优先次序，选择较为重要的目标，牺牲或者推迟较为次要的目标。例：对于问题一，我们可以认为加强对销售代表的培训是最为重要的，虽然这样会减少他们进行推广的时间，但是，相信培训之后，他们生产力的提高会弥补短期内销售业绩减少带来的损失。有的情况下，需要我们发现和使用新的工作方法或技巧，以便减少时间及费用，提高工作效率，同时做好两件事情。例：对于问题二，我们可以分析现有以及新产品预计的销售情况，重新划分销售区域，让业绩较好的销售代表推广新产品，而让其他的销售代表继续销售旧产品。在实际工作中，通常我们有一种倾向：更为关注当前问题，而忽视掉对于未来更为重要的问题。因此，必须了解不同目标之间可能出现的冲突。

2. 好目标的特征

(1) 好的目标应该与企业高层保持一致

① 根据公司的组织结构由上到下要形成一个目标系列。

公司的各级目标，下级的每一项工作目标都来自上一层工作目标的分解，下一层工作目标必须严格与上一层工作目标保持一致。

② 部门目标与高层目标的错位

在实际工作中，各层的目标往往发生错位、脱节，造成的后果是公司的总体目标向下得不到准确的分解，到销售代表这一级已经严重扭曲变形。

为了使每一个层级的目标有意义，各层级的目标必须与整体目标保持一致，否则会出现目标偏离、错位的问题。

阅读材料：目标如何偏离总目标

由于过去几年利润的下降，门店总经理认为应增加公司的短期利润，所以，只接受利润高的品牌。

公司近期总目标是：增加公司的短期利润。

例：生鲜部主管决定近期主推A类季节性产品，而不是B类节日性产品，因为他认为A品类周期长更具有挑战性，市场份额更容易提高，毛利高，可以提升季度业绩。生鲜部主管的目标是：主推A类季节性产品。

例：虽然生鲜部主管计划主推A类，但企划部主管却认为推广A类季节性产品有一定的难度，相比B类节日性产品更容易策划引导客流量，又保证了月度利润。企划部主管倾向于B类节日性产品。所以，近期一直在策划B类节日性产品的促销活动。

例：采购部主管则认为，C类快销产品容易回款，奖金好拿，容易调动销售代表积极性。采购部主管的目标是主推产品C类快销产品。

最后的结果是大大偏离了公司的总目标。

③ 部门目标必须与高层目标一致

部门所制定的工作目标必须与企业、高层的目标保持一致，部门目标一定是服务于组织总的短期目标及长期目标。组织的成立是为了最大限度地减少各种交易成本、有效地利用组织的协同作用，各职能部门和行政部门作为整体中的有机组成部分，必须同组织整体的运作和发展相协调，部门在订立目标时也只能服从于组织的总目的。如果没有这样的制约，就会出现以上案例中出现的情况。这是因为：

部门所制定的目标是盲目的，部门不知道公司到底要向什么方向发展，为了制定目标而制定目标，这实际上是在浪费部门经理和员工的时间和精力。

部门经理们为了突出自己部门在公司中的地位、形象以及自己的业绩，在制定部门目标的过程中，考虑自己部门和自己的利益，尽量多的要求公司的资源。

在实际工作中，一个公司中的各销售业务部门最容易出现以上问题：为了各自多得利润、压低成本和费用，互相争客户、互相拆台，最后损失的既包括公司的利益，也包括其他部门、自己部门的利益，可能还有职业经理自身的利益——可能忍受不了公司的互相倾轧，只好另谋出路。此外，不一致的目标也是对组织资源的浪费，部门都是各自为政，花费了人力、物力，最后还是得不到预期的目的。整个公司没有好的盈利，作为组织机体中的一个部件的部门及成员又如何能得到期望的收获呢？

因此，制定部门目标时，一定要与公司的发展目标保持一致，要做到这一点，就需要准确地把握公司目标。同时，注意与其他相关部门保持有效地接触，协同一致，将整个公司看成一个共同前进的团队——团队的精神不仅局限于部门之中有限的成员之间。

(2) 制定目标要符合SMART原则

制定目标应该符合SMART原则。SMART是五个英文单词的首写字母构成：

> 符合SMART原则的目标才是好目标。

S——具体明确的(Specific)：目标必须是明确的、具体的。所谓具体就是与任职人的工作职责或部门的职能相对应；所谓准确就是目标的工作量、达成日期、责任人、资源等都是一定的，可以明确的。

M——可以衡量的(Measurable)：如果目标无法衡量，就无法为下属指明方向，也无法确定是否达到了目的。如果没有一个衡量标准，具体的执行者就会少做工作，尽量减少自己的工作量和为此付出的努力，因为他们认为没有具体的指标要求约束他们工作必须做到什么程度，所以只要似是而非地做些工作就可以了。这种问题可能出现在工作量化起来比较困难的行政部门，或者是技术部门中，上司不十分了解具体的业务，无法进行有效的工作控制，在最终的工作评估中，又因此产生争执。

A——可以达到的(Attainable)：目标是要可以让执行人可达到的，如果上司利用一些行政手段，利用权力性的影响力一厢情愿地把自己所制定的目标强压给下属，下属典型的反映是一种心理和行为上的抗拒："我可以接受，但是否完成这个目标，有没有最终的把握，这个可不好说。"一旦有一天这个目标真完成不了的时候，下属有一百个理由可以推卸责任："你看我早就说了，这个目标肯定完成不了，但你坚持要压给我"。

R——可实现的(Realistic)：如果目标在现实条件下不可行，常常是由于乐观地估计了当前的形势，一方面可能过高估计了达成目标所需要的各种条件，如技术条件、硬件设备、员工个人的工作能力等，制定了不恰当的工作目标，另一方面可能是错误地理解了更高层的公司目标，主观认为现在给下属的工作，下属能够完成，但从客观的角度来看，目标无法实现。一个无法实现的目标，从最基本的出发点就无法使目标管理进行下去。

T——有时间规定的(Time specific)：如果没有事先约定的时间限制，每个人就会对这项工作的完成时间各有各的理解，经理认为下属应该早点完成，下属却认为时间有的是，不用着急。等到经理要下属交东西的时候，下属会很惊讶，造成一方面经理暴跳如雷，指责下属工作不力，因此对下属做出不好的工作评价；另一方面下属觉得非常委屈和不满，伤害了下属的工作热情，同时，下属还会感到上司不公平。

根据 SMART 原则制定的目标符合下面的形式：

要干什么	结果是什么	条件是什么	什么时间
缩短	生产周期	18%	本年年底
开发	一种功能软件包	达到 3.5 级或更高级别	2023 年 1 月 9 日正式推出

(3) 目标要具有挑战性

制定的目标相对于下属自身的工作能力，应当略微高一些，让它看上去富有挑战性。这样，一方面可以促使下属不断更新自己的知识、提高自身的业务素质，提醒员工不能满足于已经取得的成绩；另一方面可以使下属觉得工作有意思，不是每天都在重复过去的劳动。

① 目标不能太高或者太低。否则，不但不会起到激励员工更加努力工作的作用，还会适得其反，打击员工的积极性。有的部门把销售额定得有些偏高，却使销售人员感到无论怎么付出心血，也顶多只能刚刚完成基本目标，根本无法在此基础上得到额外的奖励，所以，他们的士气很低，牢骚不断。

② 目标太高使下属感到自身的工作能力根本不能达到，所以也没有信心去实现目标。过高的工作目标有时会成为一纸空文，下属会对过高的工作目标不屑一顾，认为迟早会降低工作目标，所以，工作起来又何谈动力？

③ 目标太低就缺乏对下属的挑战性。这需要中层经理了解自己的部属，根据其自身的能力、兴趣和性格特征进行掌握，一定要适当掌握分寸，区别对待。

目标的挑战性是根据市场环境、公司发展战略、总体目标以及对各种人力、资金、物力的分析得出来的，并不是因为去年如何，那么今年就要与去年一样高或者就要比去年高，应该以实际情况为依据。

3. 设定目标的步骤

设定一个好的目标，应该有以下七个步骤。但是许多管理者在设定目标时往往只重视步骤一和步骤二，步骤三以后的其他步骤常常被忽略，从而造成设定目标失败。

（1）正确理解公司的整体目标并向下属传达

中层经理只有在正确理解公司整体目标的前提下，才能围绕着这些目标，制定出既符合公司目标，又符合本部门实际情况的部门目标。

在制定部门目标时，要点之一是让你的下属了解公司的目标。而这往往是中层经理们容易忽略的地方。

一般来说，公司为了让所有的部门，尤其是中层管理人员理解公司的目标，往往要开年度会议，而普通员工则很少有机会了解公司的目标。员工不了解公司的目标，一是可能削弱他们的积极性；二是理解部门目标及制定个人目标时可能出现偏差。

（2）制定符合 SMART 原则的目标

举例说明：

根据公司 2023 年度发展目标，李经理制订出人力资源部 2023 年度工作目标：

目标一：在 2022 年 12 月底以前制订出 2023 年度公司人力资源规划。

目标二：在 2023 年 3 月底以前完成新建购物中心运营团队的招聘工作。

目标三：在 2023 年 4 月底以前制订出公司新的考核制度。

目标四：在 2023 年 3 月底制订出公司年度培训计划，并按计划开始实施。

在这一步骤，可能出现两类问题：一是目标难以量化的问题；二是目标太多的问题。对于第一类问题，可以参考上一讲中“为什么没有好目标”的讲述。对于第二个问题：符合 SMART 原则的目标有太多太多，可以借鉴“20/80 原则”，选择最具价值的三个左右的目标，作为最重要的目标。

（3）检查目标是否与上司的目标一致

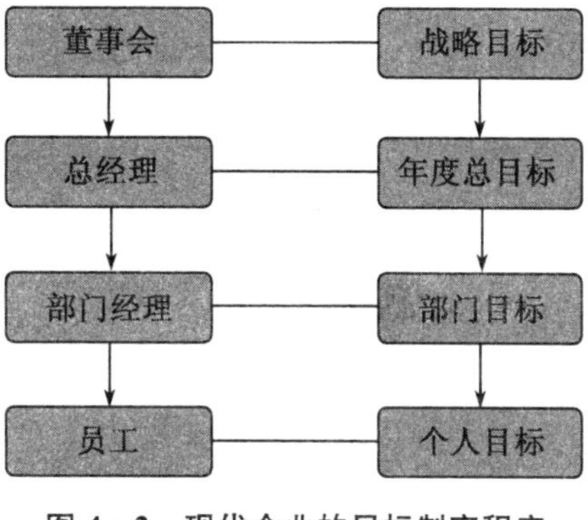

图 4－2　现代企业的目标制定程序

一般而言，现代企业里的目标制定程序可以用上图来表示：

董事会制定战略目标，也就是确定公司的整体发展方向，总经理再根据战略目标制定年度发展目标，部门目标则是对年度总目标的分解，员工根据部门目标制定个人目标。

由于目标是从上至下，层层分解形成的，因而，作为公司的一员，在目标的执行上不存在讨价还价的余地。你的目标必须与上司的目标一致，这是确定无疑的。所以，在目标制定和执行过程中，你要检查你的目标是否与上司的目标发生偏差，主要从两个方面检查：一是与谁保持一致；二是针对目标的计划在具体执行方面也应该保持一致。

（4）列出可能遇到的问题和阻碍并找出相应的解决方法

这一步骤容易被忽略，但实际上它对于目标的顺利达成很重要。所谓“有备无患”，制定目标时应该具备风险意识，也就是对目标的实现过程中可能出现的问题、障碍制定应急方案。

（5）列出实现目标所需要的技能和知识

【举例】 在步骤二的例子中李经理实现自己所制定的目标，需要的知识和技能有：

人力规划技能； 招聘与面试技术（已具备）； 目标管理考核技术； ……	在同行业中寻找一份人力资源规划书； 聘用专业的人力资源公司； 参加专题培训，尽快学会应用； ……

（6）列出为达成目标所必需的合作对象和外部资源

举例说明：

在步骤二的例子中，李经理为达到目标，需要合作的对象有：

- 门店运营副总确认运营队伍招聘计划。
- 门店运营经理确认招聘人员所需的条件，招聘的程序。
- 市场推广部经理确认招聘人员所需的条件，招聘的程序。
- 采购部经理确认招聘人员所需的条件，招聘的程序。
- 仓储中心确认仓储中心培训计划以及新的考核办法。
- 行政部经理确认培训时的软硬件支持。
- 总监办主任起草有关的制度、通知、文件。
- 财务部经理确认以上计划的预算。

李经理为达到以上目标，需要的外部资源有：

- 有一定的预算保证。
- 专业的人力资源公司（包括猎头公司、培训公司、管理顾问公司）。
- 供应商企业的支持。

（7）确定目标完成的日期并对目标予以书面化

目标制定的关键之一就是确定其完成日期。在目标制定之后，还要用书面确定下来，这是目标管理规范化的一个表现。对目标加以书面化以后，不会引起疑虑和争论，而且有利于目标检查和工作考核，此外，还便于目标的修订。目标书面化，一定要落实到专人专项，最好是让下属自己将最终确定的工作目标进行整理，做出两份正式的书面材料，一份留给自己，作为后续工作的参照；另一份交部门经理处，以此对员工的工作进行检查。

第二节　目标管理

一、目标管理的产生

目标管理(MBO)20世纪50年代产生于美国，它是以泰罗的科学管理和后来的行为科学(其中的参与管理)为基础形成的管理制度。凭借这种制度，可以使员工亲自参加目标的制定，实现“自我控制”，并努力完成目标。对于员工的工作成果，由于有明确的目标作为考核标准，从而使对员工的评价和奖励做到更客观、更合理，因而，可以大大激发员工为实现目标而努力。这种管理制度在美国得到了广泛的应用，被称之为“管理中的管理”。目标管理观念的发展，主要应归功于美国管理大师彼得·德鲁克。他在1954年出版的《管理的实践》一书中首次提出目标管理的概念，提出三点关于目标管理的主张：

首先，必须明确定企业的整体目标，包括市场地位、创新、生产力、人力与财力资源、获利能力、主管的绩效与培养、员工的绩效与态度、社会责任等八项。其次，每个主管(各个层级)须根据整体目标，各自设定本身的目标，以及实施自我控制的方式。企业的经营活动，尽可能托付最低管理阶层。基于前述两项，才能在企业内部推行分权及目标考核。

目标管理是科学管理理论和行为科学理论的结合。科学管理理论重视工作的效率，而忽视人的主观能动性；行为科学则偏重于对职工思想和行为的研究。德鲁克提出的目标管理，是“以工作为中心”和“以人为中心”这两种管理思想的有机结合。他认为，任何企业都是一个协作体，要把个人的努力凝结成为集体共同的努力；企业的目的和任务，必须转化为目标；企业的各级管理者必须通过这些目标对下级进行领导，以此来达到总目标。德鲁克提出的目标管理思想，得到了理论界和企业界的强烈反响，目标管理也在很多企业得到了应用。

二、目标管理的概念

目标管理以提高绩效为目的，应用行为科学原理，通过组织内上下级人员共同协商，根据下级人员职责范围，订立该人员于一定时间内(通常是一个绩效评价周期)应完成的目标及成果评价标准，以绩效考核为手段，激发各级人员的潜力。

目标管理不同于传统管理，管理者在目标管理的过程中关注的是共同目标的达成状况，而不是将主要关注点放在下属的执行过程中。

目标管理既纠正了“科学管理”偏重以工作为中心而忽视人的一面，又纠正了“人本管理”偏重以人为中心而忽视同工作结合的一面，很好地把工作和人的需要统一了起来。

表 4-1 传统管理与目标管理的区别

区别的视角	传统管理	目标管理
如何看待利润	目标就是利润最大化	利润是实现目标后的间接结果
如何看待驱动	过程驱动,认为过程带来结果	目标驱动,认为目标带来结果
如何看待过程	强调规则、程序和制度,目标被放在一边	第一是目标,其次才是过程
如何看待控制	靠施加惩罚性的方法来鞭策员工	员工自我约束并注重自我发展
管理类型	听命式管理	参与式管理
管理重点	重点是关注谁是对的,容易产生冲突	重点是关注什么是对的,鼓励团队合作
适应情况	刚性企业,程序性员工	柔性企业,知识型员工

三、目标管理的特点

目标管理指导思想上是以 Y 理论为基础的,即认为在目标明确的条件下,人们能够对自己负责。从具体方法上看是泰罗科学管理的进一步发展,它与传统管理方式相比有鲜明的特点,可概括为:

1. 重视人的因素

目标管理是一种参与的、民主的、自我控制的管理制度,也是一种把个人需求与组织目标结合起来的管理制度。在这一制度下,上级与下级的关系是平等、尊重、依赖、支持,下级在承诺目标和被授权之后是自觉、自主和自治的。

2. 建立目标链与目标体系

目标管理通过专门设计的过程,将组织的整体目标逐级分解,转换为各单位、各员工的分目标。从组织目标到经营单位目标,再到部门目标,最后到个人目标。在目标分解过程中,权、责、利三者已经明确,而且相互对称。这些目标方向一致,环环相扣,相互配合,形成协调统一的目标体系。只有每个人员完成了自己的分目标,整个企业的总目标才有完成的希望。

3. 重视成果

目标管理以制定目标为起点,以目标完成情况的考核为终结。工作成果是评定目标完成程度的标准,也是人事考核和奖惩的依据,成为评价管理工作绩效的唯一标志。至于达成目标的具体过程、途径和方法,上级并不过多干预。所以,在目标管理制度下,监督的成分很少,而控制目标实现的能力却很强。

四、目标管理的优缺点

目标管理在全世界产生很大影响,但实施过程中也出现许多问题。因此,必须客观分析其优劣势,才能扬长避短,收到实效。

1. 目标管理的优点

(1) 形成激励

当目标成为组织的每个层次、每个部门和每个成员自己未来时期内欲达到的一种结果，且实现的可能性相当大时，目标就成为组织成员们的内在激励。特别当这种结果实现时，组织还有相应的报酬时，目标的激励效用就更大。从目标成为激励因素来看，这种目标最好是组织每个层次，每个部门及组织每个成员自己制定的目标。

(2) 有效管理

目标管理方式的实施可以切切实实地提高组织管理的效率。目标管理方式比计划管理方式在推进组织工作进展，保证组织最终目标完成方面更胜一筹。因为目标管理是一种结果式管理，不仅仅是一种计划的活动式工作。这种管理迫使组织的每一层次、每个部门及每个成员首先考虑目标的实现，尽力完成目标，因为这些目标是组织总目标的分解，故当组织的每个层次、每个部门及每个成员的目标完成时，也就是组织总目标的实现。在目标管理方式中，一旦分解目标确定，且不规定各个层次、各个部门及各个组织成员完成各自目标的方式、手段，反而给了大家在完成目标方面一个创新的空间，这就有效地提高了组织管理的效率。

(3) 明确任务

目标管理的另一个优点就是使组织各级主管及成员都明确了组织的总目标、组织的结构体系、组织的分工与合作及各自的任务。这些方面职责的明确，使得主管人员也知道，为了完成目标必须给予下级相应的权力，而不是大权独揽，小权也不分散。另一方面，许多着手实施目标管理方式的公司或其他组织，通常在目标管理实施的过程中会发现组织体系存在的缺陷，从而帮助组织对自己的体系进行改造。

(4) 自我管理

目标管理实际上也是一种自我管理的方式，或者说是一种引导组织成员自我管理的方式。在实施目标管理过程中，组织成员不再只是做工作，执行指示，等待指导和决策，组织成员此时已成为有明确规定目标的单位或个人。一方面组织成员们已参与了目标的制订，并取得了组织的认可；另一方面，组织成员在努力工作实现自己的目标过程中，除目标已定以外，如何实现目标则是他们自己决定的事，从这个意义上看，目标管理至少可以算作自我管理的方式，是以人为本的管理的一种过渡性试验。

(5) 控制有效

目标管理方式本身也是一种控制的方式，即通过目标分解后的实现最终保证组织总目标实现的过程就是一种结果控制的方式。目标管理并不是目标分解下去便没有事了，事实上组织高层在目标管理过程中要经常检查、对比目标，进行评比，看谁做得好，如果有偏差就及时纠正。从另一个方面来看，一个组织如果有一套明确的可考核的目标体系，那么其本身就是进行监督控制的最好依据。

2. 目标管理的缺点

在实际操作中，目标管理也存在许多明显的缺点，主要表现在：

(1) 目标设置困难

真正可用于考核的目标很难设定，尤其组织实际上是一处产出联合体，它的产出是一种联合的不易分解出谁的贡献大小的产出，即目标的实现是大家共同合作的成果，这种合作中很难确定你已做多少，他应做多少，因此可度量的目标确定也就十分困难。一个组织的目标有时只能定性地描述，尽管我们希望目标可度量，但实际上定量是困难的。

举例说明：

市场开发刘经理："本来年初的时候我们部门的目标是主攻核心客户，市场推广部都已做好计划，可是，过了4个月，上面又变了，要我们把目标对准中小客户。"

说明：市场面临各种不确定性因素的今天，明天的情况可能和今天的情况完全不同，今天和下属制定一个目标，明天可能就又必须适应新的情况。这种目标的变化，在多数情况下，是由于公司赖以生存的社会、市场环境变化快的缘故，企业如果不能迅速调整自己的发展方向，就会面临被淘汰的局面。因此，在设定目标时，着眼于近期可以实现的目标，对于不太确定的目标，设定几种可行性情况分析，分别制定几套不同的方案。

（2）强调短期目标

大多数的目标管理中的目标通常是一些短期的目标：年度的、季度的、月度的等。短期目标比较具体易于分解，而长期目标比较抽象难以分解，另一方面短期目标易迅速见效，长期目标则不然。所以，在目标管理方式的这施中，组织似乎常常强调短期目标的实现而对长期目标不关心。这样一种概念若深入组织的各个方面、组织所有所员的脑海中和行为中，将对组织发展没有好处。

（3）增加管理成本

目标商定要上下沟通、统一思想，比较浪费时间。同时每个单位、个人都关注自身目标的完成，很可能忽略了相互协作和组织目标的实现，产生急功近利倾向。

（4）未必能保证公平

有时奖惩不一定都能和目标成果相符合，很难保证公正性，从而削弱了目标管理的效果。因此，在实际推行目标管理时，除了掌握具体的方法以外，还要特别注意把握工作的性质，分析其分解和量化的可能；提高员工的职业道德水平，培养合作精神，建立健全各项规章制度，注意改进工作方法，使目标管理的推行建立在一定的思想基础和科学管理基础上；要逐步推行，长期坚持，不断完善，发挥目标管理的预期作用。

案例与思考：华为公司的三次战略转型与目标实现

一、第一次转型：起步期，农村包围城市。

华为在初创期，遵循的是农村包围城市的发展战略。众所周知，华为一直是一个强销售驱动，或者说是由市场驱动经营的公司。它始终强调，一定要做满足客户需求的产品和解决方案，永远以市场需求，以客户需求为导向，不断牵引公司的研发方向。

所以，尽管华为在成立初期也卖过很多产品，包括代理交换机业务等，并因此而赚到了公司的第一桶金。但是自这个时候起，华为就积极地进行了研发，从一些小型交换机开始，慢慢地进入到中型、大型交换机领域。

之所以要从农村做起，这也是当时的环境因素决定的。因为，在华为初涉通讯领域的时候，诺基亚、爱立信、摩托罗拉、西门子、富士通等国际巨头几乎垄断了整个通信市场。同时，任何一个产品从研发到占领市场，都会经历一个非常漫长的过程，包括产品的稳定性，一定是经过很多的实验，包括线网实验、产品验证等环节，才会得到很好的证明。因此，站在客户的角度，那时一些追求产品稳定性和品牌公信力的企业也不敢轻易使用一家小公司所研发出来的交换机。在这种大背景之下，弱小的华为只能从农村市场切入。

但是，华为有一个特点，就是非常重视服务，重视客户的感受。因此，任何一款产品在开发出来之后，首先要得到客户反馈，并据此进行不断的完善与调整。在不断满足客户需求的过程中，华为非常重要的一个核心控制点就是服务。也正因为如此，华为从农村市场逐渐向城市市场拓展的脚步也十分迅速，在几年之内就占有了非常高的城市通讯市场份额。

二、第二次转型：国际化及全球化

华为在1998年左右，启动了第二次战略转型，即差异化的全球竞争战略。国际化战略的形成，是基于这样几个重要的因素：

1. 天花板效应。当时，华为的产品，尤其是交换机产品在国内已经占据了主导的地位，整个行业的国内市场也已经趋于饱和。因此，依托这个产品实现快速增长的天花板已经出现，必须形成新的突破。这时，海外市场就成了最佳的选择；

2. 成熟的产品体系。因为华为的交换机产品经过了国内市场的检验和锤炼，已经非常成熟了，可以直接拿到海外进行销售；

3. 优秀的人才储备。在国内，无论是在客户层面、服务层面还是在产品层面，在共同面对市场的过程当中，一大批优秀的干部已经被培训和训练了出来。当时，我们创造了"铁三角"模式，包括客户经理、解决方案经理、交付专家以及HR经理等等人才，完全可以直接走到海外去进行市场的拓展、销售以及产品的服务和维护。

4. 管理体系的提升。不论是在农村包围城市的市场策略当中，还是在整个国际化的进程中，华为引入了很多的咨询公司，包括从IBM引进了IPD\ISC等流程。在1995年前后，华为邀请了管理学者为其提炼出《华为基本法》等企业文化方面的内容，可以说对当时公司思想的统一起到了非常重要的作用。管理咨询公司的引入，包括华为自身的消化和吸收能力，使得华为的管理系统得到了巨大的提升。

应该说，华为的每一次战略转型，都是很多要素的集合，包括人力资源要素、产品和解决方案要素、管理流程要素等等。如果在国际化的进程中一味大干快上，但是管理流程却没有跟上，很可能会导致管理的混乱。因此，这几个因素促进了华为二次转型的稳步推进。

同时，国际化的过程也是与全球的对手进行竞争的一个非常有效的手段。比如，一些国际巨头在中国市场上与华为形成了竞争，这时，如果华为能够在国际市场上整合资源，并利用这些资源与国际巨头展开国内竞争，不仅可以分散在中国市场的竞争压力，同时也可以增加公司产品和解决方案的竞争力。这其实是华为重大决策的一部分，也是华为国际化的必由之路。并且，当时也是通信行业全球化最好的时机，如果错过，华为的国际化之路会遇到更大的阻力。

三、第三次转型：由运营商客户向运营商 BG+企业 BG+消费者 BG 转型，即三个 BG 业务的分拆

华为第三次的战略转型，是从单纯面向运营商转向三个不同的 BG 业务领域。以前，华为的客户只在运营商层面，包括中国电信、中国移动等等。在转型之后，华为不仅仅做运营商企业（运营商 BG），而且做了很多的行业客户、企业客户（企业 BG），同时也会面向终端的消费者。其中，面向终端的 BG 主要包括面向手机类产品以及最终面向消费者的一些业务部门（消费者 BG）。

同时向这三个 BG 转型，在全球范围内都是很少见的，因为这三种 BG 的客户属性差异特别大，彼此的关注点，以及整个供应链的流程，包括研发流程、需求的管理流程、营销等流程的差异都非常之大。因此，目前，全球没有任何一家公司能把这三个业务板块，三类不同类型的客户群同时做好。

而华为在一开始做企业 BG 的时候也并不十分顺畅，也付出了一定的"学费"，可以说是花钱买教训才积累出了一定的经验。后来几年，华为开始逐渐逾越障碍，能够按照企业 BG 自身的发展规律，并让整个渠道商、代理商都能够获得比较不错的利润空间。最终，华为公司 BG 业务的增速已经达到了 40%～50%，它的驱动作用可以说是十分明显的。

［资料来源：王艮盛. 华为崛起. 台海出版社，2019 年 8 月］

问题：华为每次的战略转型其实也都面临着外在的环境变化，包括客户的变化、机会的变化以及竞争格局的瞬息万变等，华为是如何最终使得企业转型目标得以顺利实现？

第三节 目标管理的实施

目标管理是指一个组织的上下级管理人员和组织内的所有成员共同制定目标、实施目标的一种管理方法。它是按照一定的程序进行的，如图 4－3 所示。

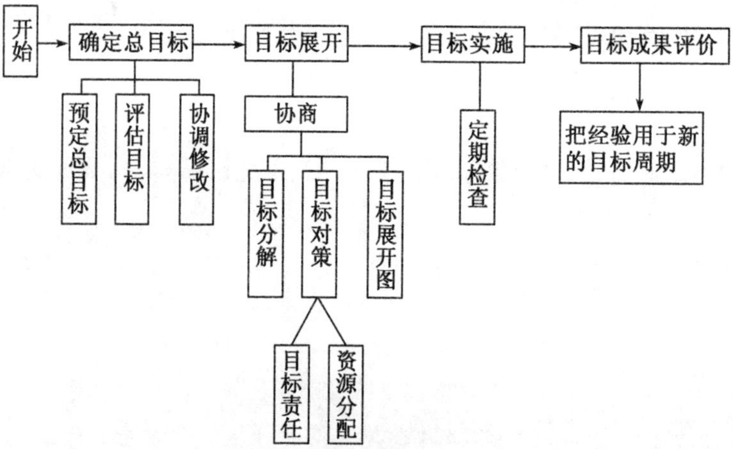

图 4－3 目标管理的程序

一、目标管理的启动

目标管理是异常艰巨的系统工程，如果企业高层缺乏共识、决心和毅力是绝不可能改变系统惯性的，是不可能推动中层领导和普通员工改变行为方式的。取得高层支持的基本流程如下：

(1) 取得企业基本资料。

(2) 访谈企业负责人与高层主管，以了解企业目前遭遇之问题类型，并确认企业目前的改善需求与期望。

(3) 指出目前问题用目标管理的解决可能。

(4) 回答高层关心的问题，如实际效果如何？可获多少利润？费用多少？

(5) 或者聘请管理顾问灌输概念，以取得高层支持的承诺。

同时目标管理要取得成功，领导首先必须向组织内的人说明要实行目标管理的原因、做法，要让大家了解目标管理的性质、内容以及各自在目标管理中的作用。

二、确定总目标

1. 预定总目标

最高管理层根据本组织的实际和目标管理的理论以及掌握的情报信息，制定基本的战略目标和策略目标。这些目标是试探性的，也是试验性的。

2. 评估目标方案

对试探性的目标进行分析论证，选出最优方案。

3. 协调修改

管理人员要向下属说明试探性目标的内容，征求大家的意见，经反复的讨论、修改、审查，最终形成组织总目标。

三、目标展开

将系统的目标从上到下、层层分解落实的过程，称为目标展开，其总的要求是按整分合原则建立目标体系，按激励原则落实目标责任。目标展开实际上是目标确定过程的继续，是目标更接近于实现的一个重要步骤。因为，在目标确定的过程中，有了一个明确目标还只是目标确定的第一步，它还需要经过具体化和细化，才能付诸实施。如果没有这一步，目标确定就是不成功的，因为它所获得的只能是一个空洞的抽象的目标，是一个在管理活动中无法实现的目标，在管理活动中难以发挥作用。

1. 目标分解

将总目标自上而下按其内部机构设置和组织层次依次分解，从经理层分解到各个职能科室，再分解到各个部门(车间、教研室)，一直分解到每一个班组、岗位和个人，直到能具体地采取措施为止，即要形成一层接一层，一环套一环的目标体系。

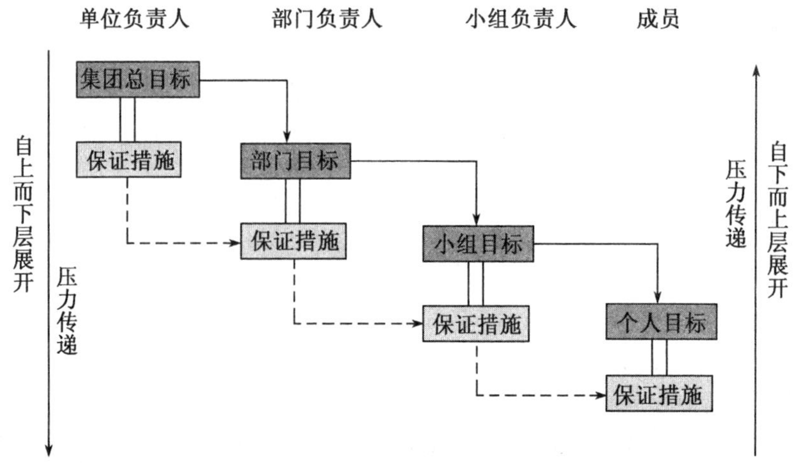

图 4-4　目标分解流程图

2. 目标对策

即对能具体采取措施的子目标，直接采取措施，即采取对策，以实现目标从而实现分目标直到保证总目标。

制定对策的基本方法是：首先找出各部门的实际情况与分目标之间的差距；然后对这些差距进行归纳、整理、分类，就可以找出实现分目标所必须解决的重要问题，即问题点；针对各问题点，研究、制定相应的对策，来缩短差距或保证目标最大限度的实现。

制定对策时，有两个问题必须同时展开：

一是确定目标责任，即将各层次目标与各层次上的具体人员结合起来。即在每一层次上，都应该在明确集体目标责任的基础上，还要明确个人目标责任，即要明确目标责任在范围、内容、数量、质量、时间、程度等多方面的要求。

二是资源分配，即在协商会议中应根据完成目标任务的需要合理地分配各种资源。例如，一个销售部门为了完成增加销售量的目标，要求增加一定的销售人员和费用，这种合理的要求上级就应在他接受任务时尽量满足。

3. 目标展开图

在分解了目标，又确定了目标对策，包括目标责任和资源调配好以后，需要将总目标、层次目标和目标对策、各方责任等以方框图的形式表示出来，固定下来，公布于众。这样使职工能更直观地明确各自的目标和目标责任，从而可以自觉地执行。

四、目标实施与控制

目标实施时，上下都要按照目标体系的要求，分工协作，各施其责，努力工作。一般来说，目标实施主要靠员工自己管理或自我控制。但是，也必须定期地检查各项任务的进展情况。例如，如果一个目标要在一年内完成，那么，管理人员和有关的下属人员最好每季度检查讨论一次这项任务的进展情况，以便及时发现问题，采取相应的措施。目标实施与控制主要有以下三个步骤：

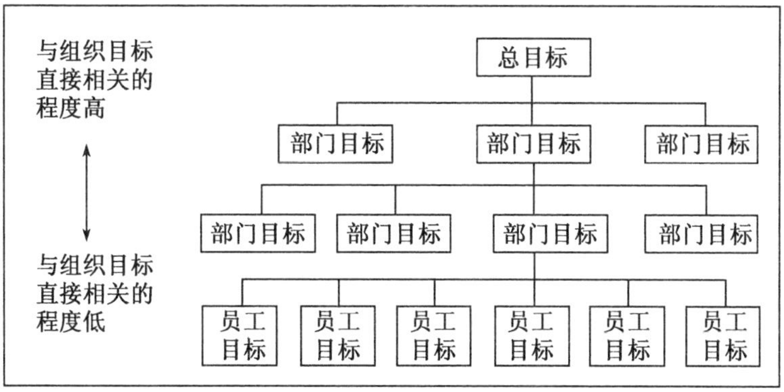

图 4－5　目标体系图

1. 建立控制标准

没有标准就没有控制的依据，控制标准是工作成果的规范，是对工作成果进行计量的一些关键点。

2. 衡量实施成效

没有衡量成效就没有控制的对象，成效衡量是把目标实施的实际结果同衡量标准进行比较，找出实际结果同衡量标准的偏差，并分析产生偏差的原因。

3. 纠正偏差措施

没有纠偏措施就无法进行控制，纠偏措施是根据偏差成因，针对性采取措施以纠偏。

总之，目标控制是在目标检查的基础上通过采取控制手段，纠正目标偏差，使系统恢复到正常状态，以保证目标的实现。

五、目标成果评价

目标管理注重结果，因此必须对部门、个人的目标进行评定、群众评议、领导评审。当目标管理一个周期结束时，领导必须与有关的下级或个人逐个地检查目标任务完成的情况，并与原定的目标进行比较，对完成好的，充分肯定成绩，并根据各人完成任务的情况给予相应的报酬和奖励；对未能完成任务的，要分析和找出原因，一般不采用惩罚措施，重点在于共同总结经验教训。同时，为下一个周期的目标管理提供宝贵的经验，争取把以后的工作做好。

目标评定要注意以下几点：

(1) 首先进行自我评定。评定的内容，包括目标执行方案、手段是否合适，条件变化情况，主观努力程度等。

(2) 上级评定要全面、公正。对发现的问题要分析产生的原因，找出解决问题的方法，以便鼓励下级今后继续努力。

(3) 目标评定与人事管理相结合。人事考核要以目标考核为基础，通过报酬、升迁等体现奖优罚劣。处罚是辅助措施，其目的是鼓舞士气，总结经验教训，为企业发展服务。

(4) 即使反馈信息是提高目标管理水平的重要保证。目标成果的评价意味着一个管理循环的结束，而循环中的信息反映出企业的综合发展能力，是制定下一个企业目标的重要依据。

总　结

任正非多次强调："我正在思考的不过是未来两年我要做什么和怎么做。"对员工而言，这个两年目标实际上就是一个比较切合实际的计划，也是比较容易控制和实现的。正因为这样，华为的员工们也都有明确而可执行的工作目标，都明白自己要做什么。在执行目标时，他们通常根据具体的工作过程，按照基本的流程设定相对独立的工作步骤或工作单元，制定三个量化指标：时量、数量、质量。由此可见，目标管理是让员工自己当老板，自己管理自己。实施目标管理就给予企业领导一个"支点"，用它就可以撬动整个企业，实现管理的现代化、正规化和科学化。

【课后训练】

一、案例分析

管理者的困惑(四)：国龙集团的目标管理

国龙集团管理者意识到企业在发展过快的过程中存在着不少问题，计划与目标管理就是其中之一的重要问题。2007年国龙集团开始推行目标管理，为了充分发挥各职能部门的作用，充分调动两百多名职能部门人员的积极性，首先对总部和各职能处室实施了目标管理。经过一段时间的试点后，逐步推广到全集团分公司各车间、工段和班组。

按照目标管理的原则，集团把目标管理分为三个阶段进行。

第一阶段：目标制订阶段

1. 总目标的制订

该厂通过对国内外市场需求的调查，结合长远规划的要求，并根据企业的具体生产能力，初步制订出总目标方案，并发动全集团员工反复讨论、不断补充，交职工代表大会研究通过，正式制定出全厂20××年的总目标。

2. 部门目标的制订

企业总目标由集团董事长向全集团宣布后，集团总部就对总目标进行层层分解，层层落实。各部门的分目标由各部门和分公司企业管理委员会共同商定，先确定项目，再制订各项目的指标标准。各部门的目标分为必考目标和参考目标两种。必考目标包括总部明确下达目标和部门主要的经济技术指标；参考目标包括部门的日常工作目标或主要协作项目。目标完成标准由各部门以目标卡片的形式填报总部，通过协调和讨论最后由总部批准。

3. 目标的进一步分解和落实

部门的目标确定了以后，接下来的工作就是目标的进一步分解和层层落实到每个人。

(1) 部门内部小组(个人)目标管理,拟定目标也采用目标卡片,由部门自行负责实施和考核。要求各个小组(个人)努力完成各自目标值,保证部门目标的如期完成。

(2) 该厂部门目标的分解先把部门目标分解落实到职能组,任务级再分解落实到工段,工段再下达给个人。通过层层分解,全集团的总目标就落实到了每一个人身上。

第二阶段:目标实施阶段

1. 自我检查、自我控制和自我管理:

目标卡片经主管副厂长批准后、一份存企业管理委员会,一份由制订单位自存。由于每一个部门、每一个人都有了具体的、定量的明确目标,在目标实施过程中,人们会自觉地努力实现这些目标,并对照目标进行自我检查、自我控制和自我管理。

2. 加强经济考核:

虽然该厂目标管理的循环周期为一年。但为了进一步落实经济责任制,即时纠正目标实施过程中与原目标之间的偏差,该厂打破了目标管理的一个循环周期只能考核一次、评定一次的束缚、坚持每一季度考核一次和年终总评定。这种加强经济考核的做法,进一步调动了广大职工的积极性,有力地促进了经济责任制的落实。

3. 重视信息反馈工作:

为了随时了解目标实施过程中的动态情况,以便采取措施、及时协调,使目标能顺利实现,该厂十分重视目标实施过程中的信息反馈工作,并采用了两种信息反馈方法:

(1) 建立"工作质量联系单"来及时反映工作质量和服务协作方面的情况。尤其当两个部门发生工作纠纷时,厂管理部门就能从"工作质量联系单"中及时了解情况,经过深入调查,尽快加以解决,这样就大大提高了工作效率,减少了部门之间不协调现象。

(2) 通过修正目标方案来调整目标:内容包括目标项目、原定目标、修正目标以及修正原因等,并规定在工作条件发生重大变化需修改目标时,责任部门必须填写"以修正目标方案"提交企业管理委员会,由该委员会提出意见交主管副厂长批准后方能修正目标。

第三阶段:目标成果评定阶段

目标管理实际上就是根据成果来进行管理的,故成果评定阶段显得十分重要。集团采用了"自我评价"和上级主观部门评价相结合的做法,即在下一个季度第一个月的10日之前,每一部门必须把一份季度工作目标完成情况表报送企业管理委员会(在这份报表上,要求每一部门自己对上一阶段的工作做一个恰如其分的评价)。企业管理委员会核实后,也给予恰当的评分。如必考目标为30分,一般目标为15分。每一项目标超过指标3%加1分,以后每增加3%再加1分。一般目标有一项未完成而不影响其他部门目标完成的,扣一般项目中的3分,影响其他部门目标完成的则扣分增加到5分。加1分相当于增加该部门基本奖金的1%,减1分则扣该部门奖金的1%。如果有一项必考目标未完成则扣至少10%的奖金。

目标管理通过一年的推进和实践,进一步让集团的管理层认识到:目标管理的基础是经济责任制,目标管理只有同明确的责任划分结合起来,才能深入持久,才能具有生命力,达到最终的成功。

思考：

1. 该厂的目标是如何制定的？

2. 你认为自我监督系统在目标管理实施过程中的作用是什么？

二、复习与思考

1. 如何理解让员工自己当老板，自己管理自己，变“要我干”为“我要干”？

2. 某企业管理办公室 2023 年的任务是推行目标管理，请问应该怎样具体化和数量化？

3. 通过学习，我们知道目标必须由员工自主制定，同时又必须与总目标和部门目标相配合，从而形成体系。那么做到这一点需要注意什么？

4. 你认为目标管理的实施过程的关键环节是什么？为什么？

【管理游戏】

理解制定目标的 SMART 原则

准备跳高用的设备两套。将学生分为 A、B 两组，并调整两组学生的高度，使其尽量一致。请两个小组都来到跳高设备前面依次排好，告诉他们第一个目标是一起跳过 1 米。完成以后，B 组离开现场，给 A 组命令——跳过 1.2 米。然后对 B 组说：“你们能够跳得更高。”经过练习，让他们分别去跳。请针对两组第二个目标的完成情况，进行讨论。

【校园体验】

大学生活中的目标管理

回忆一下自己在两三年前对学习、工作或生活的感受。在回忆这个事件时，仔细想想当时你是怎样看待自己的未来的？你最希望得到些什么？然后回答下面的问题：

1. 当时你对未来有何感想和希望？

2. 你那时想从学习、工作或生活中得到什么？

3. 当时你希望自己的学习、工作或生活如何发展？

现在思考一下自己的现状，并回答下面的问题：

4. 从那以后你得到了什么？

5. 你是否达到了预定目标，是否有别的事情转移了你的方向？

6. 你现在是否接近原先设定的目标？

说明：这个练习帮助你思考自己的过去和现在。在思考这些问题的基础上，你可以更深入地理解什么是目标及目标的作用是什么。你还可以通过过去两三年与现在的对比，回顾自己的发展道路并思考如何才能更好地向自己的目标迈进，规划好自己的大学生活和学习。

模块五　组织与文化

■ 知识目标

1. 掌握组织的含义及影响因素。
2. 掌握组织设计的原则及影响因素。
3. 理解组织结构的类型。
4. 理解组织文化的含义和组织变革的过程。

■ 技能目标

1. 培养学生组织设计的能力。
2. 培养学生协调职权关系的方法与艺术。

■ 素质目标

1. 具备敢于承担风险并追求突破与革新的精神。
2. 增强对职业的敬畏和热爱，激发全身心投入并尽职尽责的职业精神状态。

情景导入

优秀中国企业案例（五）：TCL 集团的组织变革创新之道

TCL 科技集团股份有限公司（以下简称"TCL"）创立于 1981 年，前身为中国首批 13 家合资企业之一——TTK 家庭电器（惠州）有限公司，最初从事磁带的生产制造，到布局智能终端产品、半导体显示及材料、半导体及新能源等领域，业务范围不断拓展。2019 年，TCL 完成资产重组，拆分为 TCL 科技集团股份有限公司（简称"TCL 科技"）和 TCL 实业控股股份有限公司（简称"TCL 实业"）。TCL 科技聚焦半导体显示及材料、半导体及半导体光伏领域，以产业金融与投资创投支持主业发展，加速向技术、资本密集型的高科技产业集团转型。2020 年 7 月，TCL 战略收购中环半导体，实现在半导体及新能源领域的重要布局与战略储备，以新能源材料与半导体材料为双主业驱动发展。TCL 实业聚焦智能终端产品及服务，旨在以全品类智慧科技产品服务全球用户。

TCL 公司 1981 年成立于广东省惠州市。经过 40 年的发展，已经形成了智能终端、半导体显示、新能源光伏与半导体材料三大核心产业，2021 年销售收入达到 2 523 亿，在国内制造业中名列前茅。近几年的快速发展，得益于企业一直坚持的变革创新经营理念。变革是推动 TCL 成长的最重要动力。TCL 经历了以下四次重要变革（如图 5－1）：

1. 1998 年，TCL 首次导入经营变革管理创新观念，实现了从初创企业到现代化企业的成功转型。

2. 2002 年，TCL 开启国际化经营变革，实现了从中国企业向国际化企业的跨越。

3. 2010 年，TCL 推动企业转型升级，开始进入半导体显示产业领域，这是 TCL 从终端产品制造向高科技、重资产、长周期的产业转型升级的重要时期。

4. 2017 年，TCL 开展新一轮变革转型，打破千亿魔咒，推动全球领先能力建设变革。

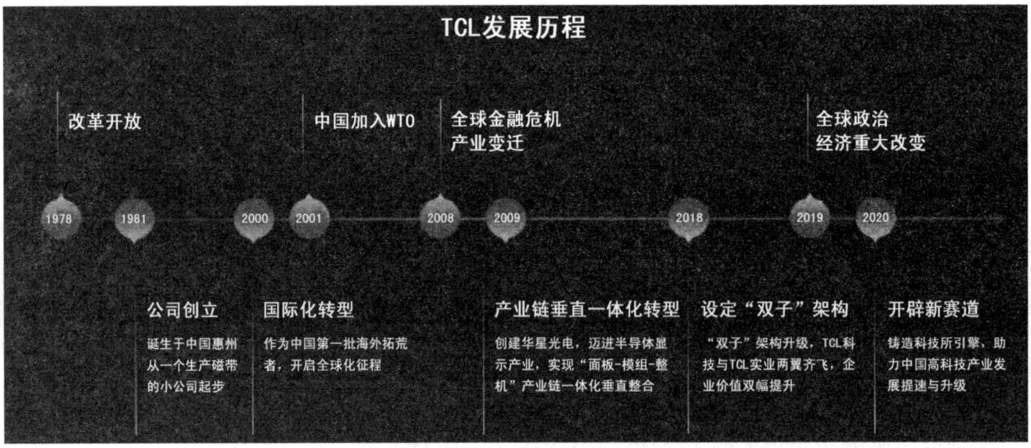

图 5-1　TCL 集团变革历程

TCL 是做终端产品起家的，初期做过磁带、电话机、音响、彩电、手机。2002 年，TCL 占据国产彩电品牌市场份额第一名。2002 年和 2003 年，TCL 占据国内国产手机品牌第一。TCL 品牌也是在 TCL 电话机时期创立的。2010 年以前，TCL 的核心能力集中在终端产品领域。当时集团已经看到终端产品发展的天花板。

2010 年 TCL 华星光电技术有限公司（以下简称 TCL 华星）宣布正式成立，打破我国“缺芯少屏”局面，2012 年初，TCL 华星被认定为“广东省第一批战略性新兴产业基地（深圳液晶平板显示）”。是迄今为止国内首条完全依靠自主创新、自主团队、自主建设的高世代面板线。项目于 2010 年 1 月 16 日开工建设，2011 年 8 月 8 日建成投产，2011 年 10 月 12 日开始量产，其主要产品为 26 英寸、32 英寸、37 英寸、46 英寸以及 55 英寸液晶面板，设计产能为月加工玻璃基板 10 万张。TCL 华星项目自开工建设以来，从打桩建设到开始量产只用了 19 个月的时间，是目前为止，国内外同类企业建设中速度最快的项目，TCL 华星项目的建设也再次体现了“深圳速度”和“深圳质量”。TCL 华星打破引进国外技术与人才的常规路，通过自我组建技术团队，进行技术路线图的自我设计，打造了一条专属于 TCL 华星的自有产业链条。截至 2022 年，华星一共布局了 9 个工厂，4 个在深圳，3 个在武汉，1 个在广州，1 个是收购的三星在苏州的工厂。工厂的产线布局，体现了华星竞争力的提升。现在华星拥有技术专利几万件，其中 PCT 专利和国际发明专利，在行业中都是名列前茅的。

华星项目投产之后，TCL 发展进入快车道。2014 年 TCL 销售收入首次突破 1 000 亿，这意味着企业规模变大，业务组合逐渐丰富。同时，企业整个能力也相应需要大幅度提高，如果能力跟不上规模增长，就会出现千亿瓶颈现象。2015 年、2016 年连续两年

TCL经营规模徘徊不定，利润下降，持续下去就会进入下行轨道，必须要开展新一轮的变革。2018年—2019年，TCL清掉了110家二级公司，其中很多公司是处于盈利状态的。但依照战略决策，和TCL主业无关的一律割舍出售，并进行组织内部精简聚焦。将企业资本重组进行彻底，TCL集团一拆为二，将终端业务和显示业务拆成两个独立企业。经过新一轮变革转型，TCL公司业务更为聚焦，同时开始选择新能源光伏产业等新增长赛道。

天津中环集团是天津一家国企，主要业务是新能源光伏材料，做太阳能的单晶硅硅片以及集成电路材料，其中集成电路材料规模较小。2019年，天津国企进行混改，天津中环竞标出售。在认真评估研究后，TCL选择收购天津中环。收购后TCL集团不派总部干部去中环任职，只派出项目人员。从收购到现在，TCL没有派出任何管理干部，中环使用的仍是原有团队，但不同业务部门的员工去中环做了很多项目，帮助推动中环做了十多个战略变革项目。另一方面，借助外部专业力量，帮助中环战略变革。收购后，贝恩(国际著名咨询公司)去做中环组织变革项目，让贝恩参照全球同行的标杆企业去调整中环的组织阵型，这为中环带来了非常好的变革效果。通过两年努力，TCL开辟了新的增长曲线，在新能源光伏、半导体材料方面形成了竞争力。通过输出经营管理能力，TCL中环竞争力快速发展。2020年完成收购，2021年TCL中环的销售额从170亿增长到400多亿，同比增长了一倍多，利润从14亿增长到44亿，同比增长了两倍多。此外，2021年TCL中环集成电路硅片业务增长了50%，今年增长率预计超过50%。2021年光伏产业非常好，同行业都在增长，但中环半导体增长幅度更大，这都要归功于管理和变革，TCL将行业的管理经验向TCL中环进行了良性输出。

总之，企业在发展不同阶段所需要的竞争力、面临的挑战、经营的环境不尽相同，企业所需要具备的能力也不一样。不断提高企业自身能力建设，就是要通过变革创新。企业领导者要看到，哪些因素是支持企业成功的，哪些因素是制约企业成功的。过去可能是支撑因素，现在就可能成为发展瓶颈。企业保持变革创新理念，就是在居安思危或居危思危中改变自己，通过改变自己来适应竞争。中国过去40多年的改革开放历程，也秉承着相同的理念。有些经济学家提出，国家改革开放40年了，还没有改完吗？其实，从国家治理体系来讲，每个阶段的改革开放要改变的东西是不一样的，但按照“变是唯一不变”的规则，企业的发展也是一样，一定要不断地去改变、去适应环境。四十年风雨，大浪淘沙，无数英雄人物和国民品牌纷纷折腰，TCL历经投资失败和变革阵痛，依然屹立不倒、逐步壮大，究其原因发现TCL一直秉承适时进行企业组织战略变革，最终通过组织的战略变革，将企业带出险境，实现持续发展。

[资料及视频来源：1. TCL官网。2. TCL变革成功的底层逻辑.李东生.混沌学园网.]

思考：

1. 收购天津中环之后，TCL集团的经营管理特色是什么？

2. 结合TCL集团的发展分析企业实施组织变革的经验总结是什么？

5-1 优秀中国企业视频

【任务导入】

每 6—8 人自愿成模拟公司完成系列任务(三)

1. 设置模拟公司组织机构。运用所学知识,根据所设定的模拟公司的目标与业务需要,研究设置所需的模拟公司组织机构,并画出组织结构框图:"公司"建立的是何种组织结构形式、"公司"设置哪些机构或部门、"公司"的基本业务流程。

2. 建立模拟公司的制度规范,包括公司的企业专项管理制度、部门(岗位)责任制和生产技术标准、生产技术规程等。

第一节　组织职能概述

一、组织概述

1. 组织的含义

组织的含义可以从两个方面来理解。作为名词,是指按照一定的规则建立起来的人的集合体。作为动词,是指对人的集合体中的各个成员的工作安排、职责分配。在管理学中,不仅需要研究静态的组织,还需要研究动态的组织。静态组织是指组织结构,即岗位、职责和人员之间的特定关系网络;动态组织是指维持和变革组织结构,以实现组织目标的过程。一个企业必须根据组织目标,构建组织结构,并根据环境变化不断地调整组织结构,最终实现组织目标。

每个组织都有一个明确的目标,这个目标可以是一个,也可以是多个目标的组合。管理者的任务就是通过自身的管理活动,和组织中其他成员一起实现组织的目标。组织作为人的集合体,不是各类人员的简单相加,而是为了实现共同的目的,有意识地协同劳动而形成的集体。比如企业、政府、学校,他们虽然从事的活动各不相同,但是他们都有目的、有计划地对个体行为进行协调,形成集体行为。

为了更好地理解组织的含义,需从以下四个方面来认识:

(1) 组织具有特定目标。目标是组织存在的前提,不管组织是什么性质,不管组织规模的大小,组织都是为这一特定目标而存在的。

(2) 组织需要分工和协作。人们聚集在一起,通过分工协同完成某项活动即产生了组织。组织的本质是协作。比如,在一条高速公路上,同向行驶的汽车具有相同的目标,但他们之间没有协作,所以,不能称为一个组织。而在这条路上修路的工人,通过协作保证了行车的安全和方便,所以,这些工人就构成了一个组织。

(3) 组织是一个"人为"系统。组织是由于"人为"原因而构成的系统,而非天然形成。由于是人为的系统,系统的功能差异很大,即使构成系统的要素相同,也可能由于结构不同而直接影响系统功能。

(4) 组织中存在权责关系。权责关系是在分工协作的基础上形成的，同时，又是实现合理分工协作的有效保证，也是实现组织目标的保证。组织规模越大，权责关系的处理越重要。

2. 组织的重要性

毋庸置疑，组织工作、组织现象存在于社会生产和生活的方方面面。在一条崎岖的山路上，连续几天的降雨突然导致山洪暴发、土方崩塌，引起公路交通受阻。面临困境的司机们可能自动协作起来清除路障，进行自救，这种协作行为和状态就是一种“组织”。因此，组织可以是自发形成的，也可能是事先有意识策划和安排的结果。我们将形成工作中分工与协作关系的策划和安排过程，称作“组织设计”。而特定时期设计出来的组织，可能要在运行一段时间后进行再设计或重组变革，并采取有效的变革管理措施使之顺利地过渡到一种新的状态。

搞好组织设计与再设计工作，意义非同一般。“三个和尚没水喝”的典故众所皆知，类似“三个臭皮匠，胜过诸葛亮”的故事也时有传闻。那么，是什么导致了这两种截然不同的组合效果呢？或者说，为什么“整体可能大于各部分的总和”，也可能相反？构成的要素越多，整体的力量反而越小？其根本的原因就是，由于要素组合在一起的方式不同，从而造成了要素间配合或协同关系的差异。

组织工作做得好，可以形成整体力量的汇聚和放大效应。否则，就容易出现“一盘散沙”，甚至造成力量相互抵消的“窝里斗”局面。也许正是由于这一原因，组织工作的重要性在各类组织中都得到了普遍注意。

组织工作的重要性用一句话来表达就是：产生 1+1>2 的协同效应。

二、组织的分类和功能

1. 组织的分类

从不同的角度，组织可以划分为不同的类别。按组织规模划分，可分为小型组织、中型组织和大型组织；按社会职能划分，可分为文化性组织、经济性组织和政治性组织；按内部是否有正式分工关系划分，可分为正式组织和非正式组织。这里主要介绍正式组织和非正式组织。

(1) 正式组织

为了建立合理的组织机构和结构，规范组织成员在活动中的关系，从而形成所谓的正式组织。正式组织是为实现组织目标而建立；按组织的章程和组织规程建立；其成员有明确的编制；建立在组织效率逻辑和成本逻辑的基础之上的。

正式组织有明确的目标、任务、结构、职能以及由此决定的成员间的责权关系，对个人具有某种程度的强制性。合理、健康的正式组织无疑为组织活动的效率提供了保证。

(2) 非正式组织

非正式组织是伴随着正式组织的运转而形成的。在正式组织展开活动的过程中，组织成员必须发生业务上的联系，这种工作上的接触会促进成员之间的相互认识和了解，并开始工作以外的联系，频繁的非正式联系又促进了他们之间的相互了解。久而久之，一些正式组织成员之间的私人关系从相互接受、了解逐步上升为友谊，一些无形的、与正式组织有联系但又独立于正式组织的小群体便慢慢地形成了。其成员由于工作性质相近、社会地位相当，对一些具体问题的认识基本一致、观点基本相同，或者在性格、业余爱好以及感情相投的基础上，产生了一些被大家所接受并遵守的行为规则，从而使原来松散、随机性的群体渐渐成为趋向固定的非正式组织，如图 5－2 所示。

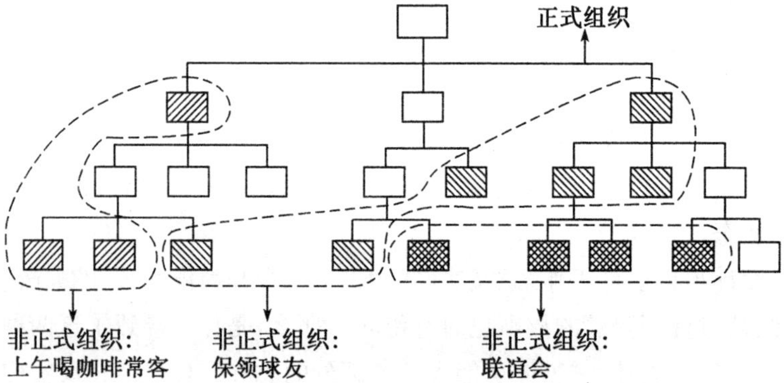

图 5－2　正式组织中的非正式组织

（3）非正式组织的作用

非正式组织的存在，可以为员工提供在正式组织中很难得到的心理需要的满足，创造一种更加和谐、融洽的人际关系，提高和加强员工的相互合作精神；帮助正式组织起到一定的培训作用，规范成员行为；提供一种非正式的信息沟通渠道，有助于促进组织中信息的交流与传递，是正式信息通道的补充。

非正式组织也可能产生消极作用，主要在于：非正式组织的目标如果与正式组织冲突，则可能对正式组织的工作产生极为不利的影响，并可能扩大抵触情绪；非正式组织要求成员一致性的压力，往往也会束缚成员的个人发展；非正式组织的压力还会影响正式组织的变革，从而形成组织发展中的障碍。

（4）正式组织与非正式组织的区别

正式组织和非正式组织都有自己的目标，但两者的目标可能一致也可能不一致甚至相反。二者之间各有不同的特点，其主要区别如表 5－1 所示。

表 5－1　正式组织与非正式组织的区别

项　目	正式组织	非正式组织
形成原因	为了实现共同目标而有意识地组织起来	因人们性格、爱好、交往、感情等逐渐形成，并无自觉的共同目标
表现形式	是有形的组织，表现为组织图、职务说明书等	是无形的组织，无任何成文的表现形式
成员范围	按组织设计规定的层次、部门配备合格的人员，人数相对稳定	自愿结合，不受正式组织规定的层次、部门、职务等的限制，人数不定

（续表）

项　目	正式组织	非正式组织
行为标准	以效率逻辑作标准，制定有明确的方针、程序、规章制度，要求严格执行	以感情逻辑作标准，只有不成文的约定，如有违反，则受到疏远或排斥
领导者的产生方式	按有关规定选拔产生	自然产生，往往是团体中交往最多的或威望最高者

（5）对待非正式组织的策略

由于非正式组织的存在是一个客观的、自然的现象，也由于非正式组织对正式组织具有正负两方面的作用，所以管理者不能采取简单的禁止或取缔态度，而应该对它加以妥善地管理。

① 要因势利导，善于最大限度地发挥非正式组织的积极作用而克服其消极的作用，以有效实现正式组织的目标。

② 利用非正式组织，首先要认识到非正式组织存在的客观必然性和必要性，允许甚至鼓励非正式组织的存在，为非正式组织的形成提供条件，并努力使之与正式组织吻合。

③ 注意做好非正式组织领导人物的工作，充分发挥他们的作用，使他们成为正式组织的重要助手。

2. 组织的功能

（1）组织是帮助人类社会超越自身个体发展能力的重要支撑

组织存在的基础是生产的社会化。随着社会需求的日益复杂化、多样化，单纯依靠个人的力量无法满足这些需求，因此人们组成各类组织，在组织中统筹安排各种资源，以尽可能少的资源消耗取得最大的收益。正如搬石头，以个人的体力可能不够，为此就需要两个人或更多人的合作，于是组织就产生了。在规模较大的组织中，个人在其中起着一种类似有机体中细胞的作用。树木仅通过自己的成长不能形成的某种力量可以通过聚集与并列来实现，即可以形成森林取得挡风、固土等功效。当然，由于组织是人的集体，其作用大小差异较大。当组织高效有序运转时应维护组织的稳定性，当组织运转效率较低时应及时完善，加强领导与协调，使之更加富有成效地实现企业目标。但无论如何，组织的存在与发展显示了其在人类发展中的重要作用。

（2）组织是实现管理目标的重要保证

组织的作用是由其运转过程实现的。要创建一个有效的组织，只是集合一些人，分给他们职务是不够的。应该找到必要的人并把他们放在最能发挥作用的位置上。作为管理的基本职能，组织在企业管理中具有重要作用。

按照法约尔的管理职能说，管理过程包括计划、组织、指挥、协调、控制五个基本职能。其中，组织职能包括设计组织机构，制定相互关系和行为规范以及职工的招募评价和训练。

（3）组织是连接企业领导与职工、企业与环境的桥梁

企业实现有效领导的前提，是领导与职工的信息交流、情感交流。信息交流可使每个职工明确个人的权利与责任。借助于组织内部在合理分工基础上形成的权责分配关系，

使组织成员有一个正式的信息联系渠道，可以了解生产中出现的问题，及时进行信息传递，保证问题及时有效解决，避免矛盾与误解。

3. 组织工作的基本原理

长期以来，管理学家及管理工作者们进行过许多有益的探索和研究，综合国内外经验认为，进行有效的组织工作应遵循以下基本原理：

> 我一直把建立学习型组织作为做企业的一个基本目标，在北新建材担任厂长时，我提出“像办学校一样办企业”；在中国建材的时候，我常对大家说的一句话就是，“把时间用在学习上，把心思用在工作上”。
>
> ——宋志平

（1）目标统一性

目标统一性是指组织结构的设计和组织形式的选择必须有利于组织目标的实现。这一原理要求在组织设计中要以事为中心，因事设机构、设职务，做到人与事高度配合，避免出现因人设事、因人设职的现象。

（2）分工协调

分工协调可以表述为组织结构的设计和组织形式的选择越是能反映目标所必需的各项任务和工作的分工以及彼此间的协调，委派的职务越是能适合于担任这一职务的人的能力与动机，其组织结构和形式就越是有效。

（3）管理宽度

管理宽度是指主管人员有效地监督、指挥其直接下属的人数是有限的。管理宽度是因组织、因人而异的，所以每个主管人员都应该慎重选择自己的管理宽度。

（4）权责一致

权责一致可以表述为职权和职责必须相等。在进行组织结构的设计时，既要明确规定每一管理层次和各个部门的职责范围，又要赋予完成其职责所必需的管理权限。

（5）统一指挥

组织的各级机构以及个人必须服从一个上级的命令和指挥，只有这样，才能保证命令和指挥的统一，使组织最高管理部门的决策得以贯彻执行。

（6）集权与分权相结合

为了保证有效的管理，必须实行集权与分权相结合的领导体制。该集中的权力集中起来，该下放的权力就应该分给下级，这样才能够加强组织的灵活性和适应性。

（7）精干高效

在服从由组织目标所决定的业务活动需要的前提下，力求减少管理层次，精简管理机构和人员，充分发挥组织成员的积极性，提高管理效率，更好地实现组织目标。

（8）稳定性与适应性相结合

组织结构及其形式既要有相对的稳定性，不要总是轻易变动，但又必须随组织内外部条件的变化，根据长远目标做出相应的调整。

（9）均衡性

同一级机构、人员之间在工作量、职责、职权等方面应大致平衡，不宜偏多或偏少。

第二节　组织结构设计

一、组织设计的原则及影响因素

1. 组织设计的原则

(1) 责权对等的原则

责权对等是指在组织设计过程中，每一个部门和岗位所拥有的职权必须与所承担的责任相一致。责任意味着组织中的部门和岗位必须完成所规定的工作，否则，就会受到相应的惩罚。为了完成规定的工作，必须有权支配相应的资源，这样便形成了职权。在组织中，某个部门或岗位支配资源越多，职权也就越大，对组织的影响自然也就越大。为了保证组织目标的实现和资源的合理有效利用，必须保证拥有某一职权的人要承担相应的责任。权力增大，责任就增大；权利缩小，责任也相应减轻。如果权力增大而责任不变或缩小，可能会出现滥用职权的情况；如果权利缩小而责任增加或不变，可能会导致所规定的工作不能得以实现。

(2) 统一指挥的原则

统一指挥是指在组织中的任何成员只接受一个上级的领导和指挥。一般情况下，在一个组织中除了最高管理者(常说的"一把手")以外，其他人都会收到上级领导的指示或命令，然后根据上级的指示开展工作。然而，当一个下属同时接到两个上级领导的指示，同时这两个领导又是同级别的，如果两个领导的指示一致，下级可以按照指示做出相应处理，但如果两个领导的指示不一致甚至相反，下级就会感到迷茫而无所适从。下级无论按照哪个领导的指示处理都会受到另一个领导的指责或埋怨，以致影响到工作的正常开展和上下级关系。这类情况在实际工作中经常存在。

> 讨论：你认为什么样的组织结构最为普遍适用，才能达到最有效的效果？

(3) 集权与分权相结合的原则

究竟要集权还是分权，没有绝对的答案，因为它们既有优点，也有缺点，只有将这两者结合起来才能适应组织发展的需要。集权能够统一指挥和提高组织效率，分权能够调动组织成员的工作热情和提高决策质量。集权还是分权占的比重大，要视具体情况而定。随着生产力的发展，集权和分权都在发展。首先，随着技术的发展，劳动分工越来越细，要求合理利用和分配各种资源，部门与部门之间、岗位与岗位之间的协调与配合更加重要，对集权的指挥和控制也就更迫切。其次，由于环境的复杂和多变，组织具有更大的灵活性和适应性，这就要求组织适当进行分权，以增加组织的应变能力。

(4) 因事设职与因人设职相结合的原则

组织设计的目的是为了保证组织目标的实现，而组织目标的实现要求组织活动的各项内容落实到具体的部门和岗位，做到"事事有人做"，而不是"人人有事做"。所以，在组织设计时，要求充分考虑岗位的特点和性质，因事设岗，保证组织内所有的活动都有人来做。但是，这并不意味着可以忽视人的作用，在组织设计时还要考虑人的因素。这主要基于两点：一是组织根据发展战略、现状以及目前的劳动力市场状况，可以引进一些暂时没有涉足的领域但在这个领域比较杰出的人才，从而为组织未来发展奠定坚实的人才基础。二是组织设计往往不是全新的，通常是在原组织结构的基础上进行改进和完善，这时就不得不考虑原组织中成员的特点和专业，给他们安排相应的工作。

2. 影响组织设计的因素

（1）经营战略

战略是实现组织目标的最高指导思想。不同战略对组织结构的影响不同：一是战略不同要求的业务活动也不同，从而所设计的岗位种类和职责也不同。二是战略不同组织工作的重点不同，各部门和各岗位在组织中的相对重要程度也不同，从而影响各部门和各岗位之间的相互关系。总之，战略不同，组织结构会有所不同。

原中国建材集团董事长宋志平在《企业迷思》一书中说："战略就好比人的头脑，管理就好比人的腿脚。头脑要出点子，眼光要长远，思路要清晰；腿脚要听指挥，行动要灵活，执行要到位。"宋志平的意思，并不是说管理不重要，而是经营更重要，管理再优秀也不能代替战略。

（2）经营环境

组织的外部环境是指组织外部存在的对组织具有潜在的直接影响的所有因素。这些因素具有很大的不确定性，使得企业决策者很难掌握足够而全面的信息，从而难以预测外部环境的变化以便采取相应的措施。环境的不确定性主要取决于两个因素：环境的复杂性和环境的稳定性。环境的复杂性是指环境影响因素数量的多少以及这些因素在不同时期的相似程度的高低；环境的变化性是指影响环境的因素变化是大还是小。

（3）生命周期

企业同人一样，尽管寿命不完全相同，但基本上都要经历一个类似的过程。企业在初创时期，规模一般比较小，管理比较简单，多以手工作坊的形式出现，管理者很可能同时担任着决策执行者的角色，或者组织中管理层级仅包括管理层和执行层两个层级。随着企业的发展，规模越来越大，管理也越来越复杂，仅仅依靠初创时期的组织形式很难满足企业的进一步发展，这时企业的组织层级很可能增加。若企业所有者如果缺乏相应的知识、信息和管理水平，很可能将企业交由专门的职业经理人进行管理；企业也可能从简单的组织形式发展为更为高级的组织形式，如股份制等，组织结构为了适应企业的长远发展就需要做出相应的调整。

（4）组织规模

组织规模主要指员工数量。随着企业的发展，经营范围越来越大，组织规模必然会扩大，组织管理的要求逐步提高，管理文件越来越多，对不同岗位和部门之间的协调提出的要求也越来越高，这就使得组织结构趋于复杂化和正规化。这主要表现为：第一，随着组织规模的扩大，组织关系更复杂，协调更困难，这时需要对员工进行部门划分，形成多部门结构；第二，随着组织规模扩大，在管理幅度一定的情况下，管理层次会不断增加，形成多层次的组织结构。

(5) 技术水平

组织的目标是将某些投入转变为产出,在这一过程中技术是必需的。技术可以分为两大类:生产技术和信息技术。生产技术不仅影响组织活动的效果和效率,而且影响组织活动的内容划分、岗位设置和对员工素质的要求;信息技术则使组织中的会计、档案、人事等部门的工作性质和形式发生改变。

随着信息技术在企业中的广泛应用,企业的生产效率和管理效果都得以明显提高,企业的组织结构也发生了改变,主要表现以下三个方面。

第一,企业内不同部门和部门内不同员工之间的关系更加协调。信息技术使企业内部门之间和员工之间的交往增多,有助于消除障碍并树立团体意识,尤其是当人们不在同一工作地点时表现得更为突出。

第二,希望集权化的管理者能够通过信息技术获取更多的信息,以便做出更多的决策;希望分权化的管理者通过信息技术能够及时地向下级传送信息,增强下级的参与性和主动性。

第三,使组织呈现扁平化趋势。信息技术可以加快企业高层与基层之间信息传递的速度,缩短沟通时间,提高沟通质量,使管理层次得以减少。

二、组织结构的类型

组织结构是表现组织各部分排列顺序、空间位置、联系方式以及各要素之间相互关系的一种模式。它是执行管理任务的体制,在整个管理系统中所起到的是“框架”的作用。现实中的组织是多种多样的,每一个具体的组织都与其他组织不同,没有一种统一的适用于任何条件的组织形式。通常,实际中主要存在直线型、职能型、直线职能型、矩阵型、事业部型、多维立体型、网络型、控股型等基本的组织结构类型。

1. 直线型组织结构

直线型组织结构是指组织没有职能机构,从最高管理层到最基层,实行直线垂直领导。直线型组织结构把职务按垂直系统直线排列,各级管理者对所属下级拥有直接的一切职权,下属必须绝对服从其上级主管,又称为“军队式组织”,如图 5-3 所示。

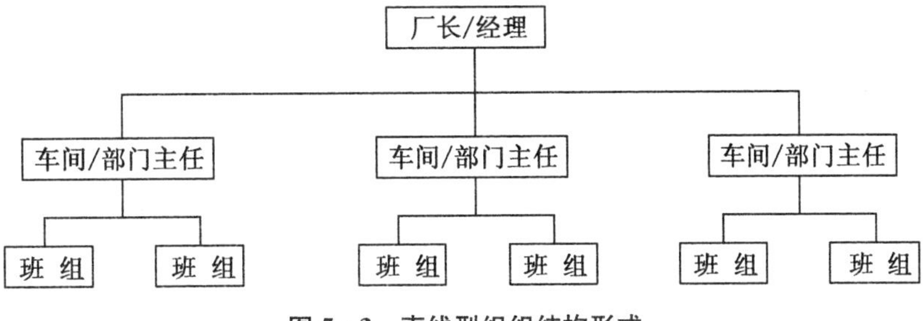

图 5-3 直线型组织结构形式

这种组织结构简单、责任分明、权力集中、命令统一、联系简捷、沟通迅速。但在组织规模较大的情况下,所有的管理职能都集中由一人承担,往往由于个人的知识及能力有限而感到难于应付,顾此失彼,可能会出现较多失误。此外,组织中的成员只注意上情下达和下情上传，每个部门只关心本部门的工作，因而部门间的横向联系与协调比较差，难以在组织内部培养出全能型、熟悉组织情况的管理者。这种组织结构主要适用于规模较小、任务比较单一的小型组织或者是现场的作业管理。

2. 职能型组织结构

职能型组织结构的特点是采用专业分工的管理者，代替直线型组织中的全能型管理者。即在组织内设置若干职能部门，各职能部门都有权在各自业务范围内向下级下达命令和指示，也就是各基层组织服从上级直接领导外，还要接受各职能部门的领导。各级领导者都配有通晓各门业务的专门人员和职能机构作为辅助者直接向下发号施令，如图 5-4 所示。

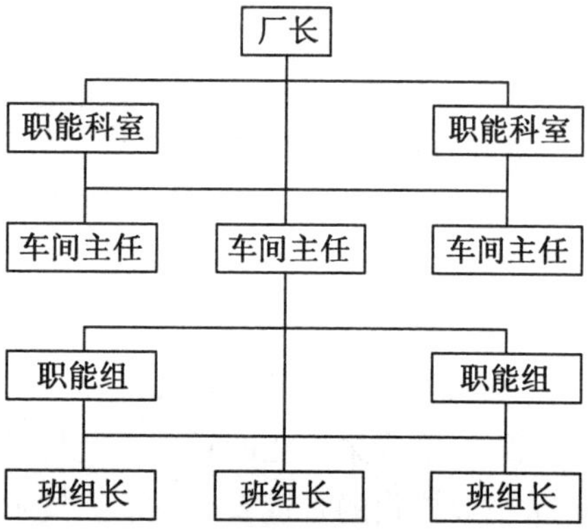

图 5-4　职能型组织结构形式

这种组织结构适应现代组织技术比较复杂和制度管理分工较细的特点，能够发挥职能机构的专业管理作用，从而减轻上层管理者的负担。但是，它违背了集中管理和统一指挥原则，形成了多头领导，对基层来讲是“上边千条线，下面一根针”，无所适从，容易造成制度管理的混乱；各部门容易过分强调本部门的重要性而忽视与其他部门的配合、忽视组织的整体目标；加大了最高主管监督协调整个组织的要求。这是我国的高科技私营企业较为普遍采用的形式。

3. 直线职能型组织结构

直线职能型组织结构是对职能型组织结构的改进，是以直线型组织为基础，在各级直线主管之下设置相应的职能部门而建立的二维组织结构。即设置了两套系统，一套是按命令统一原则组织的纵向指挥系统，另一套是按专业化原则组织的横向管理职能系统。其特点是直线部门和人员在自己的职责范围内有决定权，对其所属下级的工作进行指挥和命令，并负全部责任，而职能部门和人员仅是直线主管的参谋，只能对下级机构提供建议和业务指导，没有指挥和命令的权力。职能部门拟订的计划、方案以及有关的指令，统一由直线领导批准下达，如图 5-5 所示。

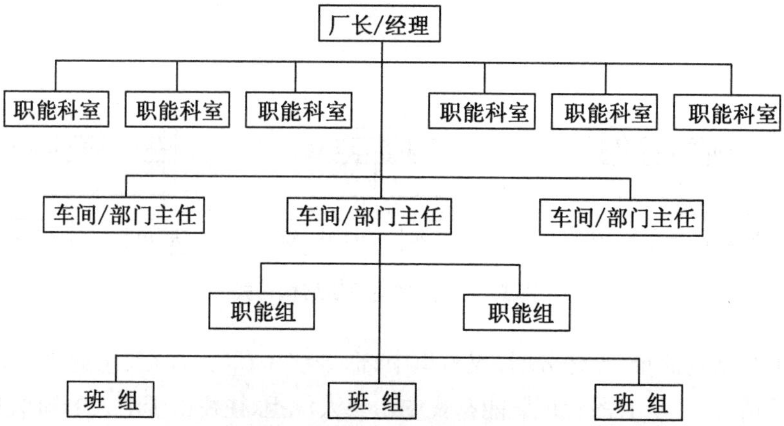

图 5-5　直线职能型组织结构形式

直线职能型组织结构既保持了直线型的集中统一指挥的优点，又吸取了职能型的发挥专业化管理的长处，管理权力高度集中、任务明确、决策迅速、指挥灵活、效率高、稳定性高。缺点是权力集中于高层领导、下级缺乏必要的自主权、职能人员之间横向联系较差、目标不易统一、缺乏全局观念、信息传递较慢、难以适应环境变化。

直线职能型组织结构属于典型的“集权”式结构，是一种普遍适用的组织形式。目前绝大多数企业和非营利性组织均采用这种组织形式。

4. 矩阵型组织结构

这是一种把按职能划分的部门同按产品、服务、活动、研究或工程项目划分的部门结合起来的组织形式，如图 5－6 所示。

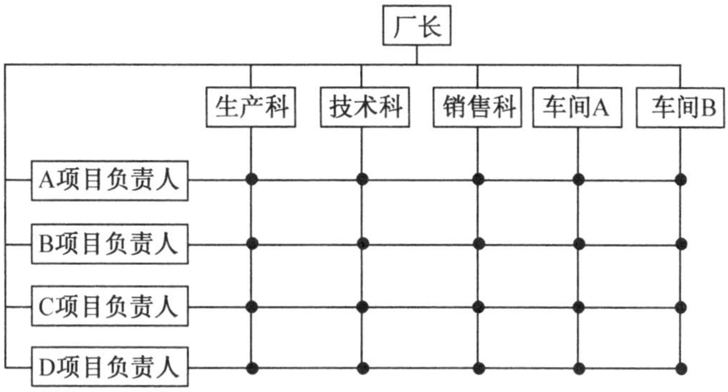

图 5－6　矩阵型组织结构形式

在这种组织中，每个成员既要接受垂直部门的领导，又要在执行某项任务时接受项目负责人的指挥。

两者结合就形成一个矩阵，故借助数学语言，称为矩阵制结构。可以说，矩阵结构是对统一指挥原则的一种有意识的违背。其特点是在项目负责人的主持下，从纵向的各职能部门抽调人员，组成项目组，共同从事活动项目或研究项目的工作。项目完成后，人员返回本部门，项目组随即撤销。每个项目负责人都是在厂长的直接领导下专门负责。

矩阵型组织结构在不增加机构和人员的条件下，将不同部门集中在一起，组建方便，可实现资源在不同项目之间柔性的分配，灵活性和适应性较强，有利于加强各职能部门之间的协作和配合，并且有利于开发新技术、新产品和激发组织成员的创造性。缺点是存在双重指挥，容易引起冲突，需要大量的协调工作，组织结构稳定性差，而且还可能导致项目经理过多、机构臃肿的弊端。矩阵型组织结构主要适用于以下三种情况。

(1) 采用非常规技术和创新性较强的科研、设计、项目规划等工作，职能部门内部和相互之间的依赖程度很高的情况；

(2) 环境高度不确定，需要灵活的适应性结构的组织；

(3) 突击性、临时性任务需要，如大型赛事组织、考核评估、摄制组、建筑工程等。

5. 事业部型组织结构

事业部型组织结构首创于 19 世纪 20 年代，最初是由美国通用汽车公司副总经理斯隆创立，故又称“斯隆模型”。该结构是在直线职能型框架基础上，按地区或所经营的各种产品、项目或地域设置独立核算、自主经营、自计盈亏的事业部，同时，事关大政方针、长远目标以及一些全局性问题的重大决策集中在总部，以保证企业的统一性。这种组织结构形式最突出的特点是“集中决策，分散经营”，这是在组织领导方式上由集权制向分权制转化的一种改革，如图 5-7 所示。

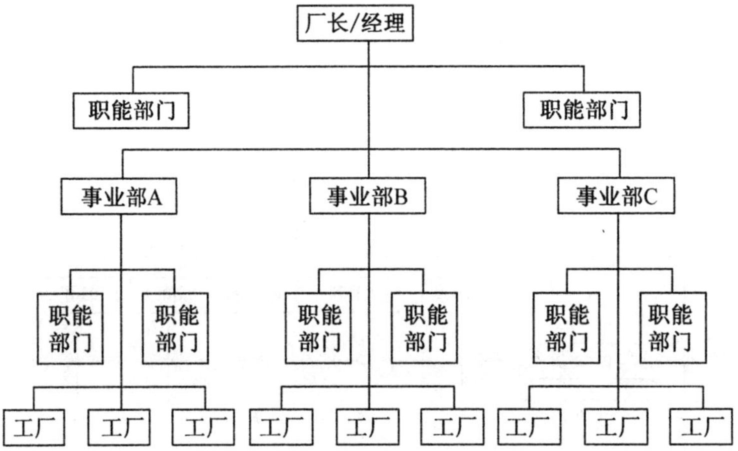

图 5-7　事业部型组织结构形式

事业部型组织结构有利于发挥事业部积极性、主动性；公司高层可摆脱日常事务，集中思考战略问题；各事业部高度专业化，集中从事某方面的经营，有利于提高效率和适应性；经营责任和权限明确，绩效容易考核，可促进部门间的竞争；有利于培养高级综合管理人才。缺点在于机构、活动和资源重复配置，管理成本高；各事业部独立经营，易形成本位主义，相互支援和协作较差；对管理者要求较高，事业部经理需要熟悉全面业务和管理知识。

这种组织结构是“集权”与“分权”相结合的形式，主要适用于生产经营多样化、面对多个不同市场或者所处地理位置差异大、要求适应性较强的大型企业。

6. 多维立体型组织结构(三维矩阵结构)

多维立体型组织结构是矩阵型组织形式和事业部型组织形式的综合发展。它由三类管理系统组成：一是按产品(项目或服务)划分的事业部，是产品利润中心；二是按职能如市场研究、生产、技术、质量管理等划分的专业参谋机构，是职能利润中心；三是按地区划分的管理机构，是地区利润中心。如图 5-8 所示。

每一系统都不能单独做出决定，必须由三方代表通过共同协调才能采取行动。这要求每个部门都要从整个组织制度的全局来考虑问题，以减少产品、职能、地区各部门之间的矛盾。这种类型的组织结构形式最适用于多种产品开发、跨地区经营的跨国公司或规模巨大的跨地区公司，可以为这些企业在不同产品、不同地区增强市场竞争力提供组织保证。

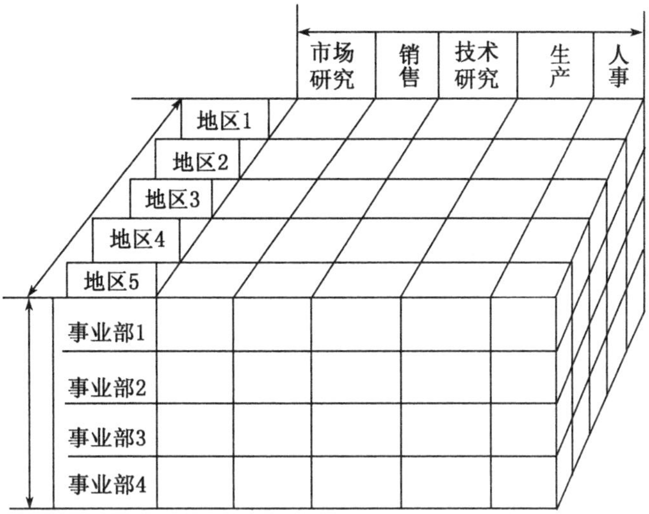

图 5－8　多维立体型组织结构形式

7. 网络型组织结构

网络型组织结构是基于当今飞速发展的现代信息技术手段而建立和发展起来的一种新型企业组织结构。网络型组织结构是一种只有很精干的中心机构，以合同（契约）关系的建立和维持为基础，依靠外部机构进行制造、销售或其他重要业务经营活动的组织结构形式。被联结的各经营单位之间并没有正式的资本所有关系和行政隶属关系，只是通过以相对松散的契约为纽带，通过一种互惠互利、相互协作、相互信任和支持的机制来进行密切的合作。如图 5－9 所示。

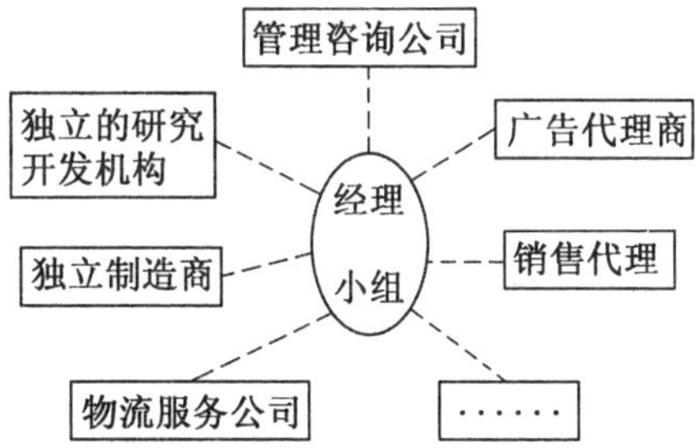

图 5－9　网络型组织结构形式

这种组织形式的特色是将企业内部各项工作（包括生产、销售、财务等），通过承包合同交给不同的专门企业去承担，而总公司只保留为数有限的职员，它的主要工作是制定政策及协调各承包公司的关系。其特点是企业组织结构相当扁平化，管理尽量充分向各个基层组织成员授权，只有大的企业战略性的决策权仍留在最高管理层手中，其余决策权和日常管理工作全部交给企业员工自己独立进行。

网络型组织管理结构有两个大的前提条件：一是企业的员工必须是分工明确并且完全有能力在企业制定的授权范围内自我管理；二是虽然大量决策是由员工自己现场做出，但管理沟通的信息技术与设备及环境，均支持员工与领导者及时高效地进行管理沟通，高层管理者随时都可获取各下属的工作信息，发现偏差时，能够及时予以纠正。在网络状态下，企业可以具备更大的灵活性和工作效率，从而有利于提高企业资源利用率和产出效能。最大的优点是利用社会上现有的资源使自己快速发展壮大起来，目前已经成为国际上流行的一种组织结构形式。

8. 控股型组织结构

控股型组织结构是在非相关领域开展多种经营的企业所常用的一种组织结构形式。由于经营业务非相关，因此大公司不对这些业务经营单位进行直接的管理和控制，而代之以产权关系为纽带对其进行持股控制。如图 5－10 所示，母公司或集团公司处于企业集团的核心层，故称之为集团的核心企业。相应地，各子公司、关联公司就是围绕该核心企业的集团紧密层或半紧密层的组成单位。

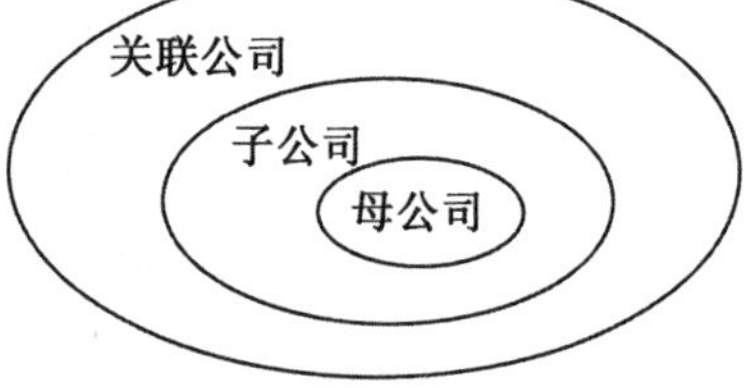

图 5－10　控股型组织结构形式

控股型组织结构是建立在企业间资本参与关系的基础上。母公司与它所持股的企业单位之间不是上下级之间的行政管理关系，而是出资人对被持股企业的产权管理关系。母公司作为大股东，对持股单位进行产权管理控制的主要手段是凭借所掌握的股权向子公司派遣产权代表和董事、监事，通过这些人员在子公司股东会、董事会、监事会中发挥积极作用而影响子公司的经营决策。

三、组织设计的步骤

组织设计的整个过程可分为以下五个步骤，如图 5－11 所示。

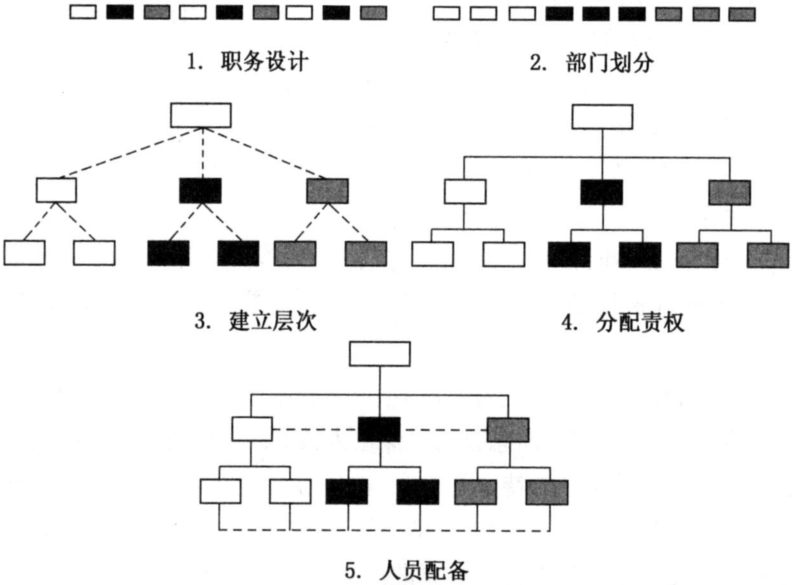

图 5－11　组织设计过程示意图

1. 职务设计

一个组织在设计其组织结构时，必须将为完成其目标任务所不可缺少的业务活动进行分类，然后对每类活动实行劳动分工，划分成许多职务或岗位，并对每个职务或岗位所承担的任务、职责进行规定，这一工作就称为职务设计。职务设计是组织设计的基础，是实现层次、部门化结构的前提。

(1) 职务设计的要求

① 因事设职而不能因人设职

因事设职是指所设计的职务都来自为完成目标任务所不可缺少的业务活动，如不设此职务，无人从事此项活动，就将影响组织目标的实现。相反，因人设职是指根据现有人员的需要来设置职务，有人就得有职，而不问此职是否是完成目标任务所不可缺少的。按照前述的组织设计原则要求，我们显然应当因事设职、因职设人，而不能因人设职。

② 劳动分工要科学

劳动分工是组织工作的重要原则，又是职务设计的主要工作内容。过去对劳动分工的理解有些绝对化，认为分工越细越好，越能提高生产率，于是将各种业务活动划分成许多极小、极为简单的部分，职工容易掌握，而且长期重复操作，易于熟练，确实收到了较好的效果。但这样做，职工会产生厌倦感，对工作不满，导致怠工、缺勤和跳槽现象增加，生产率下降。这就使人们对分工的理解趋于灵活，即分工不宜过细，必要时还要扩大或丰富工作内容。

③ 编制出完善的职务说明书

职务设计的结果表现为职务说明书，它是一种书面文件，简要说明该职务的工作内容、职责与职权、与组织的其他部门或职务之间的关系、担任此职务者须具备的条件(如基本素质、技术业务知识、处理问题的能力、工作经验)等。

(2) 职务设计方法

① 职务专业化

职务专业化最早是由亚当·斯密提出的，在泰罗的科学管理方法中得到强调。在20世纪上半叶，职务设计是与劳动分工或职务专门化属同一意义的。职务专门化意味着将职务划分为细小的、专业化的岗位，管理者要尽可能地将职务设计得简单。

职务专业化原则现在仍在继续指导着许多企业的职务设计，但过分的专业化很容易让员工产生厌烦感，导致工作效率降低，现在它有着被逐渐改进的趋势。

② 职务轮换

职务轮换是指让员工先后承担不同的但在内容上很相似的工作。职务轮换是避免职务专业化及其缺陷的一种早期努力，这一职务设计方法使工人的活动得以多样化，从而避免产生厌倦。职务轮换拓宽了员工的工作领域，给予他们更多的发展机会，让员工感受到工作的刺激和新鲜感，使员工掌握更多的技能；增进不同工作之间员工的理解，提高协作效率。但是工作轮换需要增加培训成本，还有可能导致生产效率下降，因为员工在先前岗位上的效率正创造着组织的经济性，岗位的轮换需要一定时间来学习，这里存在一个学习成本问题。

一般来说有纵向和横向两种类型的职务轮换。纵向轮换指的是升职或降职，但我们通常谈及的职务轮换多意味着水平方向上的多样变化，即横向的职务轮换。横向轮换可以有计划地予以实施，即制订培训计划，让员工在一个岗位上从事两三个月时间的活动，然后再换到另一个岗位，以此作为培训手段。

③ 职务扩大化

职务扩大化是指扩大员工的工作范围，将几种工作纳入一个职务中，增加了一项职务所完成的不同任务数目。比如由一个人负责一道工序，改为几个人共同负责几道工序或者在单调的工作中增加一些如维护保养、清洗润滑之类的辅助工作等。这样，在一定程度上降低了员工对工作的单调感和厌烦情绪，提高了员工对工作的满意程度。

职务扩大化能够给员工增加同一责任的工作内容，提高了工作的多样性和工作质量，使员工感到工作更加充实。不足之处是没有给员工的工作提供多少挑战，因为纳入同一职务的那些工作具有极大相似性。

④ 职务丰富化

职务丰富化是加深工作的深度，让员工除完成职务规定的工作以外，还担负一些通常由管理者完成的任务，如计划和评价他们自己的工作。职务丰富化是在工作内容和责任层次上的基本改变，是通过增加工作内容、工作责任、工作自主权以及自我控制，使职务工作多样化，让员工更加完整、更加负责的工作，以满足员工的心理需要，达到激励的目的。

职务丰富化能够提供更大的激励和更多的满意机会，从而提高了生产效率和产品质量，降低员工的离职率和缺勤率。但要增加企业的培训费，扩充工作设备费，支付给员工更高的工资等。

⑤ 以员工为中心的工作再设计

这是一种将企业战略、使命与员工对工作的满意度结合起来，从员工出发，鼓励员工参与，充分采纳员工对某些问题的改进建议，进行工作再设计的过程。以员工为中心的工作再设计，员工可以提出对工作进行某种改进的建议，这不仅可以增加员工对工作的满意度，而且也有利于企业目标的更好实现。

(3) 编制职务说明书

企业为找到对企业发展有用的合适的人才，对应聘人员提出各种要求是理所当然的。我国的许多企业，在招聘启事中存在这样的问题：对某一职务的职能描述不清楚，如工作内容、职责、范围、机构等，并缺少向相应的人员作专项交代和培训。由此造成的直接后果往往是：挑选和录用的员工与工作要求不相符合；绩效考核时感到缺乏依据，无从着手；培训方案不适合工作要求；经常造成生产力和服务质量的降低等问题的出现，很大程度上是由于企业未能设计好职务说明书，没有发挥其在管理中应有的作用所致。

① 职务说明书的“成长”：职务分析

进行科学而有效的职务分析是职务设计的前提。职务分析主要是对企业职务的设置目的、中心职责、工作内容、权限范围、结构关系以及工作环境、工作条件等进行全面的分析、描述和记录，然后形成重要文字说明——概念文件。通过职务分析可以明确每个工作职务在企业中所处的层次以及该职务与其他职务之间的关系，使每个任职者的权力与责任分清。

② 职务说明书的“思想”：解决问题

通过职务分析，把每个职务的性质、任务、责任、权力、工作内容等用书面记录下来即成为企业的职务说明书。企业在制定职务说明书时必须要解决以下几个问题：

描述职务目标。企业中不同的职务有不同的目标。描述职务目标应遵循“3W”法，即为什么要设计本职务（目的）—Why；职务有多大权力（职权范围）—Within；本职务主要干哪些工作(工作内容)—What。

确定职务职责。光描述职务工作内容还远远不够,还需要确定能保证工作内容高效率完成的职责。职责要按照由主到次顺序书写,用关键词描述所应担负的责任。

指明关键要素。明确每一个职务最关键、最重要的要素。如新建企业招聘部门经理,"经验"即为该岗位的关键要素;运转成熟的企业部门经理,"创新"则成了关键要素。司机的良好心态是安全驾驶的关键,因此,"良好心态"则为驾驶员的关键要素。

规定核心能力。核心能力是完成职务工作的前提和保证。如企业的销售人员说服他人、影响他人的能力即为其核心能力。因为只有具有特佳的心理素质和特强的心理承受能力,才能成为一个成功和出色的销售人员。

③ 职务说明书的"骨髓":具体内容

一般来讲,规范的企业职务说明书应包含以下几个要素:

表头格式。注明企业中各职务名称、归属部门、隶属关系、级别、编号等。

任职条件。描述某职务所需的相关知识和学历要求、培训经历和相关工作经验及其他条件。

工作要求。主要描述该职务对一个合格员工来讲,工作的具体要求。这主要从工作本身的性质、数量、范围、时效性等全方位考虑。

责任范围。描述该职务所承担的主要责任及其影响范围。

管理结构。描述实施管理的性质、管理人员或员工性质,包括水平、类型、管理的多样性、职务权限、直接和间接管理员工的层次和数量。

工作关系。根据职务在企业组织中的地位和协作职务的数量,描述完成此项工作需要与企业其他部门(人员)的联系要求,描述相互关系的重要性和发生频率等。

操作技能。描述完成该项工作对任职者的灵活性、精确性、速度和协调性所要求的技能水平,操作技能对于此项工作的重要性程度如何,技能应如何改善和提升。

2. 部门划分

部门划分,就是将组织总的管理职能进行科学分解,按照分工合作原则,相应组成各个管理部门,使之各负其责,形成部门分工体系的过程。主要解决组织内部,如何按照分工协作原则,对组织的业务与管理工作进行分析归类,组成横向合作的部门问题。

(1) 部门划分的原则

① 有效性原则,即部门划分必须以有利于组织目标实现作为出发点和归属。

② 专业化原则,即按专业化分工,将相似职能、产品、业务汇集到一个部门中。

③ 满足社会心理需要原则。划分部门也不宜过度专业化,而应按照现代工作设计的原理,使员工的工作实现扩大化、丰富化,尽可能使其满意自己的工作。

④ 精干高效原则。部门划分要以组织目标为导向,保持适度弹性,力求精简。

(2) 部门划分的方法

① 按人数划分部门

由于某项工作必须由若干人一起劳动才能完成,则采用按人数划分部门的方法。其特点是部门内的人员在同一个领导人的领导下做同样的工作。这种方法主要适用于某些技术含量比较低的组织。

② 按时间划分部门

按时间划分部门是将人员按时间进行分组，即倒班作业。在一些需要不间断工作的组织中，或由于经济或技术的需要，常按时间来划分部门，采用轮班作业的方法。其特点是可以保证工作的连续性。这种方法通常用于生产经营一线的基层组织。

③ 按职能划分部门

按照职能划分部门是根据专业化的原则，以工作或任务的性质为依据来划分部门，如图 5－12 所示。

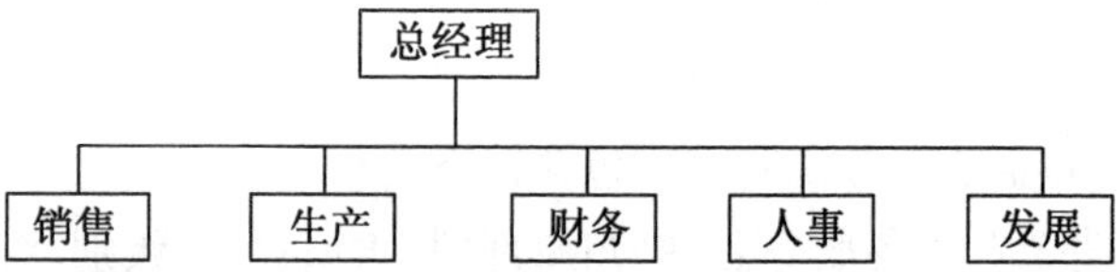

图 5－12　按职能业务划分的部门

它的优点在于：合理地反映职能，符合分工专业化原则，有利于发挥各职能领域专家的特长，提高人员的使用效率；有利于使组织的基本活动得到重视和保证，从而有利于对整个组织活动实施严格控制。但是这种部门化方法也存在一些缺点：总体决策需要最高层做出，因而速度较慢；由于人员过度专业化，因此容易形成本位主义，给各部门之间的协调带来一定困难；随着组织规模的扩大，容易导致机构臃肿，缺乏对环境变化的适应能力；只有最高层对最终成果负责，因而对各部门的绩效和责任不易考核。这种方法较多用于管理或服务部门的划分。

④ 按产品划分部门

按照产品划分部门是根据产品或产品系列来组织业务活动，这种方法是从职能部门化发展而来的。随着组织规模的不断扩大，管理工作越来越复杂，实行职能部门化组织中的管理人员的工作负担越来越重，管理跨度的限制使得他们难以通过增加直接下属的办法来解决问题，此时就有必要按照产品重新组织活动。进行多元化经营的组织常采用这种部门划分方法，如图 5－13 所示。

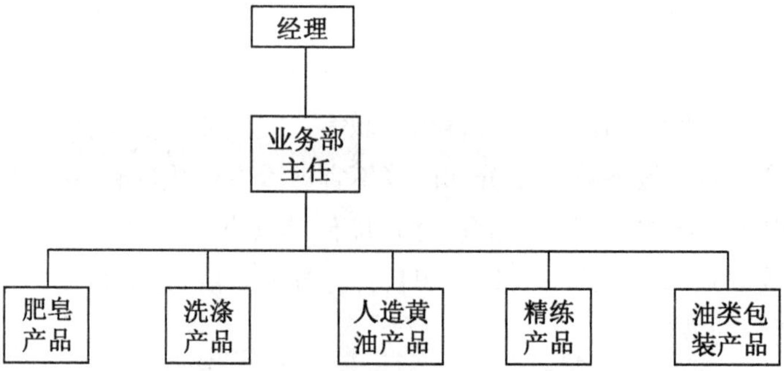

图 5－13　按产品系列划分的部门化

实行这种部门化方法的优点在于：能够充分利用专项资本和设备、发挥个人的技术知识和专长；有利于部门内的协调；利润、责任明确划分到部门一级，易于评价各部门的业绩，也便于最高主管把握各种产品或产品系列对总利润的贡献；可促进企业内部竞争，有利于产品和服务的改进和发展；有利于增加新的产品和服务；有利于锻炼和培养全面的综合性管理人才。但是这种方法需要足够具备全面知识和技能的人才来担任部门负责人；总部和分部的职能部门和人员须重复设置，会导致管理成本增加；由于各产品部门的独立性较强而整体性较差，因此给高层管理造成困难。

⑤ 按区域划分部门

按区域划分部门就是将某个区域内的业务活动集中起来，委派相应的管理者，形成区域性部门，如图 5－14 所示。

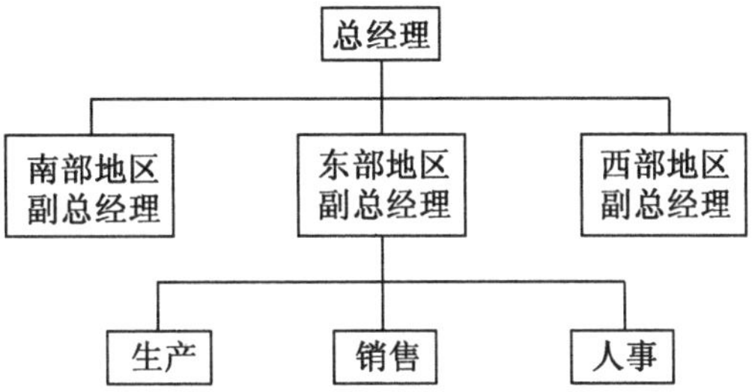

图 5－14　按地理位置划分的部门化

这种方法将责任下放到区域，因此有利于调动各区域的积极性；便于与当地的供应商、用户进行面对面的联系，降低运输等费用，从而取得区域化经营的优势效益；有利于适应区域的特殊要求与特定环境，促进区域性活动的协调；有利于促进企业内部竞争；有利于培养能力全面的管理者。但缺点在于由于机构重复设置而使得管理成本增加，增加了最高主管部门对区域控制的难度，要求区域部门主管人员具有全面的管理能力。这种方法主要是用于空间分布很广的企业的生产经营业务部门。

⑥ 按顾客划分部门

为了更好地满足顾客的要求，将与某类顾客有关的各种组织活动集中在一起，形成部门的划分。如有些企业设置了大客户部、商业客户部、公众客户部、VIP 服务部等部门。

这种方法最大的优点是有利于重视和满足顾客的某种需要，针对不同顾客的特点和需要开展组织活动，从而增加顾客的满意度和忠诚度；有利于本组织形成针对特定顾客需求的经营技巧和诀窍。但这种划分方法不能使设备和专业人员得到充分利用；为满足特定顾客需要，可能导致部门间的协调变得困难。这种方法适用于服务对象差异较大、对产品和服务有特殊要求的企业，如图 5－15 所示。

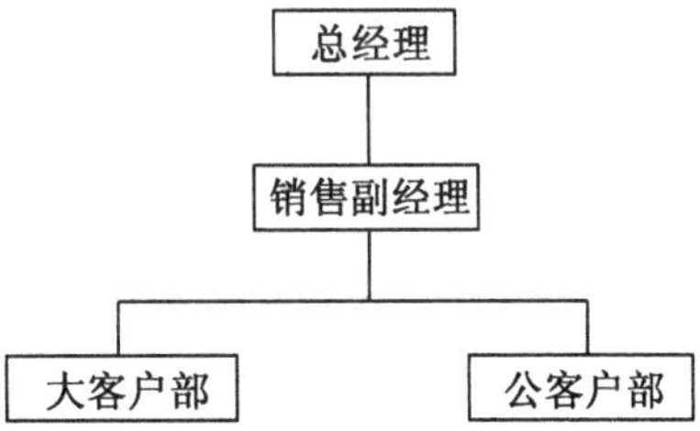

图 5－15　按顾客划分的部门化

⑦ 按生产过程划分部门

按生产过程根据技术作业将工作化分成部门，如图 5－16 所示。

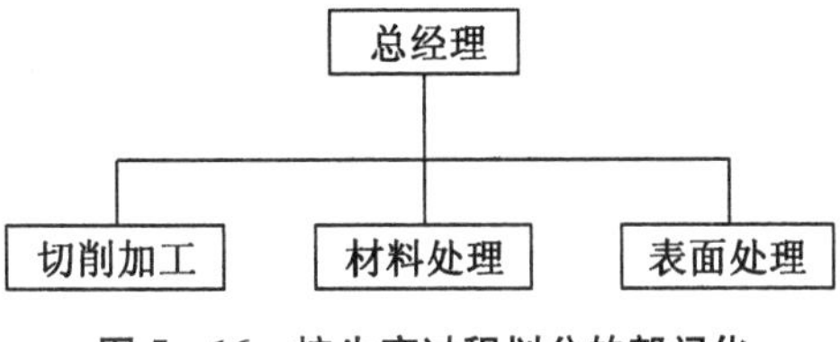

图 5－16　按生产过程划分的部门化

这种方法因是建立在特殊技能和训练的基础上的，在部门内的协调要简单得多；但由于生产过程需要将自然的工作流程打断，将工作流程的不同部分交给不同的部门去完成，故要求每个部门的管理者必须将自己的任务与其他部门管理者的任务协调起来。

(3) 部门间的横向联系

一般来说，即使部门划分得再合理，但由于部门分工的不同，部门之间的横向联系必然会存在一定的矛盾，其主要体现在：

① 各部门追求的目标不同，各部门可能会因为忙于部门的具体任务而忽视了企业的整体目标。

② 各部门的职权不同，专业化导致了职权的分散，可是稍微复杂一点的管理问题都或许会涉及好几个部门，这需要职权的汇集才能办到。

③ 各部门的利益不同。在处理横向关系时，部门主管人员往往会有意无意地将本部门的利益放在首位，从而贬低和排挤其他部门，在这种情况下，企业的共同任务、目标、战略就会受到冲击。

④ 各部门的思维习惯和行为特征不同，这使得他们有可能缺乏深刻的理解和共同语言，难以紧密配合，协调一致。

为了使横向联系真正达到加强协作、提高企业管理整体功能的目的，必须从企业整体目标出发，客观地看待横向联系存在的矛盾，加强部门间的横向协作与沟通。

首先要正确判断企业管理组织的横向联系状况。为了改善企业组织内部的横向联系，先要正确判断横向联系的状况是否良好，是否有必要加以改善，这是企业组织设计所必须搞清楚的前提条件。

其次以整体观点为指导，以分工为基础，加强横向联系。加强横向联系必须从整体出发，整体指的是企业的整体效益以及为此而制定的企业战略任务和经营目标。组织设计，特别是横向联系设计，其目标直接就是企业的任务与目标。

同时要实行层层协调，减少“矛盾上交”。为了既保证统一指挥，又能让下级及时解决问题，提高管理工作效率，应该由上级授权，允许下级在处理日常业务时，由有关双方直接协调解决。

3. 建立层次

(1) 管理跨度

管理跨度，又称管理幅度，是指一名主管人员能有效直接指挥、监督、管理的直接下属的人数。如图 5－17 所示。图中主管人员甲的管理跨度为 3，乙的管理跨度为 5，丙的管理跨度为 7，丁的管理跨度为 8。

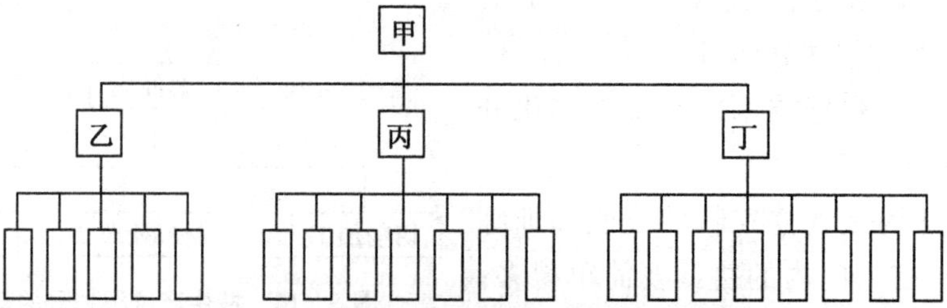

图 5－17 管理跨度示意图

管理幅度是影响组织内部各单位规模大小的重要决定因素。

任何组织在进行结构设计时，都必须考虑到管理幅度的问题。一般来说，即使在同样获得成功的组织中，每位主管直接管辖的下属数量也不相同。有效管理幅度的大小受到管理者本身素质及被管理者的工作内容、能力、工作环境与工作条件等诸多因素的影响，每个组织都必须根据自身的特点，确定适当的管理幅度。

(2) 管理层次

由于主管人员能够直接有效地指挥和监督的下属数量是有限的，因此，最高主管的被委托人也需要将受托担任的部分管理工作再委托给另一些人来协助进行，依此类推，直至受托人能直接安排和协调组织成员的具体业务活动，由此就形成了组织中最高主管到具体工作人员之间的不同管理层次。

因此，管理层次是指组织内部从最高一级管理组织到最低一级管理组织的职位等级数目。如在图 5-17 中，管理层次为 3。

(3) 管理跨度与管理层次的关系

组织的管理层次受到组织规模和管理跨度两方面的影响。在管理跨度给定的条件下，管理层次与组织规模大小成正比，组织规模越大，成员数目越多，其所需的管理层次就越多；在组织规模既定的条件下，管理层次与管理跨度成反比，管理跨度越大所需的管理层次就越少，反之管理跨度越小所需的管理层次就越多。如果各层次的管理跨度相同的话，则一般有：

$$m=b^a \tag{5-1}$$

$$n=\sum b^j (j \text{ 从 } 0 \text{ 直到 } a-1) \tag{5-2}$$

其中：m 为作业人员数；n 为管理人员数；a 为管理层次；b 为管理跨度。

主管人员委托一定数量的人分担其管理的工作，结果是减少了他必须直接从事的业务工作量，但与此同时，也增加了他协调受托人关系的工作量。所以，增加管理层次节约出来的时间，一定要大于用于监督的时间，这是衡量增加一个管理层次是否合理的重要标准。

以一家拥有 4 096 名员工的企业为例，假设各层次的管理跨度相同，如果按管理跨度分别为 4、8 和 16 对其进行组织设计，那么其相应的管理层次为 6、4 和 3，所需的管理人员数为 1 365、585 和 273 名。见表 5-2 和图 5-18 所示。

表 5-2　管理跨度与管理层次的对应关系表

项　目	(a)	(b)	(c)
管理跨度	4	8	16
管理层次	6	4	3
管理人员数	1 365	585	273

管理跨度的宽窄对组织形态和组织活动会产生显著的影响。在组织中人员数量一定的情况下，管理跨度越窄，组织层次就越多，因而组织就表现为高而瘦的结构特征，这种组织称为高耸型组织，如图 5-18(a)；反之，管理跨度越宽，组织层次就越少，从而该组织就

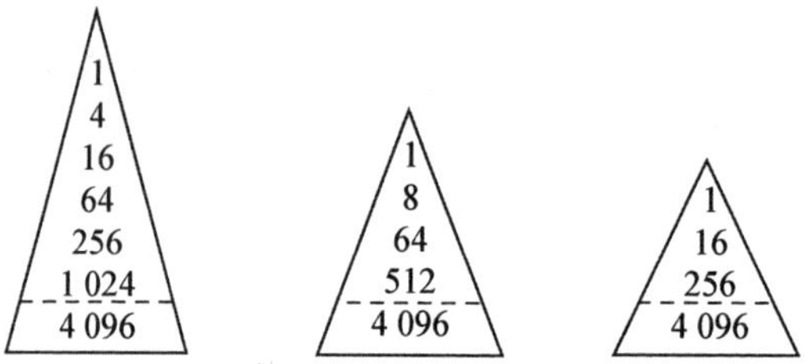

(a) (b) (c)

图 5－18　管理跨度与管理层次的关系

称为扁平型组织，如图 5－18(c)。一般，高层最适宜的管理跨度为 3—6 人；中层为 5—9 人，基层为 7—15 人。

(4) 高耸型结构与扁平型结构

如上所述，由于管理跨度与管理层次这两个变量的取值不同，就会形成高耸型结构和扁平型结构两种组织结构类型。

① 高耸型结构

高耸型结构是指组织的管理跨度较小，从而形成管理层次较多的组织结构。具有管理严密、分工明确、上下级易于协调的特点，但层次较多，需要从事管理的人员也迅速增加，彼此之间的协调工作也急剧增加。如上图 5－18 中，当管理跨度从 16 变为 4 时，管理人员从 273 名增至 1 365 名，增加 4 倍多。高耸型结构优点在于：有利于上级对下属进行及时的指导和控制，层级之间关系较为紧密；权责关系明确，有利于工作任务的衔接；有利于增强管理者权威；为下属提供更多的晋升机会。但也存在一定缺点：过多的层次不仅会增加高层与基层之间沟通的难度，影响信息传递的速度和质量，而且还会因管理人员的迅速增加而增大协调的工作量和管理成本，同时由于管理严密，影响下级人员的主动性和创造性。

② 扁平型结构

扁平型结构是指组织的管理跨度较大，从而形成管理层次较少的组织结构。其优点在于：缩短了上下级距离，密切上下级关系，加快了信息纵向沟通的速度，减少了信息的失真，从而可以提高决策的质量、降低管理成本；由于管理跨度的增加迫使上级授权，可以大大提高下级的积极性和自主性，增强其满足感；同时也有利于更好地选择和培训下属人员，培养和提高下级管理能力。但也存在一定缺点：由于管理跨度较大，不能严密地监督下属，上下级协调较差，也加重了横向沟通与协调的难度。

随着经济的发展和技术的进步，为了达到有效，组织结构越趋于扁平化，就是组织通过增大管理幅度、减少层次来提高组织信息收集、传递和组织决策的效率，最终发挥组织的内在潜力和创新能力，从而提高组织的整体绩效，完成组织的战略目标。

4. 分配责权

职权是构成组织结构的核心要素，是组织联系的主线，对于组织的合理构建与有效运行具有关键性作用。

(1) 职权的种类

职权是管理人员在职务范围内所拥有的管理权限，是履行管理职能的前提。一个正式组织的职权有直线职权、参谋职权和职能职权三种。

① 直线职权

直线职权是指直接从事产品和业务的生产指挥、直接领导下属工作的直线管理人员所拥有的职权，包括决策权、发布命令权和执行权三个部分，也就是通常所说的决策指挥权。

直线职权是组织中一种最基本、最重要的职权。缺少了直线职权的有效行使，整个组织的运转就会出现混乱，乃至陷入瘫痪。直线职权是循着组织等级链发生的职权关系。例如，在企业生产系统中，总裁—负责生产制造的副总裁—制造分部总经理—分厂经理—车间主任—工段长—班组长，从上级到下级构成了严密的指挥链关系。在组织的等级链中的每个管理人员称为直线人员（如公司的总裁到基层的班组长），他们都拥有各自的直线职权，但由于所处的管理层次不同，其职权大小及职权范围也就有所不同。

② 参谋职权

参谋职权的产生是由于组织规模的不断扩大，高层管理者面临的管理问题日益复杂，此时仅凭直线管理人员个人的知识和经验已显得很不够，于是需要借助参谋专家的作用来帮助他们行使直接指挥的权力。参谋职权是顾问性质或服务性质的，他们为直线管理人员提供服务的形式有两种：一是个人参谋的形式，如总经理助理；二是专业化参谋的形式，如智囊团、顾问委员会等。因此，参谋职权是指作为主管人员的参谋或幕僚所拥有的辅助性职权，主要是评价直线系统的活动情况，进而提出建议或提供咨询的权力和专业指导权。

③ 职能职权

职能职权是指参谋人员或某职能部门的主管人员所拥有的、由直线主管人员授予的、在一定范围行使的决策与指挥权。

职能职权的设立主要是为了能充分发挥专家的核心作用，减轻直线主管的工作负荷，提高管理工作效率。

必须指出，参谋部门有了职能权力以后，虽然可以保证参谋人员专业知识和作用的发挥，但也有带来多头领导、破坏命令统一性的风险。企业中的分厂厂长或事业部经理除了有一个直线上司以外，可能同时还要接受好几个职能部门负责人的指导甚至是领导。这些职能上司的存在虽然是由解决复杂问题所必需的专业知识决定的，但同样不可忽视的是，多头领导往往会造成组织关系的混乱和职责不清。因此，组织中要谨慎地授予职能权力。首先，只在必要的领域中使用它，以避免削弱直线经理的地位；其次，规定职能权力主要用来指导组织中较低层次的直线经理怎么干，而不是用于决定干什么。同时，为了避免命令的多重性，组织中较高层次的直线主管还应注意，在授予某些职能权力后，要让相应的参谋人员放手展开工作，而不能频繁地使用已经授予的权力。

（2）职权分配

职权分配是指为有效履行职责，实现工作目标，而将组织的权力在各管理部门、管理层次、管理职位中进行配置。

职权分配的类型主要有两种：

① 职权横向分配，即依目标需要而将职权在同一管理层次的各管理部门和人员之间进行合理配置。

② 职权纵向分配，即依目标需要而将职权在不同管理层次的部门或人员之间进行配置。职权纵向分配的关键，是解决好集权与分权的关系问题。

（3）直线与参谋的关系

一般参谋人员的职责范围不外乎以下七个方面：

① 提供私人秘书性质的服务。比如个人参谋中的经理助理，它主要是在直线经理的指派下，协助经理本人处理某些问题，是为经理本人提供专门服务的。

② 提供对上的咨询服务。参谋人员仅负责对其直线主管提供咨询性意见，是否采纳则由直线主管来决定。只对其上司发生直接关系，只有建议权和咨询权，而对下级不发生任何直接关系。

③ 提供全方位的咨询服务。参谋人员一方面要对其上司提供意见、建议和咨询，并代为制定政策与计划；另一方面也要负责对下级直线人员提供咨询，并对下级参谋机构和参谋人员提供业务上的帮助和指导。

④ 按规定要求提供服务。由直线人员对服务的内容、方式、时间等做出具体的要求和规定，参谋机构和参谋人员按质、按量、按时提供相应的服务。

⑤ 提供特定的专家技术服务。参谋专家提供规定性的、专门领域内的、专业性很强的技术服务。例如，财务专家提供财务方面的服务，检查下属各分部的财务工作；技术专家帮助下属各单位解决技术上的问题等。这时，参谋在行政隶属关系上接受专门的参谋部门主管的领导，而接受服务的单位无权直接指挥专家们的工作，但可以对其工作提出建议和要求。

⑥ 参谋行使职能职权。有一些工作本应由直线主管人员亲自指挥，但由于某些原因也可能授权给参谋部门或参谋人员去处理。这时，参谋部门或参谋人员不仅对其上级提供咨询、代拟政策与计划，而且还可以在其授权范围内直接指挥下级单位，享有部分的直线指挥权，甚至当直线主管因事外出时，参谋还可代行全部的指挥权。

⑦ 提供独立的监督服务。为了保证组织的良好运行和发展，建立稳定、严密的监督机制是非常必要的。如建立监事会、审计部等独立的监督服务机构，由他们负责对包括各级直线管理人员在内的所有机构和人员行使独立的审计、监督和检查权，这时的直线与参谋关系就变成了一种监督与被监督的关系。

直线与参谋概念除了指职权关系以外，还可以泛指部门的设置。直线部门通常被认为是对组织目标的实现直接做出贡献的单位，如大工业公司中的生产系统、销售系统都被列为直线部门；而把采购、会计、人事、设备维修和质量管理等列为参谋部门。但从职权关系来看，无论是在生产系统、销售系统内部，还是在辅助性的参谋单位内部，只要存在上下级关系，就必定存在直线职权。生产系统和销售系统同是直线部门，但它们是两条线上的直线关系，如果销售部门主管跨系统对生产部门人员提出如包装产品的要求，这就不是直线关系，而是非直线关系了。我们将跨系统发生的非直线关系，以及参谋部门对直线部门提供的辅助关系，统称为参谋职权或参谋关系。

从理论上来说，设置参谋职务不仅可以保证直线的统一指挥，而且能够适应管理复杂活动需要多种专业知识的要求。然而在实践中，直线与参谋的矛盾往往是组织缺乏效率的原因之一。考察这些低效率的组织活动，通常可以发现两种不同的倾向：虽然保持了命令的统一性，但参谋作用不能充分发挥；或者参谋作用发挥失当，破坏了统一指挥的原则。因此，在实际工作中，直线与参谋都有可能产生对对方的不满情绪。

直线人员，他们需要对自己所辖部门的工作结果负责，因此有时可能认为参谋人员和部门干预了自己的工作，闯进了自己的领地，从而可能对他们产生不满。直线人员对参谋作用的敌视或忽视会导致参谋的不满。引起直线与参谋矛盾的另一个可能原因是参谋人员过高估计了自己的作用。

解决这对矛盾的关键是要合理利用参谋的工作，明确直线与参谋的关系，授予参谋机构必要的职能权力。为此，首先要建立清晰的等级链，其次要明确划分权责界限，然后要制定并严格执行政策、程序和规范，最后各级管理人员必须充分尊重别人的职权，同时无论是上下级之间，还是同级之间，还必须注意及时沟通，并加强工作中的支持与配合，以建立融洽的职权关系。

5. 人员配备

组织设计仅为系统运行提供了可供依托的框架，框架要能够发挥作用，使其有效地运转，组织机构中的每一个岗位都要有适当的人去占据，实现管理目标所必需进行的每项活动也要有合格的人去完成。人员配备就是根据组织结构中所规定的职务的数量和要求，对所需管理人员进行恰当而有效的选择、考评、培训，其目的是为了配备合适的人员去充实组织中的各项职务，以保证组织活动的正常进行，进而实现管理目标。换言之，就是利用合格的人力资源对组织结构中的职位进行不断填充的过程。因此，人员配备是组织设计的逻辑延续，它通过分析人与事的特点，谋求人与事的最佳组合，实现人与事的不断发展。

(1) 人员配备的原则

为求得人与事的优化组合，人员配备过程必须依循因事择人、因材使用、动态平衡的原则。

① 因事择人的原则，就是根据岗位要求，选择具备相应知识与能力的人员到合适的岗位，以使工作卓有成效地完成。

② 因材使用的原则，要求根据人的不同特点来安排工作，使人的潜能得到最充分的发挥。

③ 人事动态平衡原则，要求以发展的眼光看待人与事的配合关系，不断根据变化的情况，进行适时调整，实现人与工作的动态平衡与最佳匹配。

(2) 管理人员的选聘(选人)

“得人者昌，失人者亡”，这是古今中外公认的一个组织成功的要诀。在人才选用中，关键是管理人员的选用，因为管理人员的质量是任何一个组织不断取得成功的最重要的决定因素。因此，组织能否选拔和招聘到合适的管理人员，是关系组织活动成败的关键。

管理人员的选聘就是要把符合管理者职位要求的人员遴选出来，并且聘用到管理岗位上来。管理人员的选聘是以人的素质和能力为标准的，或者说，只有拥有一定素质和能力的人，才是有可能被选聘到管理工作岗位上来的人。

① 选聘方式

选聘管理人员的途径主要有两种：一是从组织内部提升，一是从组织外部选聘。

从组织内部提升。从内部提升是指随着组织内部成员能力的增强，在得到充分证实后，对那些能够胜任的人员委以承担更大责任的更高职位。

从外部招聘。从外部招聘是指根据一定的标准和程序，从组织外部的众多候选人中选择符合空缺职位工作要求的管理人员。

一般说来，当组织内有能够胜任空缺职位的人选时，应先从内部提升；当空缺的职位不很重要，并且组织已有既定的发展战略时，应当考虑从内部提升。然而，当组织急缺一个关键性的主管人员，而组织内又无胜任这一重要职位的人选时，就需要从外部招聘，否则将会导致组织处于停顿甚至后退状态。两种方式的优点、缺点如表 5－3 所示。

表 5－3　内部提升和外部招聘的优缺点

	内部提升	外部招聘
优点	① 有利于对选聘对象全面了解，保证选聘工作的顺利进行； ② 被提升的组织内成员对组织的历史、现状、目标以及现存的问题比较了解，有利于被选聘者迅速开展工作； ③ 有利于鼓舞士气，激励组织成员的上进心和工作热情，调动成员的积极性。	① 有比较广泛的人才来源满足组织的需求，有可能招聘到一流的管理人才； ② 可给组织带来新的思想、新的方法，防止组织的僵化和停滞； ③ 大多数应聘者都具有一定的理论知识和实践经验，因而可节省在培训方面所耗费的大量时间和费用。
缺点	① 当组织内部人才储备的质或量不能满足组织发展的需要，如果仍然坚持从内部提升，将会使组织既失去得到一流人才的机会，又使不称职的人占据主管职位； ② 不易带来新的观念，容易造成“近亲繁殖”。	① 组织内部员工的士气或积极性将受到影响； ② 应聘者对组织的历史或现状不了解，不能迅速开展工作。

② 选聘的基本程序

选聘的具体程序应包括的步骤，随组织的规模、性质以及空缺主管职位的特殊性和要求而有所不同。不过在设计步骤时，应考虑到时间、费用、实际意义以及难易程度等因素。一般来说，公开招聘的基本程序是：

第一步，人力资源计划与招聘决策。根据组织目标的需要，制定人力资源计划，并做出具体的招聘决策。

第二步，发布招聘信息。要利用多条渠道，广泛发布招聘信息，以吸引更多的人才应聘。

第三步，初选。根据报名者的背景情况进行初步筛选。

第四步，招聘测试。运用系统地、统一的标准及科学的、规范化的工具，对不同人员的各种素质加以公正而客观的评价。可采用的具体考核方式有：智力与知识测验、竞聘演讲与答辩、案例分析与实际能力考核。

第五步，民意测验。在选聘管理人员时，特别是选聘组织中较高管理层次的管理人员时，可以进行民意测验以判断组织成员对其接受程度。

第六步，面试选定管理人员。

(3) 管理人员的培训(育人)

管理人员的培训是人员配备职能中的一个重要的方面。其目的是要提高组织中各级管理人员的素质、管理知识水平和管理能力，以适应管理工作的需要，适应新的挑战和要求，从而保证组织目标的实现。应当把培训工作作为组织的一项长期活动的内容，建立起有效的培训机构和培训制度，针对各类管理人员的不同要求，采用各种方法进行培训，切实做好培训工作。

① 管理人员培训的目标

改变态度。通过培训，使他们逐步了解组织文化，接受组织的价值观念，按照组织认同的行动准则从事管理工作。

传递信息。通过培训，要使管理人员了解组织在一定时期内的生产特点、产品性质、工艺流程、营销政策、市场状况等方面情况，熟悉公司的生产经营业务。

更新知识。利用培训的方法，对他们的科学、文化、技术知识进行及时的补充和更新。

发展能力。根据管理工作的要求，努力提高管理人员在决策、用人、激励、沟通、创新等方面的管理能力。

② 管理人员培训的方法

培训管理人员的方法多种多样，主要有入职培训、岗前培训、日常培训、实战培养、参加短训班、脱产进修、在岗培训、定期轮训、学术交流、出国考察、脱产培训、工作轮换、设立副职和助理职务和临时职务代理等。其中工作轮换是使受训练者在不同部门的不同主管位置或非主管位置上轮流工作，使其全面了解整个组织的不同工作内容，得到各种不同的经验；副职的设立是要让受训者同有经验的主管人员一起密切工作，后者对于受训人员的发展给予特别的注意。这种副职常常以助理等头衔出现；临时职务代理是指当组织中某个主管由于出差、生病或度假等原因暂时不能上岗时，对于这种临时性的职务空缺，组织可以考虑由受培训者临时代理该主管的工作。

管理人员作为一种特殊的人才也有一个成长的过程，定期地、有计划地对管理人员进行培训，是促进管理人员迅速成长的有效途径。通过培训，可以丰富管理人员的知识、增强管理人员的素质和提高管理人员的管理水平。同时，组织投入一定的人力和物力在管理人员的培训上，使管理人员深切感受到组织为其个人发展和职务晋升提供了机会，从而增加了他们的职业安全感和对组织的忠诚感，调动了管理人员的工作热情，促进了管理队伍的稳定。管理人员的培训是一种组织行为，即由组织决定对哪些人进行培训和以什么方式进行培训，但是，培训能否取得预期的效果却需要个人行为与之相配合。

(4) 管理人员的考评

考评就是考核、评价，是一种定期对管理人员的工作绩效、能力、素质等进行估计和衡量的过程。其目的是为了确定占据职位的人员是否确实符合要求，值得进一步提拔还是应当加以调整，管理人员的培训和培养工作的效果，管理人员的薪酬应当依据什么基准确定等。此外，通过考评，还可以起到相互学习、促进组织内部沟通的作用。它是对管理人员选聘的结果加以检查的必要手段，也是进一步做好管理人员选聘工作的前提。

① 人员考评的内容

管理人员的考评是从属于组织存在与发展的现实要求和长远利益这两个方面的，因此，它应当包括对管理人员已经取得的业绩的考评和对管理人员素质和能力的考评。即管理人员的考评内容包括贡献考评和能力考评两个方面。

贡献考评是指考评和评估管理人员在一定时期内担任某个职务的过程中对实现企业目标的贡献程度，即评价和对比组织要求某个管理职务及其所辖部门提供的贡献与该部门的实际贡献。贡献考评又称为业绩考评，其结果可以作为决定管理人员报酬的主要依据。

能力考评是指通过考察管理人员在一定时间内的管理工作，评估他们的现实能力和发展潜力。即分析他们是否符合现任职务所具备的要求，任现职后素质和能力是否有所提高，从而能否担任更重要的工作。

② 人员考评的要求

考评最基本的要求是必须坚持客观公正的原则。如果考评不能客观公正，考评就失去了意义，不但不能起激励作用，而且还会起消极作用。

要建立由正确的考评标准、科学的考评方法和公正的考评主体组成的考评体系。建立科学的考评体系是实现有效考评的前提、基础和必要条件。

个性即主要了解人员的性格、偏好、思维特点等。

实行多层次、多渠道、全方位、制度化的考评。为了全面、准确地了解一个人，应该建立完整、规范的考评制度体系，通过多条渠道进行全面考评，并注意不同层次的考评重点。

注意考评结果的正确运用，包括考评结果同本人见面，同劳动报酬、工作安排与职务晋升挂钩，并根据考评结果，建立组织的个人档案。

③ 人员考评的方法

人员考评通常有下列七种方法：

实测法，即通过各种项目实际测量进行考评的方法。例如，对员工进行生产技术技能的考评，通常采用现场作业，通过对其实际测量，进行技术测定、能力考核。

成绩记录法，即将取得的各项成绩记录下来，以最后累积的结果进行评价的方法。这种方法主要适用于能实行日常连续纪录的生产经营活动，如生产数量、进度、质量投诉等。

书面考试法，即通过各种书面考试的形式进行考评的方法。这种方法适用于员工所掌握的理论知识进行测定。

直观评估法，即依据对被考评者平日的接触与观察，由考评者凭主观判断进行评价的方法。这种方法简便易行，但易受考评者的主观好恶影响，科学性差。

情景模拟法，即设计特定情境，考察被考评者现场随机处置能力的一种方法。

民主测评法，即由组织的人员集体打分评估的考评方法，一般采用问卷法进行。

因素评分法，即分别评估各项考核因素，为各因素评分，然后汇总，确定考核结果的一种考评方法。

5-2 阅读材料

第三节　组织文化与变革

一、组织文化概述

组织在发展过程中为了规范和约束员工的行为，需要建立各项规章制度来保证组织目标的实现。然而，仅靠几项规章制度是远远不够的，需要通过组织文化来进行规范。如果规章制度是“硬性”的，那么组织文化就是“软性”的，以一种无形的约束力量构成组织有效运行的内在驱动力。组织文化是组织的灵魂，是推动组织发展的不竭动力。

1. 组织文化的概念

组织文化是指在长期的管理实践活动中确立的，被组织全体成员普遍认可并共同遵循的价值观念和行为规范的总称。

2. 组织文化的结构及构成要素

(1) 组织文化的结构

从文化的角度可将组织文化分为三个方面：物质文化、制度文化和精神文化。

① 物质文化——表层文化

它是实体性的文化设施，带有本组织的特色，人们可以通过这些实体直接感受组织文化，是人们接受和认识组织文化的主要方式，主要包括建筑设计、工作环境、办公设备、生活环境、组织标示、产品设计、员工衣着、厂容厂貌等。这些都可以让人们直接了解组织文化，只是这些文化属于最表层的文化，并不能代表组织文化的实质。

② 制度文化——中介文化

它是通过组织各项成文的规章制度、工作程序以及在长期的管理实践中所形成的不成文的，但对员工具有约束力的道德规范的统称。主要包括规章制度、组织结构、管理机制、管理水平、娱乐活动、教育培训等，这种中介文化对深层次文化的形成具有积极的促进作用。

③ 精神文化——深层文化

它是组织文化中最深层次的、最稳定的内容，是组织文化发挥作用的源泉，是员工共同遵守的价值观念和伦理道德。精神文化是组织文化建设的最终目标，也是最难实现的内容，主要包括组织目标、组织宗旨、组织价值观、组织精神、组织道德、组织哲学等，这些文化对员工的影响非常深远，且影响员工日常生活的方方面面。

TCL集团的“鹰图腾”文化

鹰，是世界上寿命最长的鸟类，它的一生高踞万山之巅，傲视群雄。可谁又知道，时光的流逝，机能的老化，环境的变更，它在40岁时也会遇到成长的瓶颈。

“此时的鹰只有两种选择，要么选择死亡，要么选择自己拔羽换喙的痛苦蜕变。5个月后，新的羽毛出来了，鹰重新开始飞翔，再次拥抱它深爱的天空，再次面对未来的光辉岁月！”

20世纪90年代，TCL曾是中国成长最快的企业之一。成立于1981年的TCL，最早的产品是磁带、电话机，1992年开始做电视，加快市场化转型，并完成“改制”。

进入新世纪，TCL积极推进国际化转型。2004年，TCL并购汤姆逊彩电、阿尔卡特手机业务，业务走向全球，但这一步跨得有点急，2005年、2006年连续两年亏损，当时面临的困难和压力非常大。

《鹰的重生》是一篇TCL浴火重生的寓言，是董事长李东生从崩溃边缘振作起来，重新凝聚TCL员工斗志，带领TCL在国际化并购泥潭中绝地反击的转折点。

李东生认为，国际化的方向并没有错，TCL国际化的挫折是由于组织观念、文化意识、行为习惯不匹配，比如小团体利益至上的山头主义，他决心推动新一轮变革创新，让企业浴火重生。“像鹰的蜕变一样，重新开启企业新的生命周期。”

那三年，TCL犹如凤凰涅槃：成立财务公司，进行财务革新；以全景管理钻石模型，推进管理再造；以“创意感动生活”重塑品牌；调整业务模式，追求通讯业务扭亏，彩电业务上量，终于在2007年扭亏为盈。后来，TCL先后上马液晶模组、华星光电液晶面板项目，在国内同行中率先打通产业链上下游，产业规模、公司利润重回增长轨道。

今天，鹰已成为TCL集团的图腾。《鹰的重生》一文也体现了一个有责任感的中国企业家的精神，其灵魂深处的忧患和自强精神，非常值得尊敬。不管是过去、现在还是将来，这才是托起中华民族脊梁的中坚。其思考和解决问题的方式也是值得从事企业管理人员的学习和借鉴。

[资料来源：TCL官网]

思考：TCL鹰文化的特点是什么？企业文化在企业管理中的作用体现在哪些方面？

(2) 组织文化的构成要素

组织文化包括组织价值观、组织精神、组织形象、组织哲学、组织道德等。

① 组织价值观

组织价值观是一种以组织为主体的价值取向，是指组织对其内外环境的总体评价和总体看法。由组织内部的绝大多数人共同认可的价值观念，能够引导企业内部的所有成员达到一种共识。具体来说，组织价值观是组织在追求经营成功过程中所推崇和信奉的基本行为准则。比如，华为的核心价值观可以概括为四句话“以客户为中心，它可以确定奋斗的方向。以奋斗者为本，它可以提供活力的源泉。长期艰苦奋斗，为人修身的一个过程。坚持自我批判，在批判中能够得到修心。”华为的企业文化体现了学习、创新、获益以及团结。

② 组织精神

组织精神是指组织员工在组织活动过程中逐步形成的对组织生活和活动过程的固定看法。组织精神与组织价值观紧密相连，是组织规范化和信念化的意识表现，反映了组织经营管理活动中的主导意识。组织价值观及组织精神是员工努力工作的精神源泉，也是组织赖以生存和发展的精神支柱，对组织的成败兴衰起重要作用。日本松下电器的企业精神被概括为:工业报国、光明正大、团结一致、奋斗向上、礼貌谦让、适应形势、感恩报德,这七条企业精神让每名员工铭记在心,称为凝聚员工的重要力量;TCL 的企业精神是敬业、团队、创新。

③ 组织形象

组织形象是指社会公众对组织综合评价后所形成的总体印象,体现了组织的声誉和知名度。组织形象包括行为规范、经营作风、管理水平、人才实力、经济效益、福利待遇等内容,其中对组织形象影响较大的因素主要有:第一,社会形象,指组织对公众负责和社会贡献的表现。组织的社会形象,一方面和广泛的社会交往与实事求是的宣传有关,另一方面和组织为社会所做出的贡献有关,如主动为灾区捐款、主动捐助贫困大学生等。第二,产品形象。对于公众而言,主要是通过产品来了解企业的,因此,那些能够提供质量上乘、设计美观的产品和周到服务的企业就能赢得良好的社会形象。第三,领导形象,指组织领导者的文化素质、管理能力、敬业精神的综合体现。那些气度恢宏、勇于创新、公正勤奋的领导者不仅能潜移默化地影响每位员工,而且还能在社会公众中扩大组织的知名度和信誉度。第四,成员形象,指组织成员的精神风貌、穿着打扮、服务态度、文化修养、职业道德等方面的综合体现。一般而言,员工穿着整齐、举止高雅、热情周到,不仅反映了个人风貌,还有利于树立良好的组织形象。第五,环境形象。这里的环境主要包括办公环境、社区环境、楼房建筑等,它反映了组织的经济实力和精神风貌,是内部员工和外部公众最直接的印象。

④ 组织哲学

组织哲学是组织领导者为实现组织目标而在整个管理活动中的基本信念,是组织领导者对组织长远发展目标、发展战略和策略的哲学思考。一般而言,要在组织内部形成一种组织哲学是比较困难的,因为哲学是人类超脱于物质生活之上的精神层面的追求与渴望。组织哲学是组织最高层次的文化,它主导、制约着组织文化其他内容的发展方向。索尼公司的组织哲学是“索尼是开拓者,永远向着未知的世界探索”。

3. 组织文化的塑造

(1) 选择价值观念

组织价值观是组织文化的核心和灵魂,选择正确的组织价值观是构建优秀组织文化的首要问题。选择价值观要立足于本组织的具体特点,不同的组织具有不同的环境、目标、传统、习惯和行为方式,因此必须准确地把握本组织的特点,选择适合自身发展的组织文化模式;同时,还要正确把握组织价值观和组织文化各构成要素之间的关系,只有经过科学的组合和合理的匹配才能实现系统的整体优化。选择价值观需要考虑四个方面:第一,组织价值观和组织文化各要素要体现组织战略、组织目标和组织宗旨;第二,组织价值观要明确、具体,具有鲜明的特点;第三,组织价值观要从组织自身的特点、发展阶段和现状进行总结,不能照搬照抄。

(2) 灌输价值观念

给员工灌输价值观常用的方法有:第一,培训教育。有目的的培训教育能够使员工系统接受和强化认同组织所提出的价值观念,培训有课堂、讨论、网络等形式;第二,塑造模范人物。模范人物和典型榜样是组织精神和组织文化的形象缩影，能够以特有的影响力、感染力和号召力为组织员工提供具体的可以效仿的榜样，而组织员工也正式从模范人物和典型榜样的精神风貌、工作态度和言行举止之中深刻理解组织文化的实质和内涵；第三，充分利用一切宣传方式和手段，大张旗鼓地宣传组织文化，使每一位员工都能理解、认可和接受，使之成为组织发展的精神支柱。

(3) 调整价值观念

在向组织员工灌输之后，首先应当将反馈回来的信息及时加以剖析和评价，仔细比较实践结果和规划方案的差距，吸取有关专家和员工的合理化意见，然后进行综合的整理、归纳和总结，删除那些落后的、不为员工认同的内容和形式，保留那些进步的、卓有成效的、为广大员工认可的形式和内容。最后把经过科学论证和实践检验的组织价值观、组织精神等组织文化的构成要素予以条理化、格式化、简洁化，用精练的语言表述出来。

(4) 落实价值观念

组织领导者在构建组织文化的过程中起着决定性的作用，他本人的一举一动就是一种无声的号召和导向，对全体员工产生强大的示范效应。领导者必须更新观念、以身作则，肩负起带领组织员工共建优秀组织文化的历史使命。此外，要想使所确立的价值观念落实到位，就必须有制度的保障，否则，要让员工自觉主动地按照组织文化和组织精神的标准行事，几乎是不可能的。

(5) 完善价值观念

任何一个组织文化都是特定历史的产物，当组织的内外环境发生变化时，不失时机地调整、更新和完善组织文化的内容和形式都是一项非常重要的工作。

阅读案例：三一重工的企业文化

自1994年成立以来，三一重工以年均50%以上速度增长，目前已经发展为中国最大、全球第五的工程机械制造商，也是全球最大的混凝土机械制造商。

三一使命：品质改变世界

三一愿景：创建一流企业　造就一流人才　做出一流贡献

企业精神：自强不息　产业报国

核心价值观：先做人　后做事

三一作风：疾慢如仇　追求卓越

经营理念：一切为了客户　一切源于创新

企业伦理：公正信实　心存感激

三一信条：人类因梦想而伟大

5-3 优秀中国企业视频

二、组织变革

组织是一个由多种要素组成的有机体，同其他有机体一样，经历着产生、成长、成熟和衰退的过程。在组织的运行过程中，其内部因素及其所处的外界环境一旦发生变化，组织要想求的生存和发展，就必须进行变革。那么什么是组织变革？组织在什么情况下需要变革？

1. 组织变革的必要性和原因

组织变革是指组织管理人员主动对组织原有状态进行改革，以适应外部环境变化，更好地实现组织目标的活动。这种变革包括组织的各个方面，如组织行为、组织结构、组织制度、组织成员和组织文化等。

> 讨论：你认为组织进行变革的原因有哪些？企业面临危机才需要实施组织变革吗？

组织的建立是为实现组织的目标而实现的，当组织目标发生变化时，组织需要通过变革自身来适应这种新的变化，即使组织目标没有发生变化，但影响组织的外部环境和内部环境如果发生变化了，那么组织势必也要调整自身，才能保证目标的实现。因此，组织不是僵硬的，一成不变的。

一般来说，组织模式应力求相对稳定，频繁而不必要的变动对于实现组织目标是不利的，但组织总是处于动态的社会变化中，由于环境的变化，影响组织目标的各种因素的变化，所以变革是绝对的，而组织的稳定是相对的。

对于管理者来说，应当在何种情况下对组织进行组织变革，是一个非常重要的问题，组织的变革大多都不是突发性的，是有先兆可循的，特别是当组织发生了频繁的决策失误、组织成员间沟通不灵，管理业绩长期不理想和缺乏创新的时候，组织变革就迫在眉睫了。

2. 组织变革的过程和方法

组织如何实施组织变革呢？不同的组织行为学家有不同的看法。现在我们来看推行变革的几种方法。

（1）克—金组织变革模型

克—金组织变革模型由克雷特纳和金尼基（R. Kreinter&A. Kinicki）于1995年提出。如图5－19所示。

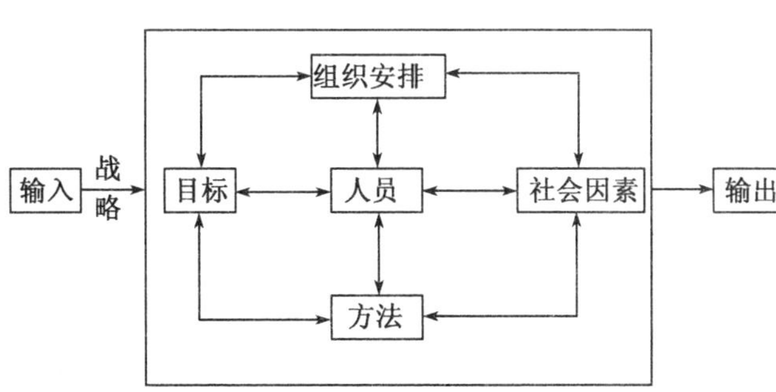

图5－19 克—金组织变革模型

组织变革的系统模型主要分为三个部分：输入、变革的目标因素和输出。

① 输入

在这一部分，输入的主要是内部信息和外部信息。内部信息主要是指企业自身状况，包括企业的优势和劣势。外部信息是企业所面临的外部环境，包括外部的机会和威胁。

在这一阶段要注意输入的信息要与战略相一致。一项战略规划指导了一个企业的长期方向，描述了一个组织的最终目标以及达到目标的必要行动，组织输入的信息要与之相适应。

② 改革的目标因素

改革的目标因素有五个：人员，主要指人的知识、能力、态度、动机和行为；目标，主要包括要求最终的结果、优先考虑的事项、标准、资源、贯穿整个组织的联系；组织安排，主要包括政策、程序、角色、结构、奖励和物质条件；社会因素，主要包括组织文化、群体过程、人际关系、沟通和领导；方法，主要包括工序、工作流程、工作设计和技术。五个因素以人员为核心，相互影响。

③ 输出

输出代表了一次变革的最终结果，可以从组织水平结果、部分或群体水平结果和个体水平结果三个方面去分析输出的结果。

(2) 勒温三步模型

勒温认为，成功的组织变革应遵循三个步骤：解冻现状、变革到新的状态以及重新冻结新变革，并使之持久，如图 5 - 20 所示。

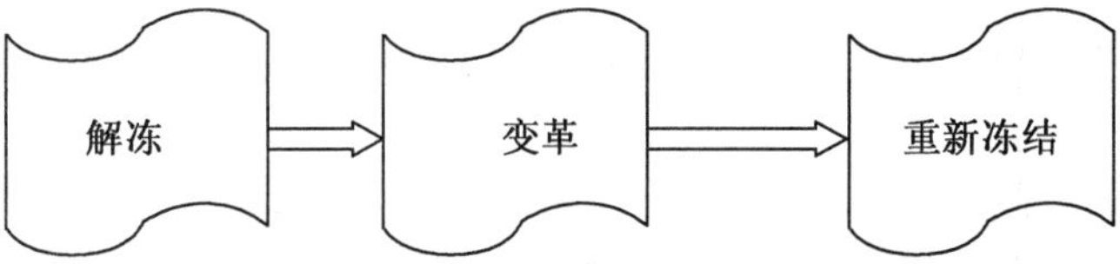

图 5 - 20　勒温变革三部曲

按照这一模型，现状被看成是一种平衡状态，要打破这一状态，就要克服个体阻力和群体的从众压力，所以解冻是必需的。解冻的方法有：增强驱动力使行为脱离现有状态或减弱妨碍脱离现有平衡状态的力量，也可以两种方法混合使用。解冻一旦完成，就可以推行本身的变革。但仅仅引入变革并不能确保它的持久，新的状态需要再加以冻结，其目的就是通过平衡驱动力和制约力，使新的状态能够为稳定下来。

① 解冻

由于任何一项组织变革都会面临来自组织和成员一定程度的抵制，因此，组织的变革都需要有一个打破原有平衡的变革前奏，就是解冻阶段，这一阶段的主要任务是发现组织变革的动力，克服组织变革的阻力，营造危机感和塑造出改革的氛围，同时描绘变革的蓝图，明确变革的方向和目标，以形成待实施的变革方案。

② 变革

这是组织变革的实质性阶段，主要的任务是按照所拟定的变革方案的要求开展具体的组织变革运动，并是组织从现有模式转变到我们的理想模式。由于组织变革的涉及面较为广泛，往往是“牵一发而动全身”，这种状况使得组织变革在真正全面实施前一般要进行一定范围的实验，通过实验，总结经验，修正进一步的变革方案，同时还可以使一部分对改革存有疑虑的人能通过实验阶段及早感觉到组织变革的潜在效益，从而有利于组织变革阻力向动力的转变，在实验取得初步成效后在进入大规模的全面实施阶段。

③ 冻结

在现实中经常会出现这种情况，组织变革行动发生后，个人和组织都退回到原有习惯了的行为方式中，所以组织变革并不是在实施了变革行动后就结束了的，由于变革涉及人的行为和态度的组织变革，从根本上说，只有在前面有个解冻阶段，后面就要有个冻结阶段使变革后的新的行为方式和组织形态能够得到强化和巩固，缺乏冻结阶段的变革，成果就有可能退化和消失，对组织成员的影响也非常短暂。

阅读案例：企业只有不断变革才有生存空间

1968年，26岁的何享健带着5 000元的集资款在广东顺德踏上了创业路，当时的企业只有23人。诞生于改革开放前沿阵地的美的，是改革开放的见证者、参与者。见证了伴随改革开放发展起来的中国家电业，从加工贸易发展到自主品牌的一路变迁。白手起家的何享健，一路摸爬滚打，一次次敢为人先，将其创立的美的集团（以下简称“美的”）发展成如今几乎无人不知的千亿企业。这背后有创业发展的酸甜苦辣、五味杂陈，也有美的的创富密码。何享健曾说：“在美的，唯一不变的就是变，美的成功的核心是创新。不变就是死路一条，只有不断变革才有生存空间。”

“只有创新变革才能生存”

“掌控核心竞争力，不断实施技术创新和制度创新，成为美的稳健发展的根源。”何享健曾这样讲述美的集团不断发展壮大，不断保持竞争力的关键所在。

20世纪90年代末，在美的集团快速发展的时期，何享健仍不忘向国外的先进企业学习。1997年，何享健在赴日本松下公司访问之后，对美的集团内部进行了改革。这次企业改革，何享健取缔了之前由他一人全部管理的模式，将集团分成多个事务部，由经理负责日常经营情况。

时至今日，美的集团依然很注重企业内部改革，依然在体制机制改革上一次次尝试突破。一位对美的集团有深入了解的行业分析人士告诉本刊记者，作为中国民营企业的领军企业，美的可谓中国民营企业推行事业部机制最为彻底和有效的一家企业，美的也是中国第一家每年撰写集团及各事业部《分权手册》的企业，同时美的还是推行绩效管理机制落地和内部执行力最强的一家民营企业。

企业改革之外，美的的发展更是与其产品创新、多元化发展战略密不可分。按何享健的话说，“一定要靠产业的专业化，不断实现产品的多样化。”正是由于在产品创新上的深耕，实施产业多元化发展战略，让美的在打造自主品牌，打造王牌产品，拥有自己的核心技术和产品方面突出重围。长期以来，美的不断向中高端领域谋求创新和转型，注重在产品研发上投入。

了解了美的的发展，也就了解了中国家电业的发展变革。中国家电行业自改革开放后开始快速发展，经历多次从零起步的飞跃，逐渐掌握了自主尖端技术。通过加工贸易发展起来的许多国内知名家电企业，如今都已拥有了自主品牌和知识产权，在重点行业也都形成了自己的王牌产品。实现了从贴牌加工到委托设计生产，再到自有品牌营销的转变，已经具有一定的国际竞争力。

如今在家电消费市场已趋近饱和，传统家电市场已遇天花板，家电业迫切寻找新增长点的情况下，美的也在积极向数字化、智能制造、网联化等方向转型，至今美的已在数字化探索上投入超过百亿元，其发展路径如下图：

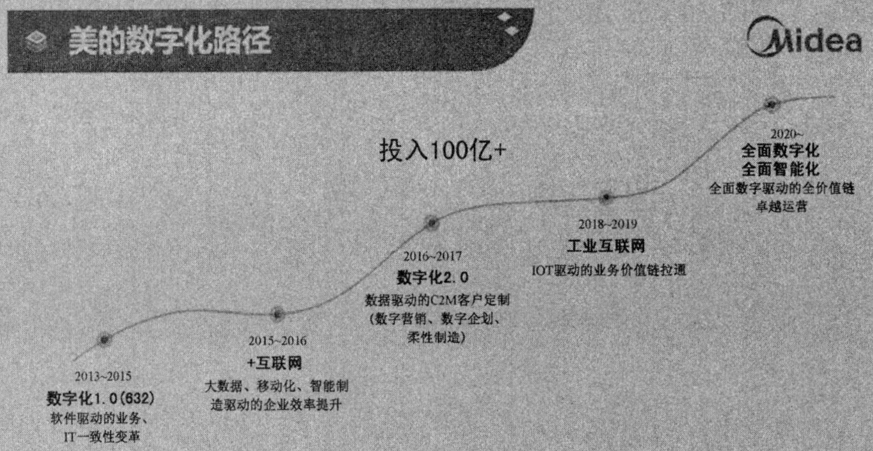

美的的数字化转型之路，从 2012 年创始人何享健退位、方洪波接手董事长就开始了，其中重点就是重视产品质量，增大研发投入。到今年，美的"全面数智化"战略，即全面数字化、全面智能化，是其 2012 年后的第一次战略焕新，目标是成为一个科技型公司。

美的从白手起家，创出第一桶金，到投入家电行业，一路摸爬滚打，从弱到强发展成为千亿企业，再到在国际上保持竞争力，美的的今天离不开一次次敢为人先和不断创新变革。

[资料来源：美的官网]

思考：随着移动互联网对产业解构作用的深化，推动着美的集团走到了一个关键时刻。在数字化发展背景下你认为美的在组织变革上应该从哪些方面进行管理创新与变革？

总　结

组织是一切管理活动赖以存在的物质载体。无论是作为静态的组织体，还是作为动态的组织职能，组织在管理活动中都起着重要的作用。要使组织作用发挥良好的效果，产生较大的组织效率，必须设计合理的组织结构。组织需要依据外部环境变化和内部状况的变化，及时调整并完善自身的结构和功能，即实施组织变革以提高生存和发展能力的过程。

【课后训练】

一、案例分析

管理者的困惑（五）：国龙公司的组织机构优化

国龙是由一家民企发展壮大的企业。在发展的过程中，企业原有的组织机构形态和经济体制必须进行相应的改革，以适应企业不断发展的需要。

国龙的初次改革是企业从收购国企开始的，将原有的国企职工转换成合同工人，企业原有的组织机制也产生了巨大的变化。从过去的资产国有，到私有化经营，过去的厂长责任制，到股东会、董事会、监事会等组织结构转变，无一不是适应市场经济变化的需要。

随着市场的不断变化，国龙集团的发展壮大，企业的组织机制仍然在不断改进之中。

国龙近年来在组织机构改革方面主要是推行事业部制。经精心研究和策划，将集团的八个职能部门重新合并成八部一室，压缩或分流 102 名处室人员。这一措施激发了各经营分厂的活力，管理效率得以提高，而厂部的工作则着重于制定企业的发展战略及协调各经营分厂的经营战略、技术战略等更高层次的决策。

生产组织管理从工艺专业化转向产品专业化。在 2015 年末，高斌发现国龙公司采用以工艺专业化为核心的生产组织形式，但常出现如下问题：(1) 该种生产组织是跨行政部门的，在各生产工艺环节出现生产进度不一致时，有时难以协调；(2) 由于原料品种多，可能会引起原料组织不到位而出现停工待料现象，影响生产效率。经过企业高层的仔细研究后，没有必要按照生产工艺划分车间，于是打破原来低效率的工艺专业化生产格局，建立起产品专业化的新体系，一年内劳动生产率提高了 50%。

随后，2017 年国龙又进行了科研体制改革。以前，国龙集团将研究所集中于总部，负责全集团的技术开发，现在公司作出把科技人员推向市场的决策，即将新产品开发研究所转移到相关的经营分厂。这一措施取得了很好的效果，首先消除了科研与生产、销售脱节的弊端，再者由于有了经济观念，产品开发中的不合理费用得以减少。

思考：

1. 国龙集团的组织变革与发展说明了什么？
2. 结合国龙集团的发展分析影响组织结构调整的因素是什么？

二、复习与思考

1. 假如你是一名组织结构优化工作组的负责人，在组织结构调整时你将遵循哪些基本的原则？需要考虑哪些因素呢？

2. 选择想要加入学校里面的组织（学生会、团委或者其他的协会），用管理跨度、授权、责任、职权、和职责等术语描述它。

3. 你愿意在直线型组织结构还是在矩阵型性组织结构里工作？为什么？

4. 华为的“狼性文化”一直被业界熟知与学习，请简述华为的狼性文化内容和主要特征分别是什么。

【管理游戏】

不同的授权方式

每个模拟公司派出总经理及秘书、部门经理及秘书，六位操作人员。教师将总经理及秘书带到一个看不见操作人员的角落而后给他说明游戏规则：

1. 总经理要让秘书给部门经理传达一项任务，该任务就是由操作人员在戴着眼罩的情况下，把一条20米长的绳子做成一个正方形，绳子要用尽。

2. 全过程总经理不得直接指挥，一定是通过秘书传达指令给部门经理，由部门经理指挥操作人员完成任务。

3. 部门经理有不明白的地方也可以通过自己的秘书请示总经理。

4. 部门经理在指挥的过程中要与操作人员保持5米的距离。

思考：

1. 作为操作人员，你会怎样评价你的这位主管经理？如果是你，你会怎样来分派该任务？

2. 作为部门经理，你对总经理的看法如何？对操作人员在执行过程看法又如何？你认为还有什么改进的方法？

3. 作为总经理，你对这项任务又如何？你认为哪些方面是可以改善的？

【校园体验】

团队建设

1. 分析学生所在的班级、小组或寝室的群体状况（和谐程度、优势与缺点、团体氛围等），并制定群体的目标。

2. 每个人制定一份团队建设方案。

3. 班级组织交流，每个公司推荐2名成员做介绍，并对团队建设问题进行研讨。

4. 针对团队存在的问题策划一次班级团队活动，并提交活动策划方案。

5. 由教师对团队建设方案和团队活动方案进行点评和评分。

模块六　领导与激励

■ **知识目标**

1. 理解领导的含义。
2. 了解几种典型的领导理论。
3. 了解领导行为的风格类型。
4. 理解领导应具备的素质及领导艺术。
5. 掌握几种主要的激励理论。

■ **技能目标**

1. 培养学生运用领导理论分析组织中领导行为的能力。
2. 培养学生有效运用激励理论的能力。

■ **素质目标**

1. 深刻理解中国企业家精神、劳模精神和工匠精神的共同特点。
2. 具有大局意识和团队协作精神。

情景导入

优秀中国企业案例（六）：中粮集团改革引领促高质量发展

中粮（COFCO）集团有限公司是与新中国同龄的中央直属大型国有企业，中国农粮行业领军者，全球布局、全产业链的国际化大粮商。中粮集团以农粮为核心主业，聚焦粮、油、糖、棉、肉、乳等品类，同时涉及食品、金融、地产领域。截至2021年底，集团资产总额6 860亿元，2021年度，集团整体营业总收入6 649亿元，利润总额238亿元。中粮集团不断完善农粮主业资产布局，持续提升大宗农产品经营能力，促进农产品采购、储存、加工、运输和贸易环节上下游协同一体，以市场化的方式高效保障粮油供应。

中粮集团党组全面落实国企改革三年行动要求，以三项制度改革为抓手，深入推进市场化体制机制创新，完善顶层设计，制定出台推进领导人员能上能下、任期目标责任制等选人用人“7+1”制度，坚持以“市场化、年轻化、能者上、庸者下”为导向，有效激发干部员工队伍活力和企业改革发展内生动力，以高质量干部队伍建设推动集团高质量发展。

1. 以选贤任能为方向，“找准三个点”，坚定不移推进干部能上能下

找准切入点，全面实施任期目标责任制。中粮集团对党组管理的所有领导人员全面实施任期目标责任制，统一签订任期目标责任书，立下军令状、明确责权利，实行契约化管

理，以合同契约的形式把任期目标与薪酬激励、考评聘用有效衔接，重构各级干部心理契约，真正树立起“有为才有位”的鲜明导向。截至5月份，任期目标责任制已覆盖集团全部16家二级子企业经理层，三级以下企业覆盖面近80%，“双百企业”“科改示范企业”已全面推行。

找准落脚点，持续完善干部考核评价体系。中粮集团探索建立以平时考核为基础、年度考核和任期考核为重点、“担当作为”专项考核为补充的综合考核体系，强化考核结果刚性运用。坚持抓两头、促中间，对考核优秀的干部在提拔使用时优先考虑，切实做到优秀者优先，对年度考核不称职、民主测评结果较差、业绩考核不达标（如企业年度考核低于70分）的各级领导人员（含各级企业领导班子成员和管理人员），及时采取调整岗位、降职、免职、解聘等方式进行处理。2020年以来，对包含3名二级单位班子成员在内的100余名领导人员进行末等调整和不胜任退出。其中，中粮糖业严格根据考核结果，刚性实施末位调整，2020年领导人员免职15人、降职4人、调整岗位26人，占所有领导人员11%。中粮可口可乐对核心销售管理人员实行季度考核排名淘汰制，排名后5%的给予黄牌警告，累计2次黄牌警告的调岗调薪。

找准着力点，稳步推行职业经理人制度。中粮集团坚持把党管干部原则和董事会依法选择经营管理者有效结合，探索在市场化程度较高的企业推行职业经理人制度，先后对蒙牛乳业、中国茶叶、长城酒事业部、肉食生鲜制品部、中粮饲料、中粮信托等单位总经理岗位开展市场化选聘，对标市场制定业绩指标，按照市场标准核定薪酬待遇。

2. 以契约意识为依托，“实现三个有”，坚定不移推进员工能进能出

实施全员劳动合同制，实现能进能出有机制。中粮集团按照分级管理原则，各单位与全体干部员工签订劳动合同，以法律形式确定劳动关系，打破“铁饭碗”，取消“体制内”和“体制外”的身份标签。实施公开透明、平等竞争、择优选用的市场化招聘制度。目前，各级子企业公开招聘比例达到98%以上。

持续精简人员机构，实现能进能出有基础。中粮集团精简总部和各二级单位本部机构，压缩职能人员编制，优化人员配置。集团总部一级职能部门由12个压缩到10个，二级部门由59个压缩到43个，总部人员由610人减少到212人，减幅达65%，各二级公司职能部门人员减幅达40%。其中，中粮贸易按照“品种十区域”模式理顺矩阵式管理架构，通过业务整合和“去机关化”等方式精简机构，二级单位由42个减至29个。在人员压减过程中，坚持依法合规，以劳动合同为依据，没有发生劳动争议。

实施员工末位调整制度，实现能进能出有规范。中粮集团建立了人才盘点机制，出台员工能进能出实施办法并在各级子企业全面推行，明确不能胜任工作、违法违纪、患病负伤、到龄退休、辞职等员工退出的5个渠道，细化员工退出的19种情形。其中，中粮资本启动“活水计划”，大力推动人员常态化流动和调整，旗下各级子企业2021年累计退出低绩效人员92人。

3. 以奖优罚劣为手段，“推行四个化”，坚定不移推进收入能增能减

(1) 严格考核、刚性兑现，推行收入分配市场化。中粮集团坚持对标行业和市场，建立“一岗一薪、易岗易薪”的市场化薪酬体系。在领导人员年薪标准不变的前提下，提高与

企业效益和实际贡献挂钩的浮动工资比重，薪酬固浮比由6∶4调整为5∶5。严格根据年度业绩结果兑现奖金，如企业年度考核低于70分，除对相应领导人员给予调整岗位、降职、免职或解聘处理外，同时扣除全体领导班子年度全部绩效奖金，真正做到能增能减。

(2) 加强力度、鼓励挑战，推行三年任期常态化。自2019年起，中粮集团在业务模式清晰、管控关系明确、发展目标具有挑战性的10家二级公司探索实施三年任期激励，对标市场设立挑战目标，三年累计达成挑战目标的，按照市场标准对领导班子进行重奖，最高可达年度绩效奖金的9倍；未达成业绩门槛的，实行末位淘汰，对于业绩排名后三位的二级公司，相应调整领导班子，将强激励与硬约束统一起来。

(3) 尊重实绩、激励卓越，推行特殊奖励科学化。中粮集团坚持物质奖励和精神激励并重，以忠良文化为依托，设立"忠良百战奖"和"忠良再读奖"，作为中粮集团最高荣誉，分别奖励年度业绩最突出的团队和作出卓越贡献的优秀个人。高度注重评选机制科学性，特别是优秀团队评选标准上，坚持与外部标杆企业比、与内部同级单位比、与自身历史成绩比，既考虑投资回报率，也关注利润增长率，对排名靠前的专业化公司，及时给予正向激励。

(4) 风险共担、收益共享，推行激励机制多元化。中粮集团根据业务实际和企业条件，统筹运用各类中长期激励政策，推动企业发展与员工利益有效绑定。探索实施超额利润分享机制，先后有9家子企业获得超额利润分享奖励，有力推动集团整体经营业绩实现翻番。有3家上市公司正在实施股票期权激励和限制性股票激励计划，4家子企业开展员工持股，共涉及关键岗位领导人员和骨干员工1 500余人，通过风险共担、收益共享，有效激发了团队干事创业的动力。其中，中国茶叶通过开展员工持股，盈利能力持续提升，业务增速显著，营业收入增长57%，利润增长超过4倍。

当前，经过一系列制度设计和探索实践，中粮集团已形成"人员能上能下、能进能出、薪酬待遇能高能低"的灵活机制，"中粮没有'铁饭碗'，中粮坚决不搞'高级大锅饭'"成为铁规和共识。管理层被激发出更多干劲，企业释放出更多活力，中粮集团多年来的国企改革成效越来越凸显。

[资料来源：中粮集团有限公司官网]

思考：

1. 什么是国企改革三年行动？如何理解深化国企劳动、人事、分配制度改革（三项制度改革）是国企改革需要攻坚的关键一环？

2. 请分析中粮集团是如何通过激励机制改革促进发展，重新焕发企业活力的。

6-1 优秀中国企业视频

【任务导入】

每6—8人自愿成模拟公司完成系列任务（四）

1. 运用所学知识，模拟公司成员讨论希望采取什么样的领导风格与方式，请总经理做陈述。

2. 企业激励制度是企业制度建设中不可或缺的重要环节，激励制度建设的成功与否将对企业的成败产生巨大的影响。讨论并设计模拟公司的激励制度，提交给教师评分。

第一节　领导概论

如果说管理是为实现组织目标而进行的有目的的组织、协调、控制活动，那么领导就是这种活动的重要组织者。领导者要具备较高的素质，在管理中运用合适的领导行为和艺术，引导和促使员工为实现组织目标做出最大努力，从而实现组织的预期目标。

一、领导的本质与作用

1. 领导的本质

领导是一项重要的管理活动，是管理的基本职能之一。随着时代的不同，人们对领导的认识也不同。

有人认为，领导是一门促使下级以高度的热情和信心来完成他们任务的艺术；也有人认为，领导是一项程序，它使人们在选择目标和达成目标的过程中受指挥者的导向和影响；还有一些人认为，领导是一种说服他人热心追求目标的能力等。综合上述看法，我们认为，领导的本质是一种影响力，即对一个组织为实现组织目标所进行的活动施加影响的过程。

领导的本质强调了三个方面：人、影响和目标。这意味着领导是对人的领导，是一种“人”的活动，它发生于人群之中。其次，它涉及运用影响力。“影响”意味着人与人之间的关系不是消极被动的，而是积极主动的。再次，领导通常是为了达到一定的组织目标。需要注意的是，领导不同于领导者，领导者是实施领导的人，而领导是由领导者，被领导者、领导行为、组织目标等共同构成的内容体系。

2. 领导作用

领导在组织中起着协调个人需求和组织要求的作用，是任何组织都不可或缺的职能。领导活动贯穿组织管理活动的全过程，不但影响着组织绩效，而且决定着组织的发展前景。领导的作用具体归纳为以下三个方面：

(1) 指挥作用

指挥作用是指领导向组织成员指明目标以及达到目标的途径，并通过影响力和号召力，指挥组织成员共同行动，为实现组织目标努力。

(2) 协调作用

在完成的工作运作过程中，组织成员之间难免会产生一些思想上的分歧，而这种分歧会导致组织成员产生偏离目标的行动。这时就需要领导来协调组织成员之间的关系和活动，使全体组织成员朝着共同的目标前进。

(3) 激励作用

组织成员进入组织工作最初都是为了满足自己的需求和欲望为目的，而个人目的与组织目标是不可能完全一致。因此领导就是要运用有效的激励方式，充分激发每一个组织成员的斗志，引导组织成员满腔热忱地为实现组织目标努力奋斗。

二、领导与管理的关系

日常的组织工作是由领导者来进行管理，所以人们经常会把领导与管理混为一谈，为了正确理解领导的含义，必须明确领导与管理的联系与区别。

1. 领导与管理的联系

（1）从二者的关系来看

两者并不是相互排斥，而是相互补充与重叠的。在一个组织中，领导活动的目标只有通过有效的管理才能实现，而管理只有在正确的领导之下才能产生效益。

（2）从行为方式看

领导和管理都是一种在组织内部通过影响他人来实现组织目标的协调活动的过程。

（3）从权力构成看

两者都是组织岗位设置的需要。组织的负责人常常拥有双重身份，既从事领导工作也承担管理工作，对上级他以管理者的角色出现，对下级他以领导者的角色出现。无论是领导不力还是管理不力，都会给组织带来严重的后果。因此，两种职能的分工与合作是一个组织发展的必备条件。

2. 领导与管理的区别

从领导与管理之间的联系看，二者也存在着本质的差别，随着社会化程度的提高，这种差别将会越来越突出。

（1）时空观不同

领导通常着眼于长远，更注重组织战略性的需要，其所确定的目标都是组织或部门的重要的、长期的目标，达到这些目标少则3—5年，多则10年或更长，而管理者要通过完成一个又一个短期目标来支撑领导提出的中长期目标。因此，管理者的计划和预算以短期为主。

（2）对风险的态度不同

领导的职责不是维持现状而是推进组织变革，实现创新肯定需要勇于冒险，而管理者更加看重秩序，通过制定正式计划、设计规范的组织结构以及监督计划实施的结果，使组织达到有序而一致的状态，在实施过程中会尽量规避风险。

（3）用人标准不同

领导者择人的标准是综合的驾驭能力，即适应确定岗位的各方面要求，要能统领他所要负责的部门或组织；而管理者择人的标准是专业化，选择经过专业培训的人来担任各项工作。管理者注重执行政策，强调员工的服从性，强调通过组织的力量来完成目标。

（4）处理问题方法的不同

领导者主要处理前瞻性、变化性问题，力图拓展新的思路启发人们新的选择空间，在员工心中树立组织愿景，并通过授权、扩展的激励手段，鼓舞员工克服困难达到既定目标；管理者通过制定规划、设计规范的组织结构以及监督计划实施的结果，达到有序的状态。其工作常常侧重于计划、控制和修正性问题。

三、领导理论

领导理论是研究领导本质及其行为规律的科学。管理学家们通过对领导理论的研究，来探讨什么样的人适合当领导，以及领导者应采取何种方式才能更有效地领导。西方领导理论的发展大致经历特质理论、行为理论和权变理念三个阶段。

> 讨论：你认为什么样的领导方式最为普遍使用，才能达到最有效的领导效果？

1. 领导特质理论

20世纪30年代以前，管理学家们认为领导者的个人特质是决定领导效能的关键因素，并且这种特质与生俱来，由遗传决定。因此领导理论研究重点是通过寻求一些公认的杰出领导所具备的某些共同的特性或品质，来探讨成功领导应该具备的特征，并以此为标准培训开发优秀领导者。这种着重研究领导者的个人特性对领导有效性的影响，认为领导工作效能的高低与领导者的素质、品质或个人特征有着密切相关的领导理论称之为领导特质理论。显然这种观点是不全面的，但是这种理论描述的一些领导应具备的特质还是有一定的参考意义和积极作用的。

在领导特质理论的早期研究中，心理学家们为寻找领导者与非领导者在个性、社会、生理或智力因素方面的差异，做了大量的研究，但研究结果并没有达到研究者预期的目标。其主要原因有以下三个：其一，尽管从杰出领导者身上分离出来的特质有100多种，却没有找到完全相同的模式，甚至研究结果还表明在相同情况下具有两种完全不同特质模式的领导者都是成功的；其二，领导者的生理、社会等因素与有效领导相关，这些因素包含身高、体重、体质、精力、健康和智力等，但这些因素中的绝大多数又与外部环境因素有关，只有在某些特定的外部环境才会明显地影响领导的绩效；其三，领导者对不同的组织类型进行领导时，不可能采用相同的领导技巧，领导者的某一特质不可能同时适应任何组织。

尽管没有一种标准的特质模式能确保成功领导，但是一些研究结果表明某些性格特征与有效领导存在关联性。研究者总结出领导者一般应具备六种特质。具体见表6-1。

表6-1　领导者特质表

进取心	领导者表现出高努力水平，拥有较高的成就渴望，他们进取心强，精力充沛，对自己所从事的活动坚持不懈，并有高度的主动精神。
领导愿望	领导者有强烈的愿望去影响和领导别人，他们表现为乐于承担责任。
诚实与正直	领导者通过真诚与无欺以及言行高度一致，在他们与下属之间建立相互信赖的关系。
自信	领导者为了使下属相信他的目标和决策的正确性，必须表现出高度的自信。
智慧	领导者需要具备足够的智慧来收集整理和解释大量信息，并能够确立目标、发现问题和做出正确的决策。
工作相关知识	领导者对于公司行业和技术事项拥有较高的知识水平，广博的知识能够使他们做出富有远见的决策，并能理解这种决策的意义。高学历在职业生涯中是重要的，但最终不如有关组织的业务知识更重要。

阅读案例:中国的企业家精神

企业家是经济活动的重要主体,是市场经济中的关键和特殊人才。市场活力来自于企业,特别是来自企业家,来自企业家精神。中国企业家调查系统长期追踪调查结果显示改革开放40年来,随着市场化改革的不断深入和全球化的积极推进,现代企业制度逐步建立并不断完善,企业营商环境和企业家成长环境持续改善。对中国企业家四十年的成长历程分析表明,经过多年的发展,中国企业家队伍不断壮大,素质也有了明显提升。中国企业家群体呈现出五大特点:

第一,企业家使命感和角色意识不断增强,事业目标更加远大,坚持不懈、积极进取成为企业家群体的精神风尚;

第二,企业家战略决策能力显著提升,决策模式明显优化,采取主动探索型战略的企业家比重不断上升;

第三,企业家创新能力与综合素质不断增强,完成了从基于实践经验管理的经营者向基于现代系统管理知识的企业家的飞跃;

第四,企业家社会责任意识不断增强,企业家在选择做企业的目的时,自我实现的需要比重不断下降,而回报他人和社会的综合比重不断上升。在企业家群体中关注生态环境、重视员工发展、参与社会公益渐成风尚;

第五,企业家精神内涵不断深化、丰富,实现了从冒险开拓、吃苦耐劳到持续创新、精益求精的演进,诚信、造福社会等更多迈向美好生活所必需的现代商业文明,也逐渐成为优秀企业家的价值共识和不懈追求。

十四时期是中国全面建成小康社会、实现第一个百年奋斗目标之后,乘势而上开启全面建设社会主义现代化国家新征程、向第二个百年奋斗目标进军的第一个五年,中国将进入新发展阶段。新发展阶段的核心特征是要加快形成以国内大循环为主体、国内国际双循环相互促进的新发展格局,这是基于中国发展阶段、内外部环境、主客观条件变化做出的战略布局。这些环境的变化从多个角度、多个层面给企业的创新发展带来了压力和动力,对企业家成长提出了更高的要求。

总之,优秀企业家和企业家精神,是改革创新、推动经济增长的重要因素。《改革开放40年:企业家成为推动社会进步的重要力量——2018·中国企业家队伍成长与发展调查综合报告》(以下简称《报告》)。报告建议,全社会要形成尊重企业家、理解企业家、关怀企业家、支持企业家的社会氛围,尊重企业家的特殊劳动,重视企业家的社会价值,充分肯定企业家队伍对中国经济社会发展所做出的贡献;在企业发展的环境上,进一步深化改革开放,营造更加良好的营商环境和创新环境,特别是完善知识产权保护政策,弘扬杜绝山寨、鼓励试错、宽容失败的创新文化,助力企业创新转型升级;在企业发展的目标上,改变短期行为导向,尤其是单纯追求利润增长的模式,注重企业可持续发展;在企业发展的方式上,坚定恒心保持定力,坚持做精主业,追求高质量发展;在企业家综合素质的提升上,坚持终身学习,提高综合素质,积极顺应环境变化,从关注企业规模的扩张转为质量的提升、品牌的拓展。

[资料来源:2018·中国企业家队伍成长与发展调查综合报告,中国企业家调查系统,企业家信息,2018年9月]

思考:企业家精神与劳模精神、工匠精神一样,是职业精神的一种,请问你认为他们的区别是什么?

2. 领导行为理论

20世纪40年代开始,领导理论研究者将研究的视角转向了领导行为,将研究的重点转向对领导者偏好的行为风格考察,形成了行为理论。这种理论主要研究领导者的工作作风及领导行为对领导有效性的影响。研究者希望通过行为研究找到有关有效领导的关键因素,人们就可以按这些因素来训练领导者。在这些研究中影响较大的是俄亥俄州立大学的四分图理论研究和密歇根大学的管理方格理论研究。

(1) 俄亥俄州立大学的四分图理论研究

1945年美国俄亥俄州立大学商业研究所发起了对领导行为研究的热潮。一开始,研究人员设计了一个领导行为描述调查表,列出了1 000多种刻画领导行为的因素。后来霍尔平和维纳将冗长的原始领导行为调查表减少到130个项目,并最终归纳出描述领导行为的两个维度:关怀维度和定规维度。

关怀维度是指领导者关爱尊重下属,并与之建立相互信任的程度。关怀性的领导者注重建立与被领导者之间的友谊、尊重和信任的关系,包括尊重下属的意见,给下属较多的工作自主权,体察他们的思想感情,注意满足下属的需要,平易近人,平等待人,关心群众,作风民主。他会与员工坦诚沟通,培养团队合作精神,并且能注意照顾下属的福利待遇。

定规维度是指领导者以任务为导向,引导下属为实现目标而努力的程度。定规型领导者注重规定他与工作群体的关系,建立明确的组织模式、意见交流渠道和工作程序。这种领导的典型风格是下达指令,制订计划,强调时间界限并为员工的工作制订详尽的进度表。

如图6-1所示,综合关怀和定规两种因素,形成了四种领导风格。

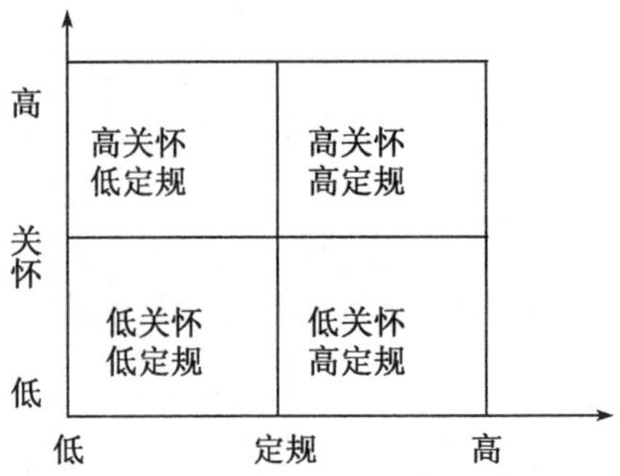

图6-1 俄亥俄州立大学领导行为四分图

① 福利型领导,即高关怀低定规。领导注重人际关系,关心下属,忽略规章制度的执行,相对而言工作秩序较差。

② 战斗型领导,即高关怀高定规。领导注重严格执行规章制度,建立良好工作秩序,同时重视人际关系,关心下属。

③ 任务型领导,即高定规低关怀。领导注重严格执行规章制度,建立良好工作秩序,但不注意关心下属,与下属关系不洽。

④ 虚弱型领导，即低定规低关怀。领导既不注意执行规章制度，也不关心体贴下属。

从理论上来说战斗型领导应该较其他三种类型的领导更能使下属达到高绩效和高满意度。但事实上并非如此，当工人从事常规任务时，“双高型”的领导行为却会导致高抱怨率、高缺勤率和高离职率，工作的满意度水平也不高。最新的研究发现，有效的领导者可能属于“福利型领导”或“任务型领导”，但这要视具体工作环境而定。

(2) 得克萨斯大学的管理方格理论研究

得克萨斯大学的行为科学家罗伯特·布莱克和简·莫顿在1964年出版的《管理方格》一书中就企业中的领导方式问题提出了管理方格理论。管理方格理论是四分图理论的发展，它对领导行为方式类别进行了进一步的细分。

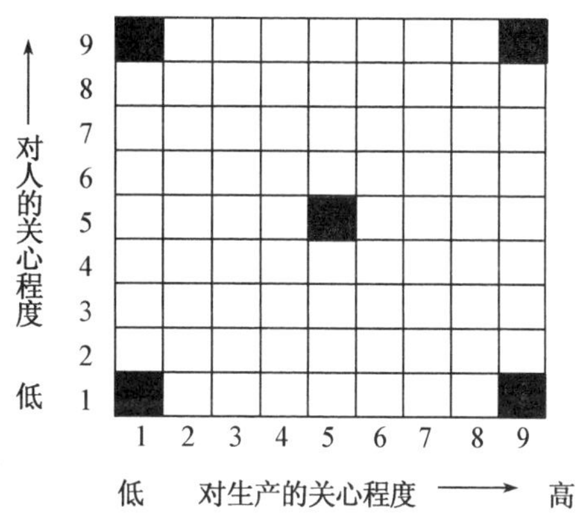

图6-2　管理方格图

如图6-2所示，管理方格理论建立一个9×9的方格图，横坐标表示领导者对组织生产的关心程度，分为9级；纵坐标表示领导者对人的关心程度，同样也分为9级。每个方格都代表这两个方面以不同程度结合的不同领导风格，纵横交错形成了81种领导风格。在这81种领导风格中，布莱克和莫顿阐述了最具有代表性最典型的五种领导风格。

① “1—1型”，又称为贫乏型领导。这类型的领导对生产和员工漠不关心，放任自流，根本没有发挥领导的作用。不言而喻这种领导方式必定会导致失败，这属于少见的极端情况

② “1—9型”，又称为俱乐部型领导。这类型的领导努力构建和谐的组织气氛，但不重视生产。

③ “5—5型”，又称为中间型领导。这类领导对人和生产都给予适度的关心，一方面保证完成足够的工作任务，另一方面维持比较满意的士气。

④ “9—1型”，又称为任务型领导。这类领导人只关注业绩指标，对下属不够关心，基本上不顾及下属的需要。

⑤ “9—9型”，又称为团队型领导。这类领导对生产和下属都给予最大的关注，努力使下属需求和企业组织目标进行最有效的结合，创造领导与下属之间的信任和尊重的关系，通过协调和综合相关活动而提高任务效率与工作士气。

就这五种典型风格而言，到底哪一种领导风格最佳呢？布莱克和莫顿认为团队型最佳，其次是任务型，再次是中间型、俱乐部型，最差的是贫乏型。

总体上看来，行为理论总结出的规律十分典型而且也有一定的指导意义。但是行为理论存在一个问题，就是在确定领导类型和成功绩效之间的一致关系上总是拿不出可靠依据。基于这个问题的思索引发了一个新的理论的产生，即权变理论。

3. 领导权变理论

领导权变理论是在领导特质理论和领导行为理论的基础上发展起来的。它认为领导没有固定模式，影响领导绩效的因素有以下三个：领导者、被领导者以及工作环境，当被领导者和工作环境发生变化时，领导者也将根据变化情况实施合适的领导行为。最具代表性的权变理论有以下四种：

> 讨论：基于领导行为理论，你认为什么样的领导方式有效？请用你接触到或搜集到的实例加以说明。

（1）菲德勒的权变式领导模型

美国当代著名心理学和管理专家弗雷德·菲德勒，在大量研究的基础上提出了有效领导的权变理论。他认为不存在一种“普遍适用”的领导方式，任何形态的领导方式都可能有效，其有效性完全取决于领导方式与外部情景是否适应。换句话说，领导和领导者是某种既定情境的产物。

菲德勒认为领导的有效性信赖于情境的有利性，而情境的有利性取决于以下三个权变变量：

① 职位权力。它是指领导者所处的职位所具备的权力和权威的大小。一个在下属的雇佣、训练、晋升、加薪、解聘等方面具有较高权力的领导者较其他领导者更容易得到他人的追随。职位权力越高，情境就越有利。

② 任务结构。它是指工作团体的工作任务的明确程度。工作任务越清楚越结构化，工作的质量就越容易控制，情境就越有利。

③ 上下级关系。它是指领导者受到下级拥护、尊敬和信赖的程度。显然上下级关系越融洽，情境就越有利。

将这三种权变变量综合起来便可得到八种不同的外部情境，领导者都可以从中找到自己所处的位置。如图 6－3 所示。

菲德勒认为，领导者的风格是相对稳定的，在不同的环境下，领导有效性也会有差异。因此要解决提升领导有效性只有两条途径：其一替换领导以适应环境；其二改变环境以适应领导。

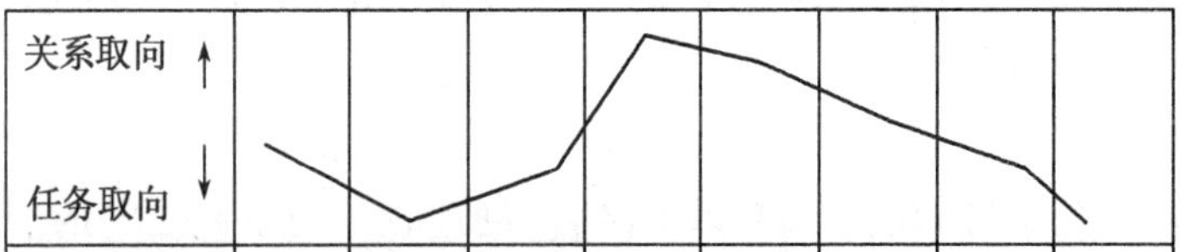

上下级关系	好	好	好	好	差	差	差	差
任务结构	高	高	低	低	高	高	低	低
职位权力	大	小	大	小	大	小	大	小
	1	2	3	4	5	6	7	8

有利 ←—— 情景 ——→ 不利

图 6－3　菲德勒的权变式领导模型

（2）赫塞和布兰查德的情景理论

美国学者迈克·赫塞和肯尼斯·布兰查德联合提出的情境理论也是一个颇具影响的权变理论。这是一个重视下属的权变理论。该理论认为要使领导有效，领导者必须根据下属的成熟度选择正确的领导风格。

赫塞和布兰查德认为成熟度是指个体为自己直接行为负责任的能力和意愿。它包含两个方面：工作成熟度和心理成熟度。工作成熟度是指下属从事工作的能力，拥有高工作成熟度的下属可以独立完成工作任务。心理成熟度是指下属做事的愿望和动机，心理成熟度高的人主要靠自我实现的动机，不需要太多的外在激励。

赫塞和布兰查德根据下属的成熟度从高到低分成了四个阶段（M1—M4），同时为不同成熟度的员工匹配不同的领导方式（S1—S2）。如图 6－4 所示。

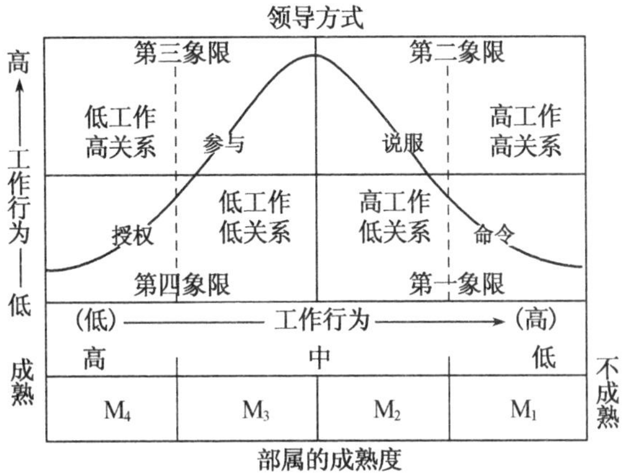

图 6－4　领导生命周期图

M1（不成熟）：工作热情低且缺少完成工作任务所需的技能；

M2（初步成熟）：工作热情高，但缺少完成工作任务所需的技能；

M3（比较成熟）：具备完成工作任务所需的技能，但是缺乏热情；

M4（成熟）：具备完成工作任务所需的技能，并且工作积极主动。

① S1：指示型的领导方式（低关系—高工作）领导不成熟的下属（M1）：领导者以命令的方式直接向下属下达任务，告诉其干什么，怎么干以及何时何地去干，同时要严格要求；

② S2：推销型的领导方式（高关系—高工作）领导初步成熟的下属（M2）：领导者同时提供指导性行为与支持性行为；激发下属的积极性，并在工作上进行认真有效的指导；

③ S3 参与型的领导方式（低工作—高关系）领导比较成熟的下属（M3）：领导者应放松任务行为，加强关系行为，领导者多与下属沟通，激发其工作热情，引导其主动参与管理和决策；

④ S4 授权型的领导方式（低工作—低关系）领导成熟的下属（M4）：领导者应给下属一定的自主权，让其独立开展工作，领导只需负责检查和监督。

赫塞和布兰查德将下属成熟度从低到时高分为四个阶段：

对于低成熟度（M1）的职工，他们通常由于缺少工作经验，因此不能也不会对工作自觉承担责任，这时应使用指示型领导方式，领导者可以明确规定其工作目标和工作规程，告诉他们做什么，如何做，何地、何时完成。

对于较不成熟(M2)的下属，虽然他们已开始熟悉工作，并愿担负起工作责任，但他们缺乏工作技能，不能完全胜任工作，推销型的领导方式更为有效。

情景理论的应用起来比较简单，并且匹配程度比较好。因此，这种理论模型被美国一些大公司采用，并形成自己的领导风格；在军队也被广泛使用。同时这一理论也作为重要的培训手段加以运用。

(3) 路径—目标理论

路径—目标领导理论是加拿大多伦多大学组织行为学教授罗伯特·豪斯和米切尔等人提出的一种领导权变模型，它是吸收了领导行为理论和激励的期望理论并成为当今最受人们关注的领导理论之一。该理论认为领导者的工作就是促进努力与绩效、绩效与报酬之间的联系，进而达到满足员工需求，激发员工动机，增加工作满意度，提高工作绩效的目的。

"目标—途径理论"同以前的各种领导理论的最大区别在于，它立足于部下，而不是立足于领导者。要实现这种以部下为核心的领导活动，必须考虑部下的具体情况。领导者要采用部下乐于接受的领导方式，同时领导方式必须具有激励性。豪斯假定了 4 种领导行为：① 指导型领导：领导者向下属指明应完成的工作任务。其中包括对如何完成任务给予具体指导。② 支持型领导：十分友善，他们关注下属的福利和需要，在部下有需要时能够真诚帮助。③ 参与型领导：能与下属共同磋商，能倾听下属的建议，并在决策之前充分考虑下属的建议。④ 成就取向型领导：设置有挑战性的目标，鼓励下属实现自己的最佳水平。

豪斯强调，领导者的责任就是根据不同的环境因素和下属的特征来选择不同的领导方式。如果强行用某一种领导方式在所有环境条件下实施领导行为，必然会导致领导活动的失败。因此领导者应该根据不同的情况斟酌选择，在实践中采用最适合于下属特征和工作需要的领导风格。如果下属是教条的和权力主义的，任务是不明确的，组织的规章和程序是不清晰的，那么，指导型领导方式最适合。对于结构层次清晰、令人不满意或者是令人感到灰心的工作，那么，领导者应该使用支持型方式。当任务不明确时，参与型领导效果最佳，因为参与活动可以澄清达到目标的路径，帮助下属懂得通过什么路径和实现什么目标。如果组织要求下属履行模棱两可的任务，成就导向型领导方式效果最好。

第二节 领导行为与风格

一、领导行为

领导行为是指领导者在运用权力下实施影响的领导过程中的所作所为。领导行为是具有个人特色的。由于领导者在领导过程的不同阶段因外部环境和任务需要会表现出不同领导行为。不同的领导者由于观念、素质等差异，其领导行为也各不相同。领导方式直接影响领导成效。

案例与讨论：领导者的核心能力

企业领导者在长期的工作、修养中形成的，决定着领导者的思想和行为，而其他人又难以模仿和学习的内在心理特质，称为领导者的核心能力。1987 年，43 岁的任正非筹集 2.1 万元，在深圳创立了华为公司。次年，任正非出任华为公司总裁。华为创立至今，任正非凭借持续创新创业的精神，引领华为不断创造商业奇迹，并走出中国，走向世界。企业领导者的核心能力又可以很大程度地影响其企业的核心竞争力。所以一个企业表现出来的企业特质与其领导者的核心能力或者说是领导者的特质密切相关。从华为创始人任正非的身上体现的领导者的特质有哪些呢？

1. 目标明确，踏实干实业。早在 1995 年，正当国内许多企业还在追逐飘忽不定的发展机遇时，任正非就开始酝酿起草《华为基本法》，到 1996 年正式定位其为“管理发展大纲”。这份明确的管理发展大纲可以说是任正非作为华为掌舵者，巧妙地将一己之谋，一己之力转化为一个清晰界定公司使命、核心价值观、愿景、经营哲学，人才理念，组织架构等决定企业长远发展的纲领性东西。《华为基本法》是任正非将自己心里明确的发展纲领〔一种无形的东西〕以书面的形式〔一种有形的东西〕表现出来。这可以说是国内民营企业第一次对追求基业长青所作出的全面思考，也确保了华为在之后的十几年里正确的航向——专注于通信设备供给，永不进入信息服务业，更没有为这十几年如火如荼的房地产和股票炒作所诱惑。正是任正非踏踏实实干实业的心，才使华为这家不断发展，快速膨胀的高科技公司，在遇到各种各样挑战和诱惑时始终有一个正确的导向。

2. 低调做人。低调的人做有高度的事业。木秀于林，风必摧之，故老子云：“夫唯不争，故天下莫能与之争。”不争者胜天下。任正非深谙这一道理，为人处世一向低调。他对各种采访、会议、评选都躲得远远的，不管是直接有利于华为形象的宣传活动，还是政府的活动，或者令许多商界精英趋之假设鹜的媒体盛事，他都统统拒绝。任正非就这样低调的一路走来，他的低调造就了华为的传奇，同时也造就了自己的传奇。任正非一贯的追求是“做事业，做有高度的事业”，这种低调恰恰和前面踏踏实实干实业是相辅相成的。唯有练好内功，方可与对手论高低。就是这样，也许唯有低调的人才会成就大事业。

3. 居安思危。“冬天也是可爱的，并不是可恨的。我们如果不经过一个冬天，我们的队伍一直飘飘然是非常危险的，华为千万不能骄傲。所以，冬天并不可怕。我们是能够度得过去的。”任正非曾说。他始终保持着危机意识，并且将他的危机意识传递到公司上上下下。居安思危，华为和任正非是中国企业和中国企业家的典范。“华为总会有冬天，准备好棉衣，比不准备好。”任正非的未雨绸缪和危机意识，用通俗易懂的言语表达了深刻的启示。他时刻保持着危机意识，在企业一帆风顺、一路凯歌时没有沾沾自喜而是静下心来对存在问题进行深刻反省，并影响着华为的全体职工也时刻保持着危机意识，共同在业界演绎了一幕幕传奇，缔造出一个个华为神话。

［资料来源：孙力科．任正非传．浙江人民出版社，2017 年 4 月］

思考：

1. 你认为领导者的核心能力应当具备什么特点？

2. 从任正非的领导特质分析，你认为领导者应该具有哪些核心能力？

二、领导风格类型

20 世纪 30 年代，美国心理学家和行为学家库尔特·勒温为了在进行关于团体气氛和领导风格的研究试验时，将领导行为方式划分为专权式、民主式和放任式三种风格。

1. 专权式领导风格

专权型领导风格是将权力定位于领导手中，员工处于一种无权参与决策的从属地位。领导只关注工作目标，不注重员工的需求。领导者根据个人的了解与判断来监督和控制团队成员的工作。这种领导风格，领导者对员工缺乏敏感性，员工对领导者存有戒心和敌意，员工工作时只是被动、盲目、消极地遵守制度，执行指令。在大多数情况下，专制型领导风格是最缺乏效率的，但这种领导风格并非完全无用，在真正的危机来临的时候，比如一个组织正处于转型期，专权式领导总能充分地发挥作用。

2. 民主式领导风格

民主式领导风格是领导将权力定位于全体成员，领导者只起到一个带头作用，其主要任务就是在成员之间进行调解和仲裁。领导者善于倾听员工建议，注重对团队成员的工作加以鼓励和协助，关心并满足团队成员的需要，营造一种民主与平等的氛围。员工有较强的工作动机，责任心也比较强，工作效率比较高。一般来说民主式领导风格是最有效的。

3. 放任式领导风格

放任式领导风格是领导将权力定位于每一个成员，领导者却置身于团队工作之外，只起到一种被动服务的作用，其扮演的角色有点像一个情报传递员和后勤服务员。员工放任自流，根本不受约束的程度。这种领导风格的效率最低，只能达到组织成员社交的目的，无法完成组织工作的目标。

三、授权

1. 授权是什么

管理的实质是通过他人来达成目标，这中间涉及授权的问题。那么，授权是什么？

（1）授权就是通过他人来达成工作目标

授权不是让别人去做别的事情，而是通过授予权力让被授权的人围绕部门或上级设定的工作目标进行工作。

思考与讨论：

作为一个职业经理，当你的上级委派给你一项工作，有两种方法可以选择：

第一种做法：认真研究上级交给你的工作，制订工作方案，分析完成任务的可行性条件及资源，并把每一项具体的工作落实到你团队的每一个成员。你自己准备所有的工作，安排每个员工的工作，由你自己去解决工作中出现的每一个问题，并一直关注工作的进展，直到它们被完成。

第二种做法：当上级分派任务后，你把安排具体工作的权力分解到你的下级，由他们做出决定，而不是由你告诉他们每一个人应当做什么。一旦工作中出现问题，员工不必每次都得征求你的同意，他们自己有权做出决定。你的工作是汇总信息以保证整个工作方案顺利进行。

思考：你将采用上述哪一种方法呢？

(2) 授权只是授予权力

每一个职位上的权力叫职权，而每一个职位的职责和这个职位拥有的权力是一致的、对等的或者是相互关联的。所以向下属授权就意味着授予权力。

授权不授责，部门经理对自己部门所有的工作应负全部的、最后的责任。经理在向下属进行授权的时候，并没有把应该负的最后的责任也授权出去，他仍要承担最终的责任。

(3) 授权要有适当的权限

授权要针对特定事情，给予的权限刚好够完成所要完成的工作即可。如果超越工作需要的权力就可能造成滥用职权，当然也不能授权不足，不能是授权范围还不够完成这项工作。

(4) 授权就是要授予决策权

授权特别要把决策权授予下属，这是授权的关键，不是把细小的事情交由下属去办，而是对事情的决策权力的授予。

思考与讨论：

市场推广部的肖经理最近工作繁忙，因为随着新区域市场的开发和新产品投放市场，他要做许多产品推广和宣传促销的活动，他要亲自制定市场推广和产品促销计划，安排下属的每一项工作，并由他去解决在产品推销及促销过程中出现的所有问题，一会儿他要解决这个问题、一会儿解决那样的困难，花费大量的时间和精力，结果使他疲惫不堪，而且很多工作由于要等他来决定而丧失了机会。

讨论：你认为肖经理更有效率的工作方法是什么？

2. 授权的障碍

(1) 授权的障碍

许多管理者在很多情况下不敢授权，主要是在心态上对授权有所顾虑：一种是正面的心态，担心下属把工作搞砸了，影响整个部门的绩效；一种是出于私心，担心下属能力过强，以后在部门中的作用超过自己，威胁到自己的地位。

企业在几个层面上都存在着授权的障碍：

① 第一个层面是公司的制度

在很多企业里，有相当一部分授权的问题是通过制度框架规定下来的。可能由职务说明书来规定，也可能由每一个层面的组织构架图来规定。

② 第二个层面是非制度化的

还有相当大一部分的授权是非制度化的，就是没有制度规定，要在日常的工作当中，依靠管理的能力和技能随时掌握的一类授权。

在目前中国的企业中，这两类授权常常并存。没有制度，对整个企业的授权会造成很大的麻烦。即使有一个很好的制度，已经规定了很多层面的授权关系，但还是有大量的工作没法用制度的形式规定下来，要在实际的过程中随时进行授权。

(2) 职业经理授权的误区

对于无法用制度规定要随时进行授权的工作，在企业的职业经理中形成了一个误区：就是归罪于外，推卸责任。他们会把自身授权上的问题都归罪于公司在制度上的缺陷，这实际上就是推卸作为管理者在授权上的责任，特别是自身提高和改进的责任。即使在制度不健全的情况下，职业经理还是有很多工作可以做，特别是在授权方面。关键在于职业经理面对企业的制度缺陷，是消极回避还是积极寻求自身的改进。

(3) 误区的解决办法

要避免进入这个误区，积极寻求自身的改进是值得提倡的办法。

(4) 三个层面的障碍

职业经理的授权面临三个层面的障碍：

① 第一个层面：高层的障碍

高层是职业经理在授权方面经常会打交道的对象，如果高层不给予一定的授权或者说他的授权是随意的、不规范的，那对职业经理的影响是很大的。

一个好的职业经理，要善于管理他的老板，就是在工作当中不断地去提醒、影响他的老板，让他把权力授予你。但在中国的企业里，老板不敢向下授权或者是对下属能力不放心，或者对人品不放心。如果职业经理通过能力，通过职业上的操守取得老板的信任，就会得到更多、更好的授权。

② 第二个层面：下属的障碍

经理授权时，经常面对的是一个不愿意接受授权的，或者说授权之后可能会滥用的下属。所以经理在授权的时候，要仔细研究和分析下属的实际情况，是心理障碍还是能力问题，以便做出具有针对性的授权准备。

③ 第三个层面：自身的障碍

当职业经理授权给别人的时候，实际上他自己也有很多的担心和顾虑。有的是担心工作，有的是出于个人私利。

思考与讨论：

事例1：人力资源部邓经理曾经授权下属做招聘的展位设计和布展工作，结果下属在展会上做的海报风格很另类，没有突出公司形象、文化和福利，不仅没有招到合适的员工还在同行业中造成了不良影响。总经理知道后将邓经理批评一通。从此以后，邓经理是再不敢轻言授权了。

事例2：任经理授权下属做招聘展位设计等工作，下属在这次招聘中将展位设计的公司形象突出，不仅招收到了高水平的员工，而且整个展示期间公司受到媒体和公众的极大关注，无疑做了一次极为有效的宣传广告。连老总都对下属非常满意，还经常提起说这是最成功的，邓经理觉得自己的经理职位似乎摇摇欲坠。

讨论：你认为职业经理授权如何打破以上障碍？

这些自身的障碍，要通过心理方面来排除，首先不要怕别人出事，因为职业经理也是通过上司的授权，从下属的位置一步步走上来的。所以不要对别人的能力产生怀疑，你是通过这样的路径成长的，别人也可以。

3. 授权的五个级别

授权要适度，既不能授权过度，也不能授权不到位。授权过度会有很大的风险，授权不够，会影响下属主动性的发挥，上司也会厌烦下属没完没了的请示汇报。根据授权受制约的程度，可以将授权的程度分成5种方式，如图6-5所示。

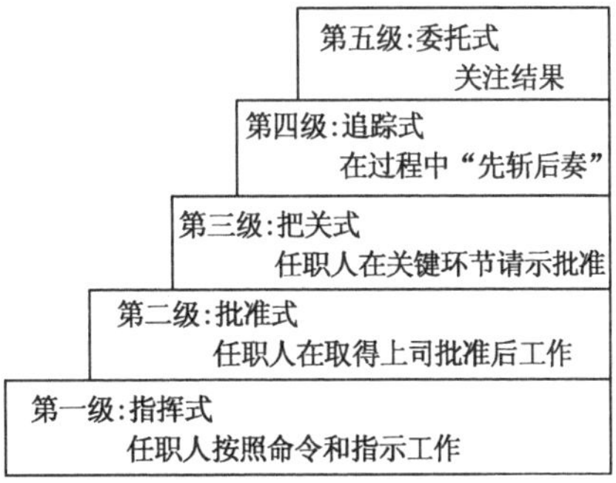

图6-5　授权的五个级别

（1）指挥式

授权最低的一个级别，上司以命令和指示的方式控制下属的工作行为，下属除非得到命令和指示，否则不能擅自行动。

如没有得到人力资源部任经理的指示，招聘主管就不能去做招聘工作。

（2）批准式

下属自己提出或拟定行动计划和工作方法，但在行动之前都必须得到上司的批准。未得到批准的想法和计划不得实施，凡得到批准的，可以在批准的范围之内实施。例如：招聘主管必须在招聘的每一步行动之前，向任经理请示，如什么时候登报招聘广告，什么时候开始安排面试等。取得任经理批准后，招聘主管再去实施。

（3）把关式

大部分工作由下属做出决定，上司只对整个过程的某几个关键环节把关，也就是在关键环节下属必须请示上司获得批准后方可行动。例如：在为新组建的六个部门招聘部门经理的工作中，任经理要求招聘主管在选取招聘方式、猎头公司的选取和面试官人选三个关键环节上必须取得他的同意后方可行动。招聘的其他环节由招聘主管自己决定（经费问题早已解决）。

(4) 追踪式

追踪式也就是“先斩后奏”之权。所有的权力,包括人事权、财务权等全部授权给下属,下属完全可以自主决定,但是在关键环节和过程中必须及时向上司汇报,上司根据工作进展状况判断授权是否适度,是否需要采用其他授权方式。特别要注意的是被授权的下属必须在上司指定的环节和步骤中及时向上司汇报。这种授权方式一般是在上司十分重视工作进展的情况下采取的授权方式。

如招聘主管在选取猎头方式并定下猎头公司后,立即向任经理汇报工作进展情况。

(5) 委托式

上司给下属授予开展工作所需要的全部权力,让下属充分发挥主动性和创造性,按照自己的方式行动。上司只对目标是否按时达成感兴趣,而不会在工作过程中干涉。

如任经理授权招聘主管招聘新组建的六个部门的经理后,只要求招聘主管达成目标,也就是在公司要求的期限以前招聘到这六名经理,对招聘过程不作任何评价和介入。

授权的几个比较低的级别,都是通过对过程的关注和控制,防止下属把事情做坏。最高级别委托式是关注结果,不关心整个过程。在日常工作中,可以根据工作的性质按五个级别进行授权。

① 无法或不想控制过程,只想要结果的工作,更多采用追踪式授权。

比如销售代表要开发客户,他到底怎么做,不得而知,只能按销售额来度量工作的程度,这就是委托式的工作方法。

② 对于过程可以有比较多的了解,但是结果谁都不清楚的工作,可以通过对过程的把关、批准、跟踪来对风险进行控制,这时可以采用第二、第三、第四种的授权方式。

因此,要根据具体的工作情况和特点来选择授权方式,并不是每一项工作都要采取五种形式。

第三节　领导的艺术

领导艺术在很大程度上决定了领导者的工作绩效。领导艺术内容极为丰富,是一门博大精深的学问。

一、领导艺术的含义及特点

1. 领导艺术的含义

所谓领导艺术,是领导者在领导活动中以自身知识、智慧和经验,巧妙地运用领导条件、领导原则、领导方法,有效地实现目标的状态或境界。高超的领导艺术可以使领导活动取得事半功倍的效能。

2. 领导艺术的特点

(1) 灵活性与原则性

领导艺术是非模式化的,领导者在实施管理过程中要针对不同对象、不同环境下产生的问题做灵活的处理。但是这种灵活处理只能是在坚持原则的基础上，采取灵活多变的措施。如果离开了原则，领导艺术就会偏离方向，领导目标也无法实现。

（2）多样性

领导艺术是具有领导个性的艺术。领导者个人的知识、阅历和经验不同，必然会表现出不同的风格的技巧。就是同一个领导在不同的时间、不同的环境解决相同的问题也会采用不同的方式。因此领导艺术是一种丰富多彩的技艺。

（3）创造性

领导艺术的活力和灵魂在于创新，每一项高超的领导艺术，都是领导者个人的一次杰出创造。创造性是领导艺术的核心特征。

二、领导艺术的内容

尽量领导艺术存在于领导者的工作中，没有固定的程序和模式。但是在大量的非规范化的领导行为中，又存在一定的规范性的内容。这里主要介绍以下几种：

1. 领导者的决策艺术

企业管理过程中，领导者决策艺术的高低，是直接关系企业人、财、物等生产力要素组织得科学不科学、利用得好不好的决定性因素，是决定企业效率和效益的关键。因此“决策艺术”是领导者必修课之一。

（1）科学决策

传统的决策主要是依赖领导者的经验、智慧、直感和判断来进行决策。而科学决策要求领导者在决策前要对收集到的情报信息和数据，进行系统分析，再根据客观经济规律做出科学的判断和决策，使自己的智慧和管理决策艺术最终凝结在所选定的最优方案中。

（2）民主决策

决策就是在有可能的方案中选择最优方案。一个人的智慧必定是有限的，看问题也必定有局限性。因此在进行决策，特别是重大决策时，应该充分听取组织成员的意见。一方面可以发挥下级和员工的主动性和创造性，收集到有价值的建议；另一方面可以提高决策的透明度，增强下级和员工的主人翁意识，减少执行决策过程中的阻力。

领导者除了要制定出方案的最终实施计划外，还应该考虑在管理决策执行过程中可能产生某些不良后果，并对潜在问题进行分析，拟定经济而可行的防患于未然的应对措施。在实施决策的过程中一旦问题发生，能及时补救，使发生的问题对管理决策目标的影响减到最低限度。

2. 领导者的用人艺术

企业要想取得长足发展，关键是需要罗致、使用和留住优秀人才。“贤主劳于求贤，而逸于治事”，爱才、识才、求才最终都是为了用才。领导者只有了解用人艺术，才能更好地利用好人才。

（1）唯才是举

领导者应该依据人的才能选拔人才，用人不应受名望、资历、关系亲疏的局限。这样才能选拔出真正的德才兼备的人才为企业所用。

(2) 知人善任

所谓“知人”,就是能够历史地、全面地了解别人的优点和短处,及时发现和识别人才。“知人”是为了“善任”,即做到人尽其才,才尽其用,充分发挥各类人才的作用。领导者首先要对组织成员进行充分的了解,再根据工作的实际需要选择合适的人才,按每个人的特点来分派合适的工作。只有把适当的人才安排到最能发挥他才能的适合的工作岗位上去,实现人与事的最佳配合即适才适用,才能使每个人都最大限度地发挥积极作用。

(3) 用人不疑

“用人不疑”是领导者使用人才必须注重的原则。用人者怀疑被用者,对他办事不放心,不放手,就不能充分发挥被用的人才的作用。历史上无数事实证明,在“知人”的基础上做到疑人不用,用人不疑,才能成就大事。

(4) 奖罚公平

奖赏要一视同仁,对下属的批评要采取谨慎的态度,选择合适的时机和场合,用平等的态度教育下属,处理结果要公平公正。

3. 领导者的协调艺术

美国学者孔茨认为,协调是管理的本质,领导者的中心任务就是消除在方法上、时间上、力量上或利益上存在的分歧,使共同目标与个人目标协调起来。国内研究领导科学的学者也指出,在创造性领导活动中,领导者大约要将60%以上的时间和精力用来处理各种复杂的人际关系。这就说明能否较好地掌握协调人际关系的领导艺术,往往是一个领导者是否成熟的重要标志。协调人际关系的领导艺术归纳起来有以下四个要点:

(1) 重视人格力量

在协调中运用人格力量,一是要以德服人;二是要以才服人;三是要以勤服人;四是要以诚服人。领导者要诚心诚意地为员工办实事,使员工真正获得实惠,赢得员工的拥护。

(2) 注意坦诚沟通

坦诚对协调人际关系很重要。在协调中注意坦恳沟通,一是要尊重人,特别要尊重和自己曾有隔阂和意见不同的人;二是要理解人,特别要理解别人的失误和正当要求;三是要关心人,尽量满足下属的合理要求;四是要争取人,要在他人力所能及且愿意的前提下,尽量取得他人的信任与支持。

(3) 确立科学规则

协同学理论认为:人们不是靠外部指令而是靠相互默契的科学规则自行组织起来,是形成协同作用的关键。在协调中要确立三个科学规则,其一与上级共处的规则;其二是与同级共处的规则;其三是与下级共处的规则。

(4) 讲究刚柔相济

按传统的分类方法,协调艺术不外乎两大类:一是刚性协调,即通过法律、经济、行政等手段强制性地解决矛盾,这类艺术在特定情况下非用不可,否则“当断不断,反受其乱”;二是柔性协调,即通过合作、妥协、冷却、暗示等方式平缓、委婉地解决矛盾,这类艺术在协调中被普遍采用。

4. 合理安排时间的艺术

德鲁克在《有效的管理者》一书中曾指出:“不能管理时间,便什么都不能管理”。时间就是生命、时间就是效率、时间就是金钱,对一个领导者来说,时间尤为重要。领导者的工作与时间息息相关,要使组织或群体始终具有强劲的竞争优势,保证持续健康的发展势头,一个明智的领导者就必须善于争取时间、抓住机遇,努力在较短的时间内创造出最大的价值。

(1) 瞄准工作目标,科学规划时间

领导者在组织或群体中角色如同“雁群”中的“头雁”,要高瞻远瞩,始终朝着明确的方向前进,才能带领下属最省时省力完成工作目标。目标是领导者“用时之道”的基础。领导者是时间的决策人,又是实现目标的责任者,一定要做到心中有目标,根据工作目标科学地规划自己的时间。

(2) 注重发挥实效,善于节约时间

科学家雷巴柯夫曾说:“用分来计算时间的人,比用时来计算时间的人时间多59倍。”善于把时间分配得精密的领导者工作实效性也往往更高。一方面做事贵在及时,当断即断,该为就为,抓住时机;另一方面要讲究时间的有效价值,使单位时间创造出更高的效益。

案例与讨论:“状元实业家”张謇的梦想之路

1926年8月23日,一位先贤离开人世,把自己毕生的“皮骨心血”奉献给了社会和百姓,他给南通留下的是一个拥有50多家企业、2 400多万两白银的当时全国最大民族资本集团,是由400多所各类学校、场馆组成的教育文化体系,是一套完整的水利、交通、供电、通讯、园林等市政基础设施,是一系列的公益慈善事业。在他的领导下,南通由一个封闭落后的封建小县城,变成了令世人瞩目的近代化新兴城市。

这位先贤,就是离世94年后的今天,被誉为“爱国企业家的典范”“民族企业家的楷模”的张謇!爱国不仅是贯穿他一生的主线,也是其全部实践活动的中心点和出发点,可以说爱国、爱国主义是张謇精神的核心。具体而言,他选择的是一条“实业救国”的道路。

张謇的生卒年为1853—1926年,江苏南通人,祖籍地现通州区,出生地现海门区。张謇出生在富裕农民兼商人家庭,1894年41岁时考中甲午恩科状元,曾出任江苏省咨议局议长、民国政府实业总长、农商总长兼全国水利局总裁。张謇生活在风云激荡的中国近代,1895年是一个特别的年份。面对甲午战争的国内危局,有3个人各自做出人生重大选择:孙中山选择革命,康有为选择改良,而张謇选择了实业。

张謇沿着传统士大夫的路径一路走来,但当时的中国已经衰落到无法挽救的地步,士大夫之路实在走不下去了。无路可走,便独辟蹊径,选择实业救国之路,对一个封建士大夫而言,实则是不得已而为之。1894年,甲午战争,是中国滑向半殖民地半封建社会的一大标志,对张謇而言,也是他人生道路改弦易辙,投身“实业救国”“教育救国”的一大转折。他意识到，中国必须先行“推广棉地、纺织厂”及开发铁矿、扩张制铁厂，发展棉铁两业“可以操经济界之全权”。

深感中国面临亡国灭种危机的张謇，与两江总督张之洞在联英抗日、创办实业等方面有不少共同语言。1895 年，张之洞委任张謇负责通海一带商务，授意他在通海一带创办纱厂。张謇奔走于南通上海之间，到处筹措资金，困顿时连往返车费也囊中羞涩，不得已只能卖字为生。1899 年，一座拥有 20 400 枚纱锭的近代化纱厂在南通唐家闸建成。张謇根据《周易·系辞》所载“天地之大德曰生”，给纱厂取名“大生”。

大生纱厂投产后，规模不断扩大。为保证原棉供应，张謇先后在黄海海滩办起 20 多家盐垦公司，到 1907 年，已围垦近 10 万亩。19 世纪末 20 世纪初，张謇以大生纱厂为核心，还创办了油厂、面粉公司、肥皂厂、纸厂、电话公司等 20 多家企业，形成一个轻重工业并举、工农业兼顾、功能互补的地方工业体系，一度成为全国最大的民族企业集团。

资本可以没有国界，但企业家有国界。作为有着爱国之心、报国之志的企业家，张謇继承了儒家“以天下为己任”的优良传统，以舍我其谁的社会责任感，投身于救国的实践之中。与此同时，作为自幼接受传统文化熏染的一代儒商，张謇认为，爱国不是简单地喊几句口号，而是要落实到实际行动、具体活动之中。

张謇立足家乡南通，从实业出发，经营地方，付出了艰辛的努力，使之成为全国所有县中的“模范县”，人们亲切地称呼他“张南通”“张四先生”。时至今日，人们徜徉于江海大地，仍能看到张謇所开创的诸多全国之最：南通博物苑——中国人创办的第一座公共博物馆；通州师范学校——中国第一所民立中等师范学校；伶工学社——中国第一所戏剧学校；南通纺织专门学校——中国第一所纺织高等学校；通海垦牧公司——全国第一个农垦股份制企业；南通盲哑学校——中国人自己创办的第一所盲哑学校；大生纺织企业集团——中国最早的民营资本集团……南通民间至今流传着“一山一水一人”的说法——“山是狼山，水是濠河，人是张謇”。

张謇一生创办了数十家企业，涉及纺纱、盐垦、面粉、冶铁、机械制造等工农商各领域，他为自己的企业取名为“大生”“阜生”“颐生”“资生”等，都寄托了其深沉的民生情怀。“大生”二字源自《易经》中的“天地之大德曰生”。这寄托了他的理想——天地间最大的政治是国计民生。

甲午战后，张謇经过潜心研究，认识到外洋之强由于学，其工业因“讲格致，通化学，用机器，精制造”，才能“化粗为精，化少为多，化贱为贵”；其农业则讲求土宜物性，以机器广种植、兴水利。张謇不仅大力倡导新学，还积极引进欧美各国先进的科学技术和机器设备。

张謇坚定秉持这样的理念：文化必先教育，教育必先实业。可见，张謇是一直把农工商实业放在首位的。在农工商三业中，工业又摆在第一位。其中，工农关系他安排并实施这样的顺序，由工到农，由农到农，又由农到工、由工到工，由此及彼，城乡、工农循环往复，实业的“雪球”越滚越大、力量越来越大，形成了完整的产业链，继而形成了近代城市初步的经济体系。与产业标准的制定，大力弘扬企业家精神，共建中国现代商业文明。

[资料来源：张延栖. 张謇所创中国第一. 中国环境出版社，2019 年 11 月]

思考：

1. 通过了解张謇，你认为“受人尊敬的”企业家应具备哪些特质？

2. 如何理解张謇的人生格言“天之生人也，与草木无异，若遗留一二有用事业，与草木同生，即不与草木同腐朽。”？

第四节　激励理论

一、激励的含义与原理

管理可以被认为是同他人一道和通过他人来实现组织目标的活动。因此，领导者的激励、影响、指导和与下属交流的能力，将会直接决定管理的效率。领导工作在管理活动中处于核心地位，也正是由管理是“同他人和通过他人来达到组织目标”的性质决定的。

激励，就其表面意思而言是激发和鼓励的意思。在管理工作中可以将其定义为调动人的积极性的过程或者更完整地讲，是一个为了特定的目的而对人们的内在需要或动机施加影响，从而强化、引导或改变人们行为的反复过程。通过激励，能够激活人的潜能，产生更高的绩效。

二、激励的过程与作用

1. 激励的过程

激励的实质就是通过一定的手段对人的需求或动机施加影响从而达到引导、改变、强化人的某种行为的目的，换言之，激励过程是一个引导、改变和强化人行为的过程。因此，研究激励必须首先了解人的行为过程。

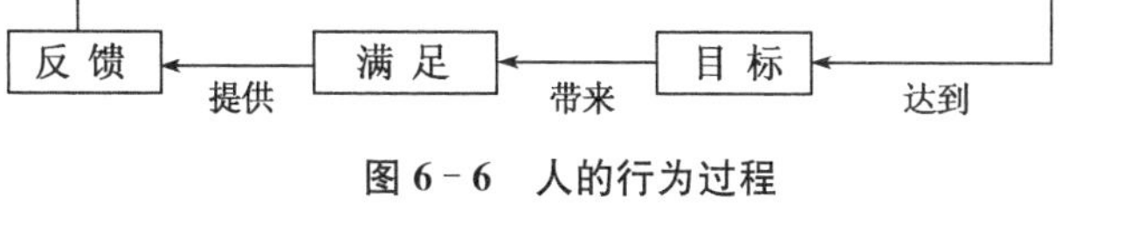

图 6-6　人的行为过程

人的行为过程的起点是需要。需要是人们得到某种事物或达到某种目标的渴求、欲望。人的需要既包括基本的生理需要，也包括各种社会需要。除最基本的生理需要外，人的需要往往不是独立的、内生的，而是受环境影响的。例如女士们看到杂志封面上的漂亮人物，可能会引起购买化妆品的欲望；有的本科生毕业后在工作岗位上受挫，可能会激发起攻读硕士、博士学位的想法。

当人的需要未得到满足时，心理上往往会产生不安和紧张(典型的如抽烟、吸毒、上网)，这种心理的紧张状态会引致一种内在的驱动力，使人倾向于采取某种行为来满足需要，这种驱动力就是动机。当然，在一定范围内或外部条件下，这种驱动力不足以使人采取现实的行为。但是，当这种驱动力或动机达到一定程度时，人们就会采取一系列寻找(搜索)、选择、接近和达到目标的现实行为。如果人的行为达到了目标，就会产生生理或心理上的满足。这个过程是重复性的。

2. 激励的作用

(1) 有助于企业吸引外部人才，留住内部人才

现代企业之间的竞争，说到底就是人才的竞争。只有一流的人才，才能造就一流的公司。许多组织为了吸引外部优秀人才的加盟，运用各种有效的激励方法。如提供良好的工作环境，解决人才的家属安置问题，支付高薪，给予职位与权力。企业除了能吸引人才，更要能留住人才。对于企业内部的人才，同样也需要运用行之有效的激励方法，如领导者注重情感的投入，关爱组织成员，能消除其工作上的不满情绪，增加其安全感、满意度、归属感。因此领导者运用合适的激励方式，能增强企业吸引外部人才的能力，增强企业的竞争力。同时能留住内部人才，保证企业内部人员的稳定性。

(2) 有助于激发组织企业团队的积极性，充分挖掘人力资源潜力

从心理学角度讲人是具有巨大潜能的。美国心理学家威廉·詹姆斯通过研究发现：按时计酬的员工仅能发挥其能力的20%—30%。而受到激励的员工，由于其思想和情绪处于高度激发状态，可以发挥其能力的80%—90%。也就是说同样的一个人在通过激励后，其发挥的作用是激励前的三倍以上。领导者只有对企业团队进行有效激励，才能会充分发挥团队的潜能，不断提高团队工作效率，创造新的工作业绩。

(3) 有助于增强组织凝聚力，促进组织内部协调统一

任何组织都是一个有机结构体，它由若干员工个体、工作群体及各种非正式群体构成。为保证组织整体有序高效地运转，除用需要合理的组织结构和规范的规章制度外，还需要运用一定的激励方法满足组织成员在安全、尊重、社交等多方面的心理需要和物质需求，鼓舞组织成员士气，协调人际关系，进而增强组织的凝聚力和向心力，促进各个部门、群体、人员之间的密切协作。

(4) 有助于促使组织成员的个人目标和组织目标协调一致

人行动的基本动力源于其个人目标及个人利益，因此其个人目标和利益与组织目标和利益之间必定会存在差异。当两者发生背离时，个人目标往往会影响组织目标的实现。领导者可以运用激励的手段，满足其合理要求，消减其不合理要求，引导职工的个人目标与组织目标协调一致，从而促进个人目标与企业目标的共同实现。

三、激励理论

自20世纪二三十年代以来，国外一些管理学、心理学家和社会学家对如何激励人的问题进行了深入的探讨和研究，并总结了一些相应的激励理论，其中最具代表性的是以下几种：

1. 马斯洛的需求层次理论

人的一切行为都是受到激励而产生的。人类行为都是具有一定的目的和目标的，而这种有目的的行为又总是离不开满足需求的欲望。人是由满足许多需求的欲望所激励的，这些需求可以分成不同类型。人本主义的美国社会心理学家马斯洛在1943年出版的《人的动机理论》中提出了需求层次理论，系统地阐述了人类需求的规律。

(1) 需求层次论内容

① 人类的需求分为5个层级

第一，生理需求。这是人类为了维持其生命最基本的需求，也是需求层次的基础。若衣食住行、空气和水等这类要求得不到满足，人类的生存就成了问题。从这个意义上来说，这些基本的物质条件是人们行为最强大的动力。马斯洛认为，这些需求还未达到足以维持人们生命之时，其他需求将不能激励他们。他说："一个人如果同时缺少食物、安全、爱情及价值等，则其最强烈渴求当推对食物的需求。"一般说来，生理需求的满足都与金钱有关。

第二，安全需求。一个人的生理需求得到一定的满足之后，他就想满足安全的需求。即不仅考虑到眼前，而且考虑到今后，考虑自己的身体免遭危险，考虑已获得的基本生理需求及其他的一切不再丧失和被剥夺。例如要求摆脱失业的威胁，要求在生病及年老时生活有保障，要求工作安全并免除职业病的危害，希望解除严格的监督以及不公正的待遇，希望干净和有序的环境，希望免除战争和意外的灾害等。

第三，社会需求。当生理及安全的需求得到相当的满足后，社会的需求便占据主导地位。因为人类是有感情的动物。他希望与别人进行交往，避免孤独，希望与伙伴和同事之间和睦相处，关系融洽。他希望归属于一个团体以得到关心、爱护、支持、友谊和忠诚。人为什么要归属于一个团体？因为人们有一种把与自己信念相同的人找出来的倾向，以此来肯定自己的信念，特别是当一种信念岌岌可危时尤为如此，这时他们便聚在一起，并试图对所发生的事态及他们的信仰达成一个共同的认识。爱情是较高级的社会需要，它既包括男女之间的爱，也包括父母与子女间的爱、兄弟姊妹之间的爱。为了爱情，人们甚至可以舍弃一切。社会需要比生理和安全需求来得细致，各个人之间的差别性也比较大，它和一个人的性格、经历、教育、信仰都有关系。

第四，尊重需求。当一个人开始满足归属感的需求以后，他通常不只是满足做群体中的一员，而且要产生自尊的需求。即希望别人尊重自己的人格和劳动，对自己的工作、人品、能力和才能给予承认并给予公正的评价。希望自己在同事之间有较高的地位、声誉和威望，从而得到别人的尊重并发挥一定的影响力。

第五，自我实现的需求。马斯洛认为这是最高层次的需求，当自尊的需求得到满足以后，自我实现的需求就成为第一需求。自我实现的需求就是要实现个人理想和抱负、最大限度地发挥个人潜力并获得成就，实现自我价值。它是一种"希望能成就他独特性的自我的欲望，希望能成就其本人所希望成就的欲望"。这种需要往往是通过胜任感和成就感来获得满足的。所谓胜任感是指希望自己担当的工作与自己的知识能力相适应，工作带有挑战性，负有更多的责任，工作能取得好的结果，自己的知识与能力在工作中也能得到成长。所谓成就感表现为进行创造性的活动并取得成功。具有这种特点的人一般给自己设立相当困难但可以达成的目标，而且往往把工作中取得的成就本身看得比成功以后所得到的报酬更为重要。

以上 5 种需求的关系可以用图 6－7 表示。

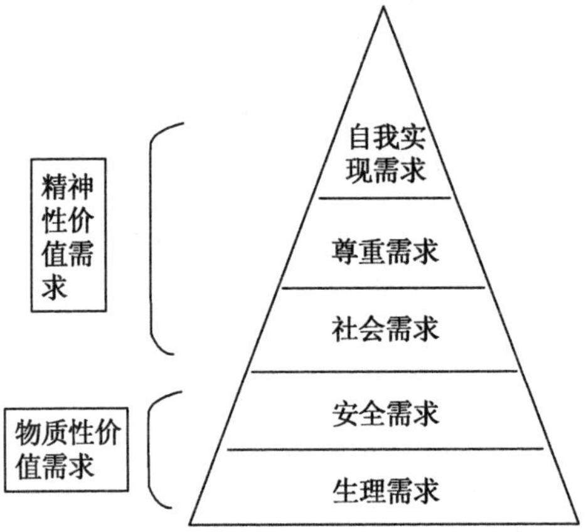

图 6－7　马斯洛需求层次理论

② 五种需求之间的递进规律，即五种需求并不是并列的，而是从低到高排列的

一般而言，生存、安全和社交需求属于较低层次的、物质方面的需求；尊重和自我实现的需求，则属于较高层次的精神性价值需求。马斯洛认为，人的需求遵循递进规律，在较低层次的需求得到满足之前，较高层次的需求的强度不会很大，更不会成为主导的需求。当低层次的需求获得相对满足后，下一个较高层次的需求就占据了主导地位，成了驱动行为的主要动力。

③ 人的需求的个体差异性，即人的需求是由主导需求决定的

马斯洛认为，由于各人的需求结构发展的状况不同，这五种需求在体内形成的优势位置也就不同，但是任何一种需求并不因为高层次的要求获得满足而自行消失，只是对行为的影响比重减轻而已。此外，当一个人的高级需求和低级需求都能满足时，他往往追求高级需求。因为高级需求更有价值，只有当高级需求得到满足时，才具有更深刻的幸福感和满足感。但是如果满足了高级需求，却没有满足低级需求时，有些人可能牺牲高级需求而去谋取低级需求，还有些人可能为了实现高级需求而舍弃低级需求。

6-2 阅读材料

（2）马斯洛需求理论的评价

马斯洛需求理论从理论上揭示人类需要的类型和发展规律，启发人的认识；揭示不同个人需要的多方面，有助于领导者依据人群不同需要，采取不同的激励方式；提出主导需要——主导动机观点，有助于领导者选择合适的激励目标；提出“自我实现”为最高层次需要，对管理者有一定的指导意义。但是该理念对人们信仰和精神作用估计不足，同时也没有指出这些需求与社会和生产力发展水平、受教育程度、信仰、心理因素等的联系。

马斯洛需求层次理论在企业中的应用如表 6－2 所示。

表 6－2　马斯洛需求层次理论在企业中的应用表

需要层次	应　用
自我实现的需要	富有挑战性的工作、工作的自主权、决策权
尊重的需要	职位、优越的办公条件、当众受到称赞
社交的需要	上司的关怀、相宜的同事
安全的需要	工作保障、退休保障、福利保障
生理的需要	足够的薪金、适度的工作时间、舒适的工作环境

2. 赫兹伯格的双因素理论

(1) 双因素理论的内容

美国心理学家赫兹伯格提出了双因素理论，主要反映在他《工作的激励因素》(1959年)和《工作与人性》(1966 年)两本著作中，他认为，使职工感到满意的因素与使职工感到不满意的因素是大不相同的。使职工感到不满意的因素往往是由外界环境引起的，使职工感到满意的因素通常是由工作本身产生的。赫兹伯格发现造成职工非常不满的原因有：公司政策、行为管理和监督方式、工作条件、人际关系、地位、安全和生活条件。这些因素改善，只能消除职工的不满、怠工与对抗，但不能使职工变得非常满意，也不能激发他们工作的积极性促进生产，赫兹伯格把这一类因素称为保健因素，即只能防止疾病，治疗创伤，但不能提高体质。赫兹伯格还发现使职工感到满意的原因有：工作富有成就感、工作成绩能得到认可、工作本身具有挑战性、负有较大的责任、在职业上能得到发展等。这类因素的改善，能够激励职工的工作热情，从而提高生产率。如果处理不好，也能引起职工不满，但影响不是很大，赫兹伯格把这类因素称为激励因素。这两类因素如表 6 - 3。

表 6 - 3　保健因素与激励因素

保健因素(环境)	激励因素(工作本身)
金钱 监督 地位 安全 工作环境 政策与行动 人际关系	工作本身 赏识 进步 成长的可能性责任 成就

赫兹伯格认为，传统的满意与不满意的观点是不正确的。满意的对立面应当是没有满意，不满意的对面应该是没有不满意。

(2) 双因素理论的评价

双因素理论的贡献在于告诉我们一个事实，采取了某种激励机制的措施以后并不一定就带来满意；满足各种需要所引起的激励深度和效果是不一样的；要调动人的积极性，不仅要注意物质利益和工作条件等外部因素，更重要的是用一些内在因素来调动人的积极性。

但是双因素理论在学术界有一定的争议，批评意见主要是来自以下几个方面：

① 赫兹伯格的样本只有 203 人，数量明显不够，而且对象是工程师、会计师，他们在工资、安全、工作条件等方面都比较好，所以这些因素对他们自然不会起激励作用，但很难代表一般职工的情况。

② 赫兹伯格在调查时把好的结果归结于职工自己的努力，而把不好的结果归罪于客观的条件，同时，赫兹伯格也没有使用“满意尺度”这一概念。

③ 赫兹伯格认为满意和生产率的提高由必然的联系，而实际上满意并不等于劳动生产率的提高，二者之间并不存在必然的联系。

④ 赫兹伯格将保健因素与激励因素截然分开有欠妥当，实际上保健因素与激励因素、外部因素与内部因素都不是绝对的，而是相互联系并可以相互转化的。

> 讨论：你认为双因素理论与需要层次理论的关系是什么？

3. 弗鲁姆的期望理论

1964 年，美国心理学家弗鲁姆在他的著作《工作与激励》一书中，首先提出了期望理论，这种理论一出现，就受到国外管理学家和实际管理工作者的普遍重视。目前，人们已经把期望理论看作主要的激励理论之一。

(1) 期望理论的内容

期望理论的基础是人之所以能够从事某项工作并达成组织目标，是因为这些工作和组织目标会帮助他达成自己的目标、满足自己某方面的需要。弗鲁姆认为，人们采取某项行动的动力或激励取决于其对行动结果的价值评价和预期达成该结果的可能性估计。用公式可以表示为：

$$M=V\times E$$

M：激励力，是直接推动或使人们采用某一行动的内驱力；

V：目标效价，指达成目标后对于满足个人需要的价值大小；

E：期望值，是指个人对某一行为特定成果的可能性的估计。

这种需要与目标之间的关系用过程模式表示即：

个人努力⟶个人成绩(绩效)⟶组织奖励(报酬)⟶个人需要

期望理论说明，激励实质上是选择过程，促使人们去做某件事的激励力将依赖于效价和期望值两个因素。

效价与期望值的不同结合，可产生激发因素，一般有：

$V_{高}\cdot E_{高}=M_{高}$　　$V_{中}\cdot E_{中}=M_{中}$　　$V_{低}\cdot E_{低}=M_{低}$

$V_{高}\cdot E_{低}=M_{低}$　　$V_{低}\cdot E_{高}=M_{低}$

因此，当行为者对某项活动及其结果的效用评价很高，而且估计自己获得这种结果的可能性很大时，他的主观努力与积极性便会很大，从而领导者用此结果来激励完成就可以得到很好的效果。例如以下两种情况就达不到激励的效果：让卖茶叶蛋的去造原子弹，虽然效价很高，但期望值太低；让造原子弹的去卖茶叶蛋，虽然期望值很高，但效价太低。

(2) 期望理论的启示

期望理论对领导者的启示是：第一，应采用多数组织成员认为效价最大的激励措施；第二，设置某一激励目标时应尽可能加大其效价的综合值，加大组织期望行为和非期望行为之间的效价差值；第三，在激励过程中，加强对员工期望心理的疏导。期望值过大，容易产生挫折感，期望值过小，会减少激励的力量。

4. 亚当斯的公平理论

公平理论是美国心理学家亚当斯在 1965 年首先提出来的一种激励理论，也称社会比较理论。该理论侧重研究劳动报酬的公平合理性对员工的生产积极性的影响。

(1) 公平理论的内容

公平理论的基本观点是当一个人做出了成绩并取得了报酬以后，他不仅关心自己所得报酬的绝对量，而且关心自己所得报酬的相对量。因此，他会进行各种对比来衡量自己所获报酬是否合理，并且这种比较的结果将直接影响其今后工作的积极性。公平理论按比较参照对象分为两种类型：横向比较和纵向比较。

① 横向比较，即与“他人”进行比较。员工将自己获得的“报偿”(包括金钱、工作安排以及获得的赏识等)与自己的“投入”(包括教育、努力及耗用在职务上的时间等)的比值与组织内其他人作社会比较，只有相等时，他才认为公平，如下式所示：

$$O_p/I_p=O_c/I_c$$

其中：O_p：自己对所获“报偿”的感觉

I_p：自己对他人所获“报偿”的感觉

O_c：自己对个人所作投入的感觉

I_c：自己对他人所作投入的感觉

当出现 $O_p/I_p<O_c/I_c$ 的情况时，员工可能会要求增加自己的收入或减小自己今后的努力程度，以使左方增大，趋于相等；他也可能会要求组织减少比较对象的收入或者让其今后增大努力程度以使右方减小，趋于相等。此外，他还可能另外找人作为比较对象，以便达到心理上的平衡。

当出现 $O_p/I_p>O_c/I_c$ 的情况时，员工可能要求减少 O_p 或开始时主动多做些工作，但过一段时间后，他会重新估计自己的技术和工作情况，当他觉得自己的投入应当得到那么高的待遇时，又会将产量恢复到过去的水平。

② 纵向比较，即与“自己”进行比较。即将自己目前投入的努力与目前所获得“报偿”的比值，与自己过去投入的努力与过去所获“报偿”的比值进行比较。只有相等时他才认为公平，如下式所示。

$$O_p/I_p=O_h/I_h$$

其中：

O_p：自己对现在所获“报偿”的感觉

I_p：自己对个人现在投入的感觉

O_h：自己对过去所获“报偿”的感觉

I_h：自己对个人过去投入的感觉

当出现 $O_p/I_p<O_h/I_h$ 的情况时，人会有不公平的感觉，可能导致工作积极性下降。

当出现 $O_p/I_p>O_h/I_h$ 的情况时，人不会因此产生不公平的感觉，但也不会觉得自己多拿了报偿。从而主动多做工作。

(2) 公平理论的启示

公平理论对领导者的启示：第一，在管理中不但要重视绝对报酬，还要重视相对报酬，因为绝对报酬和相对报酬都会直接影响激励的效果；第二，激励时应力求公平，尽可能实现相对报酬的公平性；第三，对被激励者进行公平心理的引导，让其树立正确的公平观。

5. 斯金纳的强化理论

强化理论是由美国心理学家斯金纳提出的，也称为行为修正理论或行为矫正理论。这个理论是从动物的实验中得出来的。开始，斯金纳也只将强化理论用于训练动物，如训练军犬和马戏团的动物。以后，斯金纳又将强化理论进一步发展，用于人的学习上，发明了程序教学法和教学机。他强调在学习中应遵循小步子和及时反馈的原则，将大问题分成许多小问题，循序渐进；他将编好的教学程序收在机器里对人进行教学，收到很好的效果。现在，强化理论被广泛地应用在激励和人的行为改造上。斯金纳的强化理论和弗鲁姆的期望理论都强调行为同其后果之间关系的重要性，但弗鲁姆的期望理论较多地涉及主观判断等内部心理过程，而强化理论只讨论刺激和行为的关系。

（1）强化理论的内容

所谓强化是指增强某人前面的某种行为重复出现次数的一种权变措施。斯金纳强化理论认为在操作条件作用的模式下，如果一种反应之后伴随一种强化，那么在类似环境里发生这种反应的概率就增加。强化与实施强化的环境，都是一种刺激，人们以此控制反应。因此，管理人员就可以通过强化的手段，营造一种有利于组织目标实现的环境和氛围，以使组织成员的行为符合组织的目标。

根据强化的性质和目的可分为正强化和负强化。在管理上正强化就是奖励那些组织上需要的行为，从而加强这种行为；负强化就是惩罚那些与组织不相容的行为，从而削弱这种行为。不要把正强化仅仅理解为给奖金，对成绩的认可、表扬、改善工作条件和人际关系、提升、安排担任挑战性工作、给予学习和成长的机会等都能起到正强化的作用。负强化的办法也有很多，如批评、处分、降级等，甚至有时不给予奖励或少给奖励也是一种负强化。

> 讨论：你认为物质奖励一定就是货币化的吗？

根据强化的方式可分为连续强化和间隙强化。连续强化是对每一个组织需要的行为都给予强化；间隙强化则是经过一段间隔才强化一次。间隙强化还可按强化时间间隔的稳定性分为固定时间强化和变动时间强化，前者如职工每月定期发放工资或学生定期考试，后者如职工不定期升职或学生不定期抽查考试。间隙强化按反应比例又可分为固定比例强化和变动比例强化。前者如计件工资，后者如按销售货物的难易对销售人员进行奖励。

（2）强化理论的启示

强化理论过分强调外因，有机械论倾向是它的局限性。但是强化理论有助于对人们行为的理解和引导，因此广泛地应用在激励和人的行为的改造上。强化理论在实际应用中应注意以下五个方面：第一，应以正强化方式为主；第二，采用负强化（尤其是惩罚）手段要慎重；第三，注意强化的时效性；第四，因人制宜，采用不同的强化方式；第五，利用信息反馈增加强化的效果。

案例阅读与思考：挖掘动力——打破“大锅饭”培养主人翁意识

国有企业最为社会诟病的就是“铁饭碗”“大锅饭”，中粮集团针对这一问题从推进选人用人市场化机制改革入手，真刀真枪深入改革。

先是制定出台“7+1”制度体：在集团对所有党组管理领导人员全面实施任期制和契约化管理，统一签订《任期目标责任书》，立下军令状、明确责权利，真正树立起“有为才有位”的鲜明导向；在专业化公司探索在非绝对控股企业或非核心主业推行职业经理人制度，先后对蒙牛乳业、中国茶叶、中粮酒业长城酒事业部、中粮家佳康生鲜制品部、中粮饲料的总经理岗位开展市场化选聘，按照职业经理人进行管理，打破了国企干部“终身制”的传统思维。

从2019年开始中粮集团在部分专业化公司率先推行三年任期经营目标责任制。三年任期经营目标责任制作为在年度薪酬基础上新增的激励，将根据三年任期净利润加总值的实现情况来决定激励力度。业绩优秀者最高可获得九倍奖金。未达成业绩目标的，实行末位淘汰，对排名后三位的领导班子进行调整。通过高目标、高挑战、高收益，有效激发了业务团队干事创业、打硬仗的动力，推动中粮集团业绩持续提升。

除此之外，中粮集团还积极探索各种激励方式，激发员工积极性。比如在中粮油脂首次构建全面覆盖全公司的系统化、多元化的中短期激励体系框架，打造出中包装专项激励、高毛利产品激励、采销激励奖金、职能条线激励、减空编返还、青苗培养计划等六大类个性化定制的创新激励项目。依托业务形态，以激励为导向助力业务和管理全面发展。

而在中国茶叶则采取中长期激励，建立了员工持股动态调整机制，实现员工利益与企业发展绑定。关键技术岗位、管理岗位和业务岗位人员广泛持股，设立四家有限合伙制员工持股平台，持股员工全部以增资入股的方式投资中国茶叶，入股价格与各投资方入股价格保持一致。根据岗位价值、贡献度、业绩表现等综合评价确定持股数量及比例，并根据入股价格确定出资额。同时，成立员工持股管理委员会并制定相关办法和细则，明确持股人员的日常管理规定，使员工持股管理工作在异动退出、股价评估、转让授予等事项上更加规范化、具体化。

推进员工持股后，中国茶叶的员工干事创业激情得到大幅提振，"主人翁"意识普遍增强，工作作风明显转变。2020年干部员工主动下沉业务一线，主动到业务单位轮岗、挂职；员工成本管理理念和节约意识增强，精简办公区域，优化办公资源，合理控制管理费用，降本增效成果显著。

通过员工持股，员工与企业共享收益。混改后，中国茶叶业绩持续向好，公司业绩增长与员工收入提升实现了双赢。

［资料来源："四力"助推中粮改革发展，中粮集团官网，2021年6月］

思考：中粮集团用的是员工激励的哪种方法？其作用和特点是什么？

总　结

任何一个组织都离不开领导，领导职能是其他管理职能的集中体现。领导者既是组织目标的制定者，也是实现组织目标的领头人。因此，领导者自身素质的高低直接影响着组织目标实现的情况，企业家应当珍惜自身的社会形象，讲正气、走正道，弘扬企业家精神，做爱国敬业、守法经营、创业创新、回报社会的典范。领导者要注重领导的艺术，由其要善于授权，使用何种激励方法、技巧，都要注意及时对员工的工作做反馈，做到有的放矢。如果领导者像家长一样爱护、对待自己的员工，设身处地地为他们着想，那么所有问题都会迎刃而解。

【课后训练】

一、案例分析

管理者的困惑(六):领导与激励

国龙集团财务总监因身体原因辞职,高总邀请他在上海的一位从事财务工作多年的朋友张方加入了国龙集团。

张方2006年从国内985大学拿到会计专业的硕士学位后,到一家大型的国际会计师事务所的上海办事处工作,由此开始了他的职业生涯。9年后,他成了该公司的一名最年轻的合伙人。公司执行委员会发现了他的领导潜能和进取心,遂在2015年指派他到北京的郊区开办了一个新的办事处。其工作最主要的是审计,这要求有关人员具有较强的判断力和自我控制力。他主张工作人员间要以名字直接称呼,并鼓励下属人员参与决策制定。对长期的目标和指标,每个人都很了解,但实现这些目标的办法却是相当不明确的。

办事处发展得很迅速。到2019年,专业人员达到了30名。张方被认为是一位很成功的领导者和管理人员。

2021年张方来到国龙集团财务部,并在高总的大力支持下希望能够在企业干出一番大事来。

他采取了帮助他在北京工作时取得显著成效的同一种富有进取心的管理方式。他来到公司后,首先打破过去严肃的层级关系,任人唯贤,要求大家都积极参与决策管理。另外,他注重创新,打破常规处理问题,在好几次重大会议上他总是独树一帜,美式管理风格在他身上体现得淋漓尽致。这使得一些与企业共同成长起来的元老级经理感觉无法接受。同时,他还大展旗鼓的调整财务人员队伍,毫不留情地开除了一些家属子女。半年时间内,财务管理工作取得了过去没有的发展,但另一方面由于张方对国龙集团财务制度的熟识还需要一个过程,也经常在关键问题上一筹莫展,而一些熟悉制度有经验的老员工却不愿意出谋划策,避而远之。

张方在北京成功的管理方式并没有在国龙集团取得成效。年度会议上两位年长的经理就直接跟张方发生正面冲突,并提出他部门的新人虽然学历能力在过去被他辞退的关系户之上,但同时也在公司外围的其他关系处理上带了麻烦,他根本不了解公司属地的风土人情,独断专行,缺乏合作性。高总在会议上为张方说话,同时也希望大家都互相理解,共谋划发展。

张方相信挫折只是暂时性的,因而仍继续采取他的策略。在此后的几个月时间里又更换了2名税务和审计专业人员,以解决他对于相关业务不熟悉的问题,但效果不明显,外部门对财务部的不满越来越明显。而财务部员工也感觉到工作稳定性危机,同时与各部门之间的关系也令财务部员工感觉到非常压抑,并开始怀疑张方的领导能力。

高总决定无论如何要与张方进行一次深入交流,以解决公司迫在眉睫的问题。

思考：

1. 张方作为一位领导者的权力来源是什么？
2. 这个案例更好地说明了哪种领导理论？为什么？
3. 张方在北京创立新办事处的工作方式在国龙集团没能成功，其影响因素有哪些？

二、复习与思考

1. 怎样理解领导方式及有关理论？举例说明各种领导方式的优缺点？
2. 结合班级管理现状实际谈谈在管理中激励的重要性？
3. 举例说明管理者如何提高领导的行为效率？
4. 增加和减少员工奖金的发放额是实行奖惩的最佳方法吗？除此之外，你认为还有什么激励和约束措施？

【管理游戏】

寻找共同的图案

每个模拟公司明确1位总经理，然后由“总经理”从小组成员中挑选并任命1位职能经理，其他小组成员作为员工。要求：不许越级指挥和汇报，即总经理不能越过职能经理直接指挥员工，员工也不允许越过经理直接向总经理汇报和询问；只允许使用文字方式沟通，不允许讲话；要在30分钟内完成。哪个组最先完成任务就算优胜者。不管遇到什么问题，只有总经理有权举手示意，并低声向教师询问，此外的所有事情都只能在你们组织内部通过文字沟通的方式解决。

1. 教师给每个小组发空白纸条，供大家沟通使用。让每个小组的总经理远离他们的经理和员工，职能经理和员工坐在一起。教师先给每一位“总经理”发了一张上面画有五种图案的纸，图的下面有文字说明，并给每一个小组的成员发类似的一张纸，郑重声明不能交换，游戏开始了。

2. 经理和员工拿到的纸是一样的，上面画有五种图案，图案由教师提供，图案的下面注明各种游戏规则，此外什么都没有。

3. 总经理拿到的纸有所不同，除了其他成员掌握的信息外，这张纸上多了一条信息，即“你们小组的每个人都拿了这样一张纸，上面也有五种图案，这些图案是不同的，只有一种图案在你们每个人拿到的纸上都有，你的任务是带领你的下属，在最短的时间内将这个共同的图案找出来，要求小组成员每个人都能向教师指出这个共同的图案。”

思考：仔细观察，每个小组的做法都是否有所不同？分析各小组表现差异的原因？

【校园体验】

校园模拟指挥

管理情景：晚上 11 点多钟，女生宿舍三楼的卫生间上水管突然爆裂，此时楼门和校门已经关闭，人们都沉睡在梦中，只有邻近的几个宿舍学生惊醒。水不断地从卫生间顺着东西走廊涌出，情况非常紧急，假如你身处其中，如何利用你的指挥能力化险为夷。

先进行分组讨论，然后各小组分别表述本组应急方案，看看谁的方案最好。由教师与学生对各组的方案进行评价。

模块七　控制与评价

■ 知识目标

1. 掌握控制的含义及必要性。
2. 掌握管理控制的步骤、方法与要领。
3. 掌握现代控制技术。
4. 掌握衡量与纠正偏差的方法与要领。

■ 技能目标

1. 培养工作进度控制能力。
2. 培养运用现代控制方法的能力
3. 培养工作绩效考核、评价与改进能力。

■ 素质目标

1. 能够加深中国经济由高速增长阶段转向高质量发展意义的理解。
2. 增强管理人员质量意识、品质意识与工作规范。

情景导入

优秀中国企业案例(七):福耀玻璃的质量进化之道

“改变中国制造的形象,必须从提高质量入手。”福耀玻璃工业集团股份有限公司(以下简“称福耀玻璃”)福耀集团创始人、董事长曹德旺十几年前提出的质量抱负,如今已经融入福耀人的血液,成为福耀玻璃的灵魂。2021 年在连续获得第二届、第三届中国质量奖提名奖后,9 月 16 日,福耀玻璃终于圆梦,拿到中国质量奖。

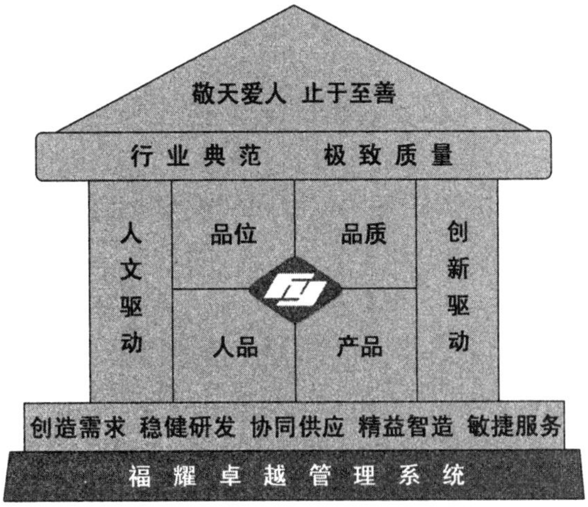

图 7-1　福耀“四品一体双驱动”质量管理模式

曹德旺和他掌舵的福耀玻璃,发展之路颇为传奇。在曹德旺的带领下,1993 年福耀玻璃上市,并用 28 年的时间,从一个营收只有 1.6 亿元,总资产只有 3.8 亿元、总市值 20 多亿元的企业,发展到年营收超过200亿,总资产超过400亿、总市值超过750亿的跨国企业。目前,福耀玻璃在全球汽车玻璃行业的市场占有率达到28%,成为全球第一的汽车玻璃供应商。

曹德旺对质量的追求坚定而执着。据了解,从1996年起,他就开始自己起草了十几万字的《质量手册与程序文件》,第一个版本花了4个月的时间,他几乎找遍全公司每一个人谈话,亲自在流水线上蹲点研究,对每一个岗位的工作流程做了详细的描述。"福耀人始终坚信,质量是企业的生命线。"他说。

福耀建厂30年来,"质量第一,不交不良品"这几句话一直在福耀的厂区内,工厂的管理者每年都会将这几个字粉刷如新。获得第二届中国质量奖提名奖,福耀玻璃主要靠的是"福耀铁三角"质量管理模式。

"福耀铁三角"管理模式主要是通过建立技术、销售和质量组成的"铁三角"项目小组,准确把握客户需求,调动全集团资源,并通过在新产品项目开发过程中运用关键节点评审,实现项目目标。

"红五星"模式在"铁三角"模式的基础上,结合了产品全生命周期管理以及智能制造。以智能制造为例,福耀将工业化和信息化两化深度融合,横向打通,纵向深入,通过CRM、PLM、ERP、MES、SRM的各项数据整合,实现全供应链"产供销人财物"互联互通,实现经营各环节的大数据整合应用,以实现对福耀全球资源共享,满足全球客户的品质要求。

近年来随着汽车工业的蓬勃发展,汽车玻璃作为核心安全零部件,越来越受到主机厂及全社会的广泛重视。福耀玻璃围绕产品、人品、品质、品位"四品一体"经营理念,以"为中国人做一片属于自己的玻璃"为使命,专注汽车玻璃、客户价值、质量经营,30多年如一日,从"一粒沙到浮法玻璃到汽车玻璃总成"全价值链经营,对"研发、设计、开发、制造及服务"全生命周期管控,将中国人的这片玻璃做到极致。

"四品一体双驱动"质量管理模式,是福耀玻璃在数十年质量管理实践中,将中国人本思想与现代科学管理高度融合,不断探索试错、总结改善,最终形成的兼具中西方企业管理精粹的创新型企业质量管理体系。该模式以曹德旺提出的"敬天爱人、止于至善"作为文化引领,以其提出的产品、人品、品质、品位的"四品一体"作为体系核心,以"福耀卓越管理系统"为保障,通过"创造需求、稳健研发、协同供应、精益智造、敏捷服务"的价值创造,以人文驱动人品终身提升、创新驱动产品持续迭代,推动企业发展,树立行业典范,实现极致品质,满足人们对高品位生活的需求。

依托该模式,福耀玻璃实现了"高性能、高稳健、高绩效"的福耀"三高"质量目标。全球市场占有率持续提升(国内占有率68%以上,国际占有率28%以上),创造了以福耀玻璃为引领的全球汽车玻璃行业新格局。福耀集团共有20项关键质量指标达到国际先进,产品质量达到5.2西格玛,先后主持或参与编制国内外标准23项,专利累计1 489项,解决了国内13项"卡脖子"技术难题,核心技术100%自主可控,品牌价值达到1 022亿元。

目前,"四品一体双驱动"质量管理模式已在全球11个国家及中国16个省、区、市的42个产销研基地成功复制,综合运行效率和综合绩效远超同地区企业平均水平,呈现出具有跨文化背景、普适性强、复制快捷、低耗高效的优势和特点。福耀玻璃在为世界贡献一片高品质的汽车玻璃同时，也在向世界输出着具有福耀特色的经验方法、制度标准、管理体系，不仅打开了中西方文化交流、民间经济合作的一扇窗口，更成为中国制造走向全球的一张名片。

［资料及视频来源：福耀集团官网］

思考：

1. 福耀玻璃为什么会站在世界的尖端，如何理解质量是企业的基石？

2. 透明是玻璃的基本特性，福耀玻璃创始人曹德旺也将透明作为公司治理的追求目标之一，请思考企业管理在哪些方面可以实现透明？

7-1 优秀中国企业视频

【任务导入】

每6—8人自愿组成模拟公司完成系列任务(五)

每个模拟公司根据公司的目标和各职能部门的责权利管理关系设计本公司的绩效考评方案，并根据考评方案完成模拟公司的综合评价。

1. 第一阶段为自评阶段：经过一段时间的实践，由模拟公司的各个部门按工作性质的不同，各部门每名成员写出自检评估报告，总经理写出公司全面工作总结。模拟公司每名成员给自己打出自评分数。重点是搜集与整理有关本公司与本人绩效的信息。

2. 第二阶段为互评和总评阶段：各模拟公司互评与教师总评，本着“公平、公正、公开”的原则，各模拟公司之间根据绩效与日常表现，互相评估打分。

教师依据绩效及表现对各公司进行综合评估打分。

第一节　控制活动的内容

一、控制的概念与基本原则

1. 控制的概念

所谓控制，就是监督组织各方面的活动，以保证组织实际运行状况与计划保持动态适应的过程。现实中，由于各种各样的原因，人们在计划执行的过程中总是出现偏差，这时，就需要控制来确保实际与计划的动态适应。所以，通常计划与控制看作是不可分割的统一体。控制要以计划、组织和领导职能为基础，同时又是计划、组织、领导工作有效开展的必要保证。控制的概念主要包括以下三点内容：(1) 控制具有很强的目的性；(2) 控制是通过“监督”和“纠偏”来实现的；(3) 控制是一个动态过程。

2. 控制的基本原则

要真正发挥控制职能的作用，建立一个有效的控制系统，必须要坚持一些基本原则。

（1）控制的重点原则

控制的过程可以说是发现和纠正偏差的过程。在控制过程中不仅要注意偏差，而且要注意出现偏差的具体事项，我们不可能控制工作中所有的事项，而只能针对关键的事项，且仅当这些事项的偏差超过了一定限度，足以影响目标的实现时才予以控制纠正。事实证明，要想完全控制工作或活动的全过程几乎是不可能的，因此应抓住活动过程中的关键和重点进行局部的和重点的控制，这就是所谓的重点原则。

控制作为一种管理职能，它为组织目标服务，良好的控制必须有明确的目的，不能为控制而控制。无论什么性质的工作往往都有多个目标，但总有一两个是最关键的，管理者要在这众多目标中，选择出关键的反映工作本质和需要控制的目标加以控制。

（2）控制的及时性原则

高效率的控制系统，要求能迅速发现问题并及时采取纠正偏差的措施，一方面要求及时准确地提供所需的信息，避免时过境迁，使控制失去应有的效果；另一方面要估计可能发生的变化，使采取的措施与已变化了的情况相适应，即纠正偏差措施的安排应有一定的预见性。

（3）控制的灵活性原则

任何控制对象和控制的过程都受到众多未来因素的影响，而对未来因素变化的预测总会存在着一定的不准确性，因此所控制的对象和过程也不可能完全按照所设计的控制目标发展。控制的灵活性原则就是要求制定多种应付变化的方案和留有一定的后备力量，并采用多种灵活的控制方式和方法来达到控制的目的。控制应保证在发生某些未能预测到的事件的情况下，如环境突变、计划疏忽、计划失败等情况下，控制仍然有效，因此要有弹性和替代方案。

（4）控制的经济性原则

控制是一项需要投入大量的人力、物力、财力等各种资源的活动，耗费之大正是今天许多应予以控制的问题没有得以控制的重要原因，因此在进行控制时必须坚持经济性原则。一是要求实行有选择的控制，全面周详的控制不仅是不必要的也是不可能的，要正确而精心地选择控制点，太多会不经济，太少会失去控制；二是要求努力降低控制的耗费而提高控制效果，改进控制方法和手段，以最少的资源投入取得理想的控制效果。

（5）控制的可操作性原则

控制的最后落实应是纠正偏差措施的实际贯彻，并发挥出应有的效果。因此这些措施必须具有可操作性，即这些措施必须是可以投入实际运作的，而且是在经济上合理的、在技术上可行的。

案例分析与讨论：格力完美质量管理模式

“让世界爱上中国造”格力完美质量管理模式由董明珠董事长提出并创建，并于2012年在格力电器（以下简称“格力”）进行全面实施。该模式的主要特点是“四纵五横、有机结合、系统集成、创新驱动”。其中“五横”是指模式中五个重点优化的要素，包括目标管理系统、技术系统、组织系统、标准系统和信息系统。“四纵”是进行集成应用创新的四个主要价值创造过程。该模式的运行核心，是格力电器独创的“质量预防五步法”和“质量技术创新循环 D-CTFP”方法论。

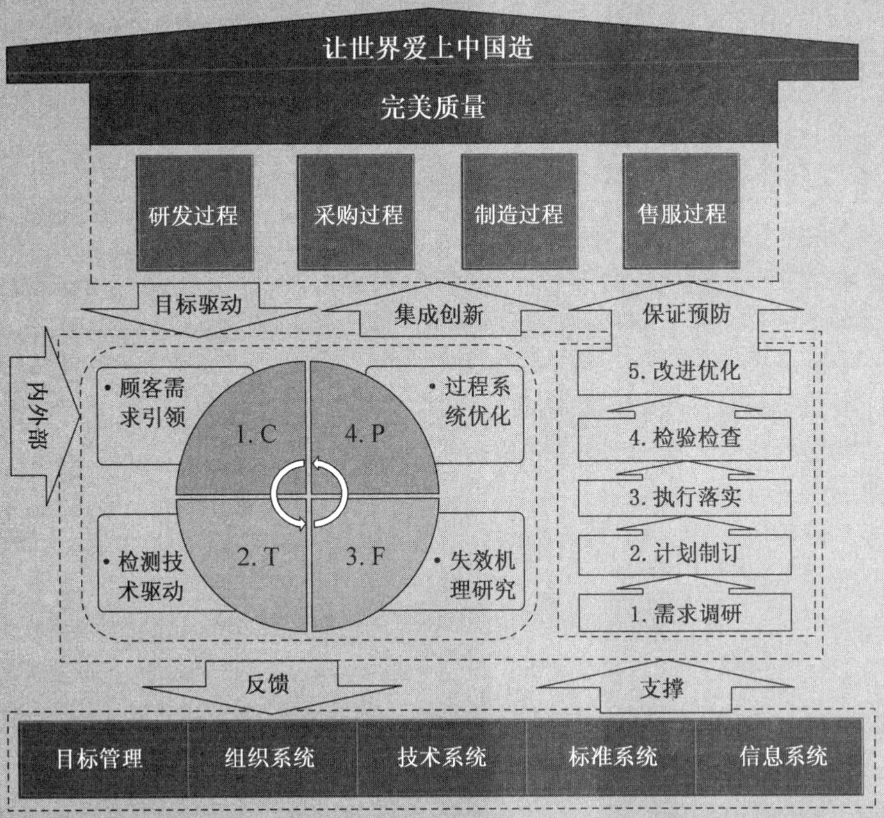

图 7－2　格力电器完美质量管理模式图

“质量预防五步法”是指需求调研、计划制定、执行落实、检验检查、改进优化五个步骤，对研发、采购、制造、售服等价值创造过程进行严格的过程管控，将质量问题消除在消费者使用产品之前。

“质量技术创新循环 D-CTFP”是一种质量技术创新方法论，包括“顾客需求引领(C)、检测技术驱动(T)、失效机理研究(F)、过程系统优化(P)”四个步骤。每个步骤都推荐了适宜的质量工具和方法，保证了质量技术创新的效率和成功率，确保了组织质量水平的持续提升。

在该模式的推进过程中，格力电器推动了组织管理的一系列变革，也就是持续优化模式的“五横”，确保模式运行核心运转更有效率，主要的管理举措有：

建立以“自主创新”为核心的质量文化，采取开放合作的态度，让开放性合作与自主创新有机结合；

以顾客需求为引导，全面提高关注、理解和转化顾客需求能力，结合信息化技术和高效的组织，确保顾客需求的问题能迅速转化为课题，驱动全过程的质量技术创新，全面提高组织的过程能力；

全面开展质量测量(检验、检测、试验)和失效机理的基础研究和创新,通过质量技术创新来解决质量管理中遇到的瓶颈和问题。在质量控制中对关键质量特性、关键影响因子优先采用全检控制和防错技术,并促进质量技术在有效性、自动化、高效等方面获得创新突破;

开展全员参与创新活动,建立高效的创新平台,确保每个员工都能够积极参与到质量技术创新活动中来;

重视整合和利用内外部资源,通过充足的资源投入来保证质量技术创新活动的开展;

进行有效的目标管理,建立过程与结果并重,注重核心细节的绩效指标体系,对逆向驱动质量技术创新活动进行全面考核;

重视并推进标准化工作,通过持续改进,促进工艺、技术标准的进一步创新完善,形成组织标准的自我创新循环;

开展系统性集成应用创新,使质量技术与自动化、信息化和网络化技术充分融合,并进行系统集成应用创新;

将创新的结果进行充分的展开和整合,通过对各类过程的系统性优化,不断提高组织整体的质量水平。

通过“让世界爱上中国造”格力完美质量管理模式的有效运行,格力空调产品连续多年在“顾客满意度”“忠诚度”“整体品牌形象”“行业感知质量”等细分维度上都稳居行业第一。格力电器创新和推广的技术及产品,为建设“资源节约型、环境友好型”社会做出了良好的示范效应。

[资料来源:格力电器官网]

讨论:如何理解质量的意义关乎两个生命“一个是消费者的生命,一个是企业的生命”?

二、控制的目的与作用

1. 控制的目的

控制的主要目的有两个:

(1) 限制偏差的积累,确保计划的实施

这是控制工作的基本目的。组织运营的过程中需要随时将计划的执行结果与标准进行比较,如果发现执行与计划有偏差,就需要采取必要地措施予以纠正。当然,要做到“零偏差”是不可能的,关键是有一套严格控制的方法,限制偏差的积累,以免较远地偏离计划轨道。

(2) 适应环境的变化,调整计划的准确性

在某些条件下,变化的内外部环境会对组织提出新的要求。如竞争对手可能会推出新产品和新的服务项目,新材料和新技术可能会出现,政府可能会制定新的法规或对原有政策进行修正,员工对计划无法理解并有效执行,这时,组织就需要变革、创新。原定的计

划需要根据新的目标和管理控制目标加以修改，使之更加合理、有效。

2. 控制的作用

在现代管理中，控制具有重要的地位和作用：

(1) 控制是完成计划任务，实现组织目标的保证

计划是对组织未来行动的谋划和设计，是组织在未来一段时间内需要执行的行动规划。为了使计划及时适应变化了的环境和条件，推动组织目标的实现，必须通过控制及时了解环境变化的程度、原因、趋势，并据此对计划目标和计划过程做出适当的调整，使计划更加符合实际。

缺乏控制过程的计划是注定要失败的。1990 年，经过长达 15 年的精心准备，耗资超过 15 亿美元的美国哈勃太空望远镜终于发射升空。科学家们期望利用它完成一系列的太空观测试验，但是由于主镜片质量不合格，无法准确聚焦，一半以上的实验和观测项目无法进行。这一太空项目失败的直接原因是镜片打磨过程的技术失误，但更重要的原因是在镜片生产后没有质量检验控制过程，人们失去了更换不合格镜片的机会，15 亿美元、15 年的心血以及盼望重大科学发现的梦想也一起付诸东流。

控制对计划任务完成和组织目标实现的作用，可以归纳为两个方面：一是及时纠正计划执行过程中出现的各种偏差，督促有关人员严格按照计划的要求办事；二是检查计划对实际情况所作预见的准确性，发现计划中不符合实际的内容，及时进行调整、修正，保证计划的适用性，同时确保修正后的计划得到严格执行。

(2) 控制是及时改正缺点，提高组织效率的重要手段

控制的这一作用同样表现为两个方面：一是对当前管理过程而言，控制有利于组织少走弯路，降低失误对组织效率的负面影响；二是对今后的管理实践而言，帮助管理者积累经验，提高未来管理工作的效率。

(3) 控制是组织创新的推动力

控制是一种动态的、适时的信息反馈过程。它不是简单地对受控者进行管、压、卡，而是控制者与受控者之间交流信息、沟通情况的行为和过程，是一种积极主动的管理活动。由于现实环境千变万化，现代管理越来越强调控制中良好的反馈机制和弹性机制。在控制中，控制者和被控制者都可以及时发现一些新问题，促使管理者推陈出新，在推动管理工作动态适应环境的过程中创新。

阅读资料：中国建材集团“三精”管理和“2422”专项工作法

中国建材集团原董事长宋志平说“三精管理的内容可以概括为组织精健化、管理精细化和经营精益化，是一套集管理经营于一身、效率与效益相结合、内功与外功兼修的企业工法。”组织精健化就是减机构、减层级、减冗员，各企业要保持压减节奏，避免企业膨胀、管理不到位出现“跑冒滴漏”。管理精细化就是降成本、提质量、增品种，各企业要深入实施八大工法、六星企业、增节降等管理工法，全面落实成本费用节约计划，加强质量管理，增加产品种类。经营精益化就是价本利、零库存、集采集销，各企业要继续坚持

“价本利”经营理念，聚焦市场，稳定价格，以销定产，实时生产，集中采购销售，争创更大效益。

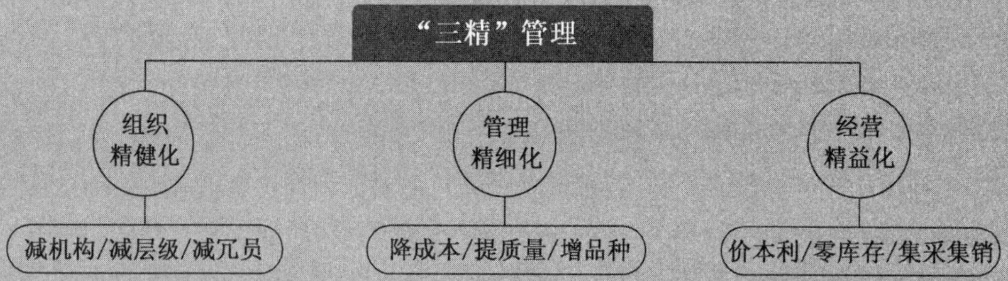

“2422”专项工作中，“2”指压减应收账款、存货，“4”指压减其他应收款、预付账款、带息负债、货币资金，“2”指压减资产负债率、资本开支，“2”指压减冗员、法人户数。深入实施“2422”专项工作，可全面提升企业运行质量，真正实现瘦身健体、提质增效。

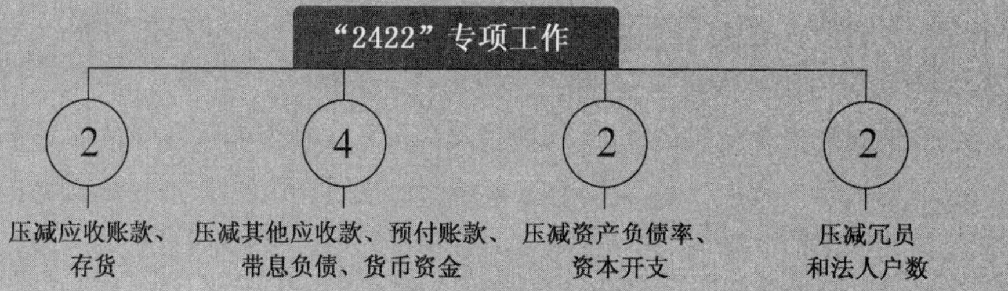

“三精”管理和“2422”专项工作是针对集团不断变强变优、迈入高质量发展阶段提出来的，是符合集团发展实际的管理工法，看起来朴实无华，但只要大家一丝不苟、扎扎实实地落实到位，就能成就企业的基业长青。当前正值年初，希望大家早细精实，继续深入落实“三精”管理和“2422”专项工作，进一步推动集团实现高质量发展。

［资料来源：中国建材官网］

三、控制的类型

按照不同的标准可以把控制划分为不同的类型。

1. 按照控制信息获取的时间划分

控制职能可以按照该活动发生的时间，即控制的事物发展进程处于哪一阶段，划分为前馈控制、现场控制和反馈控制。

（1）前馈控制

前馈控制又称事先控制，是指一个组织在一项活动正式开始之前所进行的控制活动。事前控制主要是对活动最终产出的确定和对资源投入的控制，其重点是防止组织所使用的资源在质和量上产生偏差。因此事前控制的基本目的是保证某项活动有明确的绩效目标，保证各种资源要素的合理投放，如各种计划、市场调查、原材料的检查验收、组织招工考核、入学考试等，都属于事前控制。

（2）现场控制

现场控制，又称为即时控制，是指在某项活动或者工作过程中，管理者在现场对正在

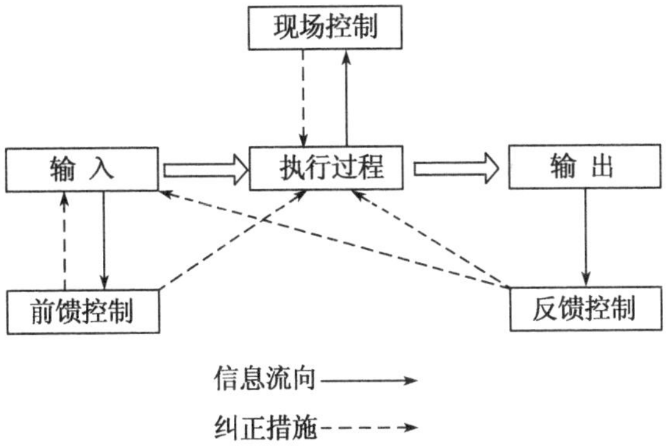

图 7-1　三类控制示意图

进行的活动或行为给予必要的指导、监督，以保证活动和行为按照规定的程序和要求进行的管理活动。现场控制是一种管理者与被管理者面对面进行的控制活动，其目的主要在于及时纠正工作中出现的各种偏差。现场控制的效果与领导者的工作作风、领导方式等密切相关。

现场控制集中表现在基层管理活动中，其内容主要包括：

① 管理者直接向下属指示适当的工作方法和工作过程；

② 在现场监督下属的工作，以确保计划目标的顺利实现；

③ 发现偏差，立即采取措施，予以纠正；

④ 发现以前未曾出现过的新问题，采取果断措施，予以纠正，或者及时向其他部门和人员上报情况。

现场控制是一种面对面的控制活动，有效的现场控制需要具备如下条件：

① 较高素质的管理人员。在现场控制中，管理者没有足够的时间对问题进行深入仔细的思考，也很少有机会和他人一起分析讨论，常常依靠自身的知识、能力和经验，甚至是"直觉"，及时发现并解决问题。高素质的管理人员不仅能迅速解决常见问题，而且面对棘手的新问题，也能及时做出准确的判断，并果断提出处理意见。

② 下属人员的积极参与。现场发生的问题常常是程序化的，多数操作性较强，注重问题的细枝末节。管理者在按照计划对下属实施控制的过程中，必须多听取下属人员尤其是一线人员的意见和建议。

③ 适当的授权。在现场控制过程中，管理人员必须及时发现问题、解决问题，不应当也不能事事都向上级请示，以免造成工作中断，错过时机。所以，担负现场控制责任的管理人员应当拥有相应的职权。

④ 层层控制，各司其职。一般而言，现场控制是上级管理者对下级人员的直接控制。一个组织中，可能同时存在多个管理层级，有效的现场控制必须由最熟悉情况的管理人员实施，才能保证全面而深入地了解问题并提出最为切实可行的方案，还可以避免多头控制和越级管理。因此，由熟悉第一手情况的直接管理者实施现场管理最为有效。

（3）反馈控制

反馈控制又称为事后控制，是管理控制工作的主要方式，是指在工作结束后，对组织的资源利用状况及结果进行分析总结。其控制的注意力主要集中在工作结果上，如对不合格产品进行修理、对违纪员工进行处罚。

> 管理启示：事后控制不如事中控制，事中控制不如事前控制，等到错误的决策造成了重大的损失才寻求弥补，有时是亡羊补牢，为时已晚。

反馈控制属于“亡羊补牢型”，在周期性重复活动中，反馈控制可以避免下一次发生类似的问题。但由于是事后控制，容易贻误时机，并且组织损失已经造成。

总而言之，前馈控制建立在组织能够评判资源的属性和特征的基础上，其目的是调整组织活动的资源的配置，以改善组织活动的结果。现场控制依靠计划执行中的管理者对信息的实时整理、加工、分析，并纠正执行计划的过程。反馈控制以组织工作结果为基础，通过总结规律，发现问题，改善下一个过程的资源配置与计划执行活动。这三种方法各有千秋。有效的管理控制不能只依靠一种控制方法，而是要根据特定情况将三种方法各有侧重地结合起来使用，以取得综合控制的效果。

阅读材料：扁鹊的医术

魏文王问名医扁鹊：“你们家兄弟三人都精于医术，到底哪一位最好呢？”

扁鹊回答说：“长兄最好，中兄次之，我最差。”

魏文王又问：“那为什么你最出名呢？”

扁鹊回答说：“我长兄治病，是治病于病情发作之前。由于一般人不知道他事先能铲除病因，所以他的名气无法传出去，只有我们家人才知道。我中兄治病，是治病于病情初起之时。由于一般人以为他只能治轻微的小病，所以他的名气只及于本乡里。而我治病，是治病于病情严重之时。由于一般人都看到我在经脉上穿针管来放血、在皮肤上敷药等大手术，所以以为我的医术高明，名气因此响遍全国。”

2. 按照管理控制所使用的手段划分

按控制的手段可以把控制划分为直接控制和间接控制两种类型。

（1）间接控制

间接控制是着眼于发现工作偏差，分析产生的原因，并追究个人责任使之改进未来的工作的一种控制。间接控制是基于这样一些事实为依据的：人们常常会犯错误，或常常没有察觉到那些将要出现的问题，因而未能及时采取适当的纠正或预防措施。在实际工作中，管理人员往往是根据计划和标准，对比或考核实际的结果，研究造成偏差的原因和责任，然后才去纠正。实际上，在工作中出现问题，产生偏差的原因是很多的。比如，有时是制定的标准不正确，可对标准做合理的修订；或者存在未知的不可控的因素，如未来社会的发展状况、自然灾害等，因此而造成的失误是难免的；再有，因管理人员缺乏知识、经验和判断力等，也会使工作出现问题。对于一些由于不肯定因素所造成的工作上的失误是不可避免的，同时间接控制方法也不起什么作用。但对于由管理人员主观原因所造成的管理上的失误和工作上的偏差，运用间接控制方法则可帮助其纠正。同时，间接控制可以帮助管理人员总结吸取经验教训，增加他们的经验、知识和判断力，提高他们的管理水平，减少管理工作中的失误。

间接控制也存在许多缺点，最明显的是当出现偏差，造成损失后才采取措施，因此它的费用支出是比较大的。

间接控制的方法是建立在以下五个假设之上的：工作成效是可以计量的；人们对工作成绩具有个人责任感；追查偏差的时间是有保证的；出现的偏差可以预料并能及时发现；有关部门或人员将采取纠正措施。但这些假设在实际当中有时是不能成立的，例如，工作成绩的大小和责任感的高低有时是难以精确计量或准确评价的，而且二者之间可能关系不大或根本无关；有时管理人员可能不愿意花费时间去调查分析偏差的原因；有的偏差并不能预先估计或及时发现；有时发现了偏差并查明了原因，可管理者有时却推卸责任或固执己见，而不去及时采取措施等。因有如上的一些原因，间接控制有很大的局限性，还不是普遍有效的控制方法。

（2）直接控制

直接控制是指对于间接控制而言的，它是着眼于培养更好的管理人员，使他们能熟练地应用管理的概念、技术和原理，能以系统的观点来进行和改善他们的管理工作，从而防止出现因管理不善而造成的不良结果。直接控制也称预防性控制。

直接控制是建立在如下假设基础上的：

① 合格的管理人员所犯的错误最少。所谓“合格”就是指他们熟练地运用管理概念、原理和技术，能以系统的观点来进行管理工作。

② 管理工作的成效是可以计量的。

③ 在计量管理工作成效时，管理的概念、原理、方法是一些有用的判断标准。

④ 管理的基本原理的应用情况是可以评价的。

直接管理有许多优点：

① 在对个人分配任务时能有较大的准确性。同时，为使主管人员合格，对他们经常不断地进行评价，也必定会揭露出工作中存在的缺点，并为消除这些缺点进行专门训练提供依据。

② 直接控制可以使主管人员主动地采取纠正措施并使其更加有效。它鼓励用自我控制的办法进行控制。由于在评价过程中会揭露出工作中存在的缺点，因而也会促使主管人员努力去确定他们应负的职责并自觉地纠正错误。

③ 直接控制还可以获得良好的心理效果。主管人员的素质提高后，他们的威信也会得到提高，下属对他们的信任和支持也会增加，这样就有利于整个计划目标顺利实现。

④ 由于提高了主管人员的素质，减少了偏差的发生，也就有可能减轻间接控制造成的负担，节约经费开支。

但需值得注意的是，采用直接控制方法是有条件的，管理者必须对管理的原理、方法、职能以及管理的哲理有充分理解，这就需要管理人员要采取各种途径进行学习，不断提高自己的管理水平。

3. 按照控制结构的不同划分

按照控制结构的不同,可以分为分散控制、集中控制和分层控制。

(1) 分散控制

分散控制是指若干个分散的控制机构为完成组织的总目标,根据自身的实际情况,按照局部最优化的原则,分别独自发布决策和控制指令,最终达到对自身部门的有效控制。这种控制方法的特点是各个控制机构有共同的组织目标,同时,日常一般性事务有各个部门自行控制。该控制方法主要适用于结构复杂、功能分工较细的组织。

(2) 集中控制

集中控制是指组织由一个集中控制机构进行整体控制,各部门把组织中的各种信息都传递到集中控制机构,由集中控制机构进行统一的加工整理,并根据组织目前的发展状况以及控制目标,直接发出控制指令,统一操控所有组织成员进行有效的活动。

(3) 分层控制

分层控制是把以上两种控制方法结合在一起的一种控制方法。它是指把组织的管理系统分为若干个层次,上一个层次的控制机构对下一个层次的控制机构进行监督和指导,是一种导向性的间接控制。而每一个层次内部又是一个独立的系统,其具有独立的控制能力,可以对系统内部进行优化处理。

四、实施有效控制的要求

一个组织进行有效控制,其控制系统需要具备以下特征:

1. 适时控制

适时控制是指组织的控制系统及时提供信息,并对信息迅速做出管理上的反应。组织在管理活动中出现偏差无法避免,但如果能够及时发现偏差的存在,并采取措施加以纠正,就能避免偏差的进一步扩大。解决这个问题的最好办法是建立组织经营状况的预警系统。该系统为控制的对象设定了一个警戒线,一旦控制对象的数据超过了这个警戒线,预警系统就会发出警报,提醒人们采取必要的措施以防止偏差的产生或扩大。

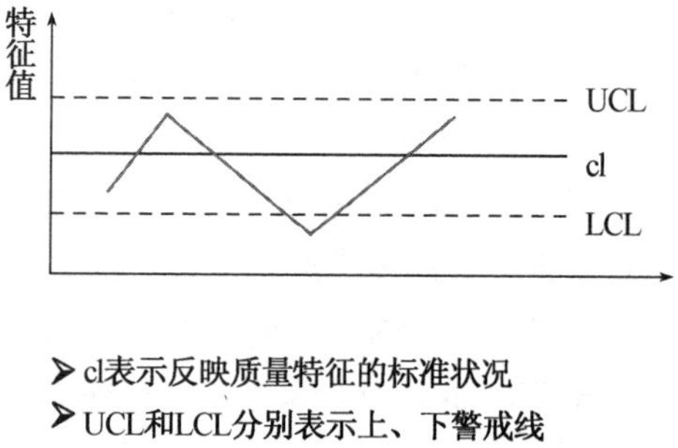

图 7-2 组织预警系统图

2. 适度控制

适度控制就是指控制的范围、频度和程度要恰到好处。组织在进行控制时恰到好处,主要表现在以下两个方面:

(1) 杜绝控制过多或控制不足

直接控制往往会使控制者与被控制者产生冲突,使得被控制者内心不愉快。但如果因噎废食导致控制不足有可能产生组织活动的混乱。控制是计划实施的保证,是各部门协调运作的指示棒,也是遏制利用组织资源谋求个人利益的报警器。所以有效地控制应该是在防止组织成员间发生强烈冲突的情况下,对组织活动进行监督和检查。

（2）注意重点控制与一般控制的关系

任何组织都无法做到对每个部门、每一环节的每个员工的每一时刻的工作情况进行全面的控制。所以，组织可以利用技术手段找出影响组织的关键环节和因素，分离出重要的环节、一般的环节以及不重要的环节，对重要的环节进行重点控制，一般的环节进行一般控制，不重要的进行简单控制。

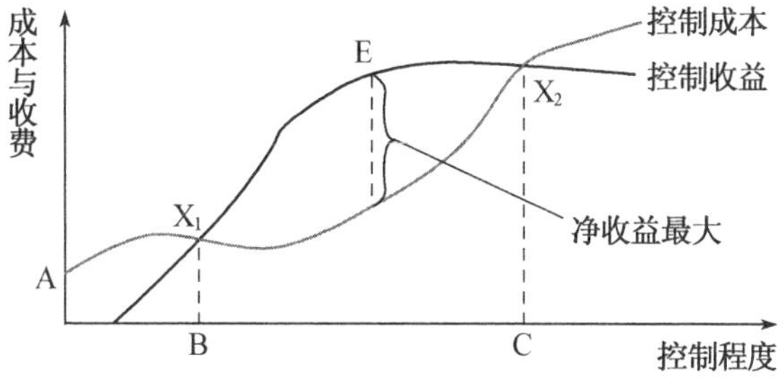

图 7－3　组织控制成本与效益分析图

3. 客观控制

组织的控制工作是针对企业的实际情况采取的纠偏措施，因此，控制必须是符合客观实际的。客观性主要来源于对组织经营状况的客观了解和评价。所以，要使组织控制过程客观，首先必须建立客观的计量体制，采取适当的检查技术手段，准确地反映组织时空上的变化程度与分布状况，从而做出客观准确的评价。其次，管理人员要慎重获取组织活动的信息，其隐含的内在含义：产品产量的大幅提高有可能是牺牲了产品的品质，产品销量的背后可能是过于宽泛的信用政策或者是对产品功效做了不切实际的保证等。

阅读材料：小仙炖：助推中式滋补行业创新绿色发展

北京小仙炖生物科技有限公司（以下简称“小仙炖”）作为新消费品牌的代表、中式滋补行业优秀的民族企业，近年来积极承担使命与责任，坚持品牌支撑和文化引领，以绿色赋能中式滋补现代化突破，通过品类创新、模式创新、供应链创新、工艺创新、服务创新等覆盖全产业链、全业务的体系化创新，在传统燕窝滋补产品的基础上革新升级，发展出一套完整的燕窝滋补解决方案，并通过引进 C2M 创新模式，拉近了消费者与燕窝滋补的距离，实现了优秀民族品牌的快速成长，获得了企业高质量发展的显著成效。

小仙炖创立于 2014 年，从行业黑马到行业知名品牌，8 年里小仙炖以用户为核心，通过品类、模式、供应链、体验、数字化等创新维度，满足消费者不断升级的健康滋补需求，实现传统中式滋补行业的现代化突破。

根据小仙炖官方数据，2021 年“双 11”期间，小仙炖分别获得天猫医药健康、京东燕窝、抖音滋补类目榜单第一，这也是继 2020 年“双 11”之后，第二次占据天猫医药健康榜首。见微知著，小仙炖鲜炖燕窝销量成绩优异的背后，是企业对品牌创建的精准定位和消费者对该品牌的认可。

“创立之初，小仙炖曾对燕窝市场进行过深度调研，发现用户在食用燕窝时存在很高的消费门槛：一是原料难鉴别，二是不知如何炖，三是不懂如何吃，四是没有时间坚持。即食燕窝虽然很方便，但保质期长，无法满足消费者对此类产品新鲜度的需求。在洞察消费者吃燕窝的难点后，小仙炖创新了鲜炖燕窝这一品类，并从此开启了基于传统中式滋补行业的系统性创新之路。"小仙炖鲜炖燕窝创始人、首席产品官林小仙说。

好产品来源于好原料。据介绍，小仙炖精选马来西亚、印尼可溯源燕窝，同时对燕窝原料进行30项检测，确保高品质。燕窝原料验收合格进入工厂后，还要经过9道预处理、3道挑拣，质检合格后才会进入炖煮环节。

在小仙炖鲜炖燕窝工厂内，一位位身穿一体式防尘服的工人低头手工挑选合格的燕窝原料，一个个接受气洗、水洗、气洗三段式清洁排列整齐的燕窝瓶罐，一件件经历180次360°旋转可溯源的鲜炖燕窝成品等生产环节被开放供消费者参观，这也是小仙炖鲜炖燕窝生产的底气与自信。

2019年，小仙炖在行业内率先建成获得鲜炖燕窝方便食品SC生产许可的工厂。该工厂的建立标志着鲜炖燕窝从即食燕窝的罐头食品生产标准中分离出来，拥有了独立的生产标准。目前，该工厂已获得十大认证，包括ISO9001、溯源认证、GMP、HACCP、ISO22000和FSSC22000、SQF、SGS鲜炖燕窝供应链全程监控认证、环境管理体系认证、职业健康安全管理体系认证。

此外，2021年，小仙炖率先在行业内发布全产业链生产过程管理规范《鲜炖燕窝良好生产规范》标准，填补了行业内在生产过程标准化管理方面的空白。小仙炖还起草发布了《鲜炖燕窝质量要求》。

随着两大团体标准的发布，小仙炖也对外输出了从产品生产体系到产品质量控制体系的全套团体标准，向行业分享小仙炖的品质管理经验。

［资料来源：北京小仙炖生物科技有限公司官网］

第二节　控制过程

尽管实际控制工作千差万别，但控制的基本过程都是相同的。不论控制的对象是新技术的研究与开发，还是产品的加工制造，是人力条件，还是财力资源，控制的过程都包括制定控制标准、衡量工作绩效、纠正偏差三个基本环节。

7-2 阅读材料

一、制定标准

要控制就要有标准，离开可比较的标准，就无法实施控制。因此，控制过程的首要步骤就是拟定控制标准。

管理启示：控制工作需要管理者把计划转化为更具体、可测量的考核标准，才能确保员工通过自我检查消除不必要的偏差。

1. 明确控制对象

为保证组织目标的实现，需要把组织的计划进行细分，使得组织各项活动以及各个环节都设定标准。不同的标准根据不同的控制对象来确定。由于管理者不可能对全部影响组织实现目标的因素都进行控制，因此，管理者需要详细分析并确立组织活动要实现的目标，建立组织各层次人员的目标体系，从中选择重点因素作为控制对象。

2. 选择关键控制点

关键控制点也被称为战略控制点，是指事关组织发展的要害环节，能够影响整个工作运作过程的重要事项。事实上，企业控制住了关键点，也就控制了全局。比如，啤酒酿造企业中，啤酒质量是控制的重点对象，尽管影响啤酒质量的因素很多，但首先要抓住水的质量、酿造温度和酿造时间，才能保证啤酒的口感。

关键控制点一般有三个特征：第一，是组织在重大损失出现之前显示出差异的事项；第二，在时间或空间上它能够反映组织某一方面的绩效水平；第三，不同部门、不同的业务性质可能有完全不同的关键控制点。

3. 制定控制标准

选出了关键控制点后，还需要对每一个关键控制点确定相应的控制标准。

(1) 控制标准的要求

每一个控制点都要有相应的控制标准。在控制过程中要发挥有效的控制作用，该标准必须满足以下五个条件：控制标准要简明扼要，通俗易懂；标准的制定要有利于组织目标的实现；控制标准要有可行性；控制标准要灵活性，能够适应内外环境的剧烈变化；控制标准要有前瞻性，避免不必要的损失。

(2) 控制标准的类型

在控制过程中，可供选择的标准主要有：

① 实物标准与价值标准

实物标准是非货币衡量标准，它以实物单位数量作为计量的标准。耗用原材料、耗费劳力、提供服务及生产产品的数量常常采用这种标准。它能反映诸如单位产品产出所需工时数、耗电度数、原材料消耗量以及吨公里油耗、机器台时产量等数量标准。也可反映品质，诸如轴承的硬度、公差的精密度。汽车的最大时速、房屋的抗震强度等。

在应用货币值衡量业务工作绩效时，会产生各种不同的价值标准。价值标准没有确定的实物单位而只以一定的金额予以表示，用以衡量投入、产出的绝对金额数或者相对数。例如，企业在某一段时间范围内的销售额、工资总额、注册资本金、成本总额、流动资金占用额、应收账款以及投资报酬率、流动资产与流动负债比率、固定投资额与总投资比率等。

② 成本标准与收益标准

成本标准都是货币衡量标准，可以认为是价值标准中的一种。这类标准是将经营活动的成本用货币值来表示。常见的成本标准有：单位产品的直接成本、间接成本、原材料成本、工时成本、单位时间的人工成本、单位销售额的销售费用等。

把货币标准应用于经济活动的收入即为收益标准。收益标准是多种多样的，如产品销售额、营业收入营业外收支净额以及利润总额、单位产品利润额、人均获利额等。

③ 历史标准与计划标准

过去曾经达到的历史水平可以作为未来的控制标准。例如，一些企业将历史上最高利润额作为本年度的利润标准，这就是历史标准。

管理人员也可以编制计划指标，以此作为未来管理活动过程中的控制标准，这样的标准称为计划标准。例如，企业可以根据市场竞争激烈程度和自身发展的要求提出新产品开发的计划指标——每半年推出一种新产品，以此作为未来三年内研究开发部门工作的控制标准。

④ 有形标准和无形标准

一般地，可以用实物或者价值指标量化的标准，称为有形标准。有形标准又称定量标准。例如，在一定的技术条件和确定的品级条件下，炼一吨铁需要的铁矿石数，生产一吨尿素需要的原煤吨数等，都是可以量化的。

那些难以定量化的，既不能用实物作标准又不能以货币来衡量的标准则称为无形标准或者定性标准。例如，衡量采购主管或人事主管的工作能力的标准，确定广告效果的标准，确定公共关系活动成效的标准等，这些都是很难量化的无形标准。

在企业中有不少无形标准，这是由于在工场、分销店、运送室或会计部门等方面还没有研究出适当的绩效评定标准。也许更重要的原因是在业绩中涉及人事关系时，要衡量何谓“良好”“有效果”或“有效率”，那是十分困难的。心理学家和社会计量学家在测试、调查和抽样方法研究上做出了很大的努力，也取得了一些成果，但对于人事关系的控制仍然必须依靠无形的标准。

(3) 制定控制标准的方法

控制的对象不同，控制的方法也不同。通常制定控制标准的方法有三种。一是统计分析法，该方法是应用统计学的原理，它是根据企业的历史数据记录或是对比同类企业的水平，应用统计学方法确定的标准；二是工程测算法，相应的标准称为工程标准。它是以准确的技术参数和实测的数据为基础制定标准的方法；三是经验估计法，相应的标准为经验标准。它是有经验的管理人员凭个人主观经验确定的标准，一般作为统计法和工业工程法的补充。

阅读材料：“标准”乡村基

中餐的美味，闻名中外；中餐的历史，源远流长。然而在快餐领域，却是西餐领先。究其原因，自然多种，但其中有一点不可忽略，那就是标准化。24 年乡村基成为全国中式快餐直营门店数量第一的快餐品牌，乡村基是如何一步步完成自己千店直营梦的呢？作为厨师出身的乡村基创始人李红，从一开始就知道人才的重要性，而乡村基做的是中式快餐，做的是现炒，而现炒，肯定就离不开“人”，厨师水平的标准化就成了重要因素。

李红通过以下手段，将现炒走上一条标准化的道路，这也是乡村基能屹立不倒 24 年并且茁壮成长的决定因素。

1. 将原料、产品标准化，提高效率

快餐的本质是一门效率的生意，在追求味道的同时，效率同样至关重要。为了做到这一点，乡村基选择将传统手艺的精工细作进行标准化规范，既保障了口味又提升了效率，比如对每道菜原料切菜的方式、产品的色香味等。

2. 将厨师手艺标准化，不过分依赖厨师

以往，现炒还有一个致命的劣势，那就是过分依赖厨师。为了规避这一点，创始人李红还将厨师手艺进行标准化，对每道菜的烹调技术、菜肴风格等特征进行拆解，炒菜时的油温、放菜顺序、时间等进行标准化。

3. 建厨师大学，解决扩张问题

和其他餐饮企业，优质店长数量的多少决定门店的扩张速度一样，对于现炒快餐来说，优质店长必不可少，但优质厨师的数量才是决定店铺扩张的重要因素。

在过去的24年，乡村基内部一直注重厨师人才梯队的培养，不仅在内部建立乡村基厨师大学，实行传帮带制度，对新入职厨师进行培训和常规复训。

还通过提高厨师地位的方法，设立了一套晋升制度，很多大厨已经转换到管理岗，做到公司中高层，每年还会举办厨神争霸赛，厨师表彰大会等。

乡村基是“另类”的，其成功的最大基因正是来自对于“标准化”近乎苛刻地追求。米饭必须淘几次，用多少升水泡多久，厨房里每一道菜的调味搭配，多少克盐、多少克花椒、多少克海椒，乡村基一定是用电子称称出来的。正是这种餐饮企业里最苛刻的标准化执行，让乡村基的每一道菜也许口感不是所有馆子里最好的，但绝对是最稳定、最一致的。

［资料来源：1. 乡村基官网。2. 凭借川菜快餐化，乡村基23年开出超800字直营连锁店. 李红. 餐饮世界. 2019年09期］

二、衡量绩效

制定标准是为了用于衡量实际业绩，即把实际工作情况与标准进行比较，找出实际业绩与控制标准之间的差异，并据此对实际工作业绩做出评估。

1. 确定衡量的主体、客体和方法

（1）衡量的主体

组织的结构是复杂的，控制过程是分层次的。衡量绩效的主体可以是员工个人，即对自我的控制，也可以是同一层级的其他人员，又可以是上级管理人员。自我控制是调动自身积极性、主动性的控制，例如“目标管理”。同一级的其他人员的控制是一种带有指导性的监督控制，而上级管理人员的控制则是一种强加的、非自主的控制。

（2）衡量的客体

衡量的客体是衡量绩效工作的前提。它是管理者落实实际衡量工作的起点。管理者要衡量什么环节的哪一工作决定于它的重要程度，但人们往往偏重于易于衡量的项目，而忽视不易衡量的项目，这使得控制过程出现管理偏差，所以，衡量客体的选择要客观。

(3) 衡量的方法

管理者可通过观察、报表、报告、抽样调查、召开会议等多种方法来获得实际工作绩效方面的资料和信息。各种衡量方法各有利弊,在衡量实际工作绩效过程中应该具体问题具体分析,多种方法结合使用,以确保所获信息的质量。

2. 确定考核的频度

考核的频度是指衡量的次数或频率。有效的控制要求确定适宜的衡量频度。控制过多,考核的频度过快,不仅会增加组织的控制费用,同时也可能导致工作人员的不满,产生抵触情绪,影响生产经营。控制过少,衡量频度过慢,则可能造成不能及时发现偏差,给组织带来损失。

组织采取什么样的频度,关键取决于被控制对象的性质及其要求。如新产品开发的控制常常以月为单位进行,而产品质量的控制则以小时或日为单位进行。

3. 建立信息反馈系统

由于工作的复杂性,控制工作的开展有时候需要借助专职检测人员来协助完成,并且需要建立一个有序的偏差信息传递系统,以保证有效的信息反馈。该系统不仅可以把信息传递给上级管理人员,同时也可以传递给被控制的下级员工,使之能够自我检查,及时改正。

4. 检验标准

衡量组织各环节的工作绩效是以预定的标准为依据进行的。如果实际工作与标准之间存在偏差,那么可能由两种情况导致。第一种是组织实际工作没有严格按照计划进行;第二种是标准本身不合理。如果是第一种情况导致的,那就及时采取纠偏措施,尽量减少组织的损失。如果是第二种情况导致的,就需要修正和更新标准,以免误导组织的工作。所以,检验标准的有效性与客观性是进行绩效评价的重要环节。

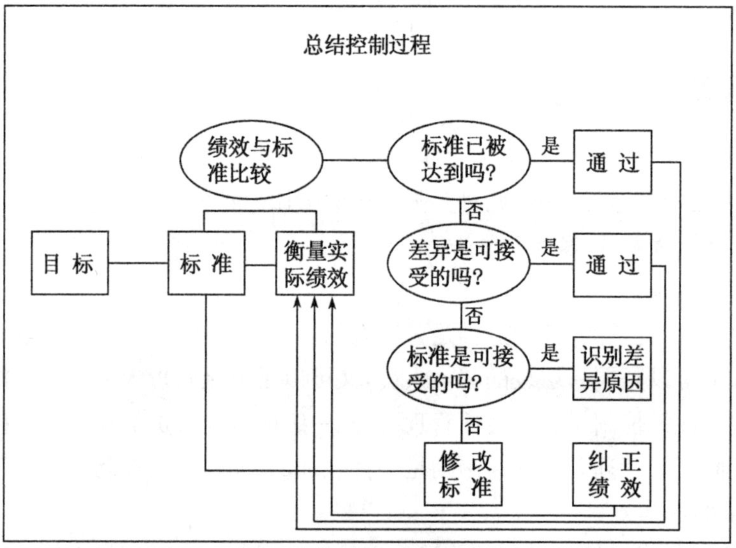

图 7-4 控制过程图示

三、纠正偏差

1. 找出偏差产生的原因

一般来说，造成偏差的原因有几个方面：

(1) 计划操作的原因

这是由于计划执行者的自身原因使偏差发生，如工作不认真、没有责任心、能力不强等。

(2) 外部环境发生重大变化

这是指因外部环境发生重大变化产生偏差，如国家政策变化、国际政治风云突变、自然灾害等。

(3) 计划不合理

本身制订计划时不切实际、盲目乐观，致使根本无法达到；或者由于太保守，计划定的太低。

2. 纠偏措施的具体措施

纠偏的具体措施有两种，即立即执行的临时性应急措施和永久性的根治措施。临时性应急措施是迅速、直接地解决影响组织正常活动的紧迫性问题，而永久性的根治措施是通过认真探究偏差原因，采取根治措施，消除偏差产生的根源和隐患。

在管理工作中，很多管理者往往充当“救火员”的角色，总是不断采取临时性应急措施消除新出现的紧迫问题，却没有认真分析产生“火源”的原因在哪里。临时性应急措施和永久性的根治措施在组织管理过程中都必不可少，但过多使用临时性应急措施会把自己置身于被动地位。

3. 纠偏需要注意的问题

第一，经济效益最大化。采取措施给组织带来利益，所付出的成本小于不采取任何行动使偏差任意发展可能给组织造成的损失。如果付出的成本大于不采取任何行动造成的损失，那么最好的方案也许是不采取任何行动。通过各种消除偏差的方案的比较，找出其中追加投入最少，解决偏差效果最好的方案来实施。

第二，纠偏要及时、迅速。就一般情况而言，出现的偏差由于惯性的作用，随着时间推移不断扩大，有时甚至是以递增的比率扩大。因此，纠偏必须果断，迅速。

第三，消除员工对纠正措施的疑惑。任何纠偏的措施都会不同程度上引起组织内部结构、关系和活动的调整，从而会涉及员工的利益分配，受到人们的抵触。所以，管理者应充分考虑员工对采取的措施的态度，争取他们的理解，消除他们的疑虑，避免在纠偏方案实施时出现人为因素造成的障碍。

第三节　控制技术

不同的控制对象，其控制内容不同，在特定的内外界环境下，就需要分析各种控制方法的适应条件，采取恰当的控制方法，常用的方法有以下几种。

一、预算控制

所谓预算，就是用数字特别是用财务数字的形式来描述企业未来的活动计划，它预估了企业在未来时期的经营收入或现金流量，同时也为各部门或各项活动规定了在资金、劳动、材料、能源等方面的支出不能超过的额度。

1. 预算的种类

对于不同的组织而言，其预算会各不相同，即使同一个组织内部的不同部门，也会有各种各样的预算。归纳起来，预算可分为以下几种基本类型：

(1) 收支预算

收支预算又称营业预算，是指组织在预算期内以货币单位表示的收入和经营费用支出的计划预算。其中收入预算应考虑到可能的各方面的收入。但最基本的收入还是销售收入或财政拨款。由于组织的收入预算是组织支出预算和盈利预算的基础，所以应尽可能准确地估计各项收入的数量和时间。各组织费用支出项目往往比组织收入项目多且杂，如企业的经营费用预算科目可能像它会计科目表中的费用分类一样多，如材料费、管理费、水电费、人工费、差旅费、招待费等。在支出预算时，各种可能产生的费用开支均应尽可能地充分考虑，并适当安排一些不可预见费，以应付一些额外的开支。

(2) 实物量预算

实物量预算又称非货币预算，是指以实物量预算来作为货币量收支预算的补充和认证。由于以货币量表示的收支预算会受商品价格波动的影响，因而常常会造成收支预算与实物量投入产出计划时间的不一致，所以许多预算用实物单位来表示，比用货币单位表示更好。普遍运用实物单位的预算有：直接工时数、台数、原材料数量、面积、体积、重量、生产量和场地面积等。

(3) 投资预算

投资预算又称资本支出预算，是指组织为更新或扩大规模，投资于厂房、机器、设备等其他有关设施，增加固定资产的各项支出的预算。此外，组织的人事发展、新市场的开发、研究和发展规划等投资，由于其数额较大，回归期长，需要慎重考虑，列出专项预算。这项预算应和组织的长远规划结合起来考虑。

(4) 现金预算

现金是指现实的、可随时使用的资金。组织中有些用货币量表示的资金，实际上处于实物形态并不能自由使用；也有些资金只是挂在账上，实际上并没有到手，这些资金均非现金，它们虽然也是组织的资产，但不能像现金那样自由使用。拥有一定的现金以偿付到期的债务是组织生存的首要条件。现金预算，就是要估算计划期可能提供的现金和所需要的现金，以求得平衡。它是以收入和支出预算中的基本数据为基础编制的。

(5) 负债预算

负债经营是组织保持财务收支平衡的重要措施，包括向银行贷款、社会集资、发行股票等。负债预算要考虑一定时期的资产、债务和资本账户的状况、预计筹资方式、途径和数量以及还款时间、方式和能力，防止“资不抵债”是负债预算的重要任务。负债预算通过各部门和各项目的分预算汇总在一起，表明如果组织的各种业务活动达到预先规定的标准，在财务期末组织资产负债会呈何种状况。另外，通过将本期预算与上期实际发生的资产负债情况进行对比，还可发现组织的财务状况可能会发生哪些不利变化，从而指导事前控制。

(6) 总预算

总预算是一种对预算期的最后一天(通常是会计年度的结尾时)的财务状况的预测，是由组织中各种预算综合而成的。总预算包括预计的资产负债表和资产损益表。资产负债表预测资产、债务和权益，表达了组织财产的具体情况；资产损益表预计收入、支出及利润，表达了组织的经营状况和成果。总预算中还需附有编制预算所必需的有关数据和资料，以及可能会出现的情况分析。总预算的编制要以组织目标和计划为依据。

2. 预算编制的程序

对企业来说，预算控制一般需要经过如下程序：

(1) 深入了解企业在过去财政年度的预算执行情况和企业在未来年度的发展战略规划，以此作为企业制定预算的重要依据。

(2) 围绕企业的发展战略规划和企业内外环境条件，制定企业的总预算，主要包括收入总预算、支出总预算、现金流量总预算、资金总预算、主要产品产量和销量总预算等，并粗略编制企业的预算资产负债表。

(3) 将企业总预算中确定的任务层层分解，由各个部门、基层单位以及个人参照制定本部门、本岗位的预算，上报企业高层管理部门。

(4) 企业高层决策者在综合企业各个部门的上报预算之后，调整部门预算，甚至调整总预算，最终确定预算方案，并下发各部门。

(5) 组织贯彻落实预算确定的各项目标，在实施过程中予以监控，及时发现问题并采取相应的措施。

当然，一些企业为了使预算更加符合企业实际，可能将预算草案在企业内部多次上下传阅，征求意见并进行修改，直到满意为止。

3. 预算的作用

组织管理中最基本、最为广泛运用的一种控制方法就是预算控制方法。预算具有的控制作用表现在以下一些方面：

(1) 便于管理者了解和控制组织的财务状况。预算通常规划和说明了资金的来源及分配计划，掌握了预算状态，就能有效地控制组织的资金财务状态。又由于预算是用货币来表示的，这为衡量和比较各项活动的完成情况提供了一个清晰的标准，从而使管理者可通过预算的执行情况把握组织的整体情况。

> 思考：张瑞敏说：“要在国际市场竞争中取胜，第一是质量，第二是质量，第三还是质量。”张瑞敏在海尔率先提出了“零缺陷”的质量管理战略。请问你是如何理解“零缺陷”的？

(2) 有助于管理者合理配置资源和控制组织中各项活动的开展。组织中各项活动的开展，几乎没有不与资金打交道的，资金作为一种重要的杠杆，调节着各项活动的轻重缓急及其规模大小。预算范围内的资金收支活动，由于得到人力物力的支持而得以进行,没有列入预算的活动,由于没有资金来源,也就难以开展活动,预算外的收支,会使管理者及时了解情况而被纳入控制。因此,管理者可通过预算,合理配置资源,保证重点项目的完成,并控制各项活动的开展。

(3) 有助于对管理者和各部门的工作进行评价。由于预算为各项活动确定了投入产出标准,要能正确运用,就可以根据预算的执行情况,来评价各部门的工作成果。同时,由于预算还可控制各级管理人员的职权,明确他们各自应承担的责任,做到责、权、利的落实,达到有效控制的目的。

(4) 可以使管理者在财务上做到精打细算,杜绝铺张浪费的不良现象,有效地控制和降低成本,提高效益。

运用预算控制应注意以下两个问题:

① 预算要有一定的弹性,不能过细、过死。对于主要活动及其费用的支出,应严格控制。但对一些细小的活动,不必面面俱到,以免主次不分或顾此失彼。

② 预算目标不能取代组织目标。预算是为实现组织目标服务的,有的管理者热衷于使自己部门的费用支出不超过预算,而忘记了自己的首要职责是千方百计地去实现组织目标,这是不可取的。

二、非预算控制

管理者用来进行控制的非预算方法大致分为行政控制、经济分析及其他特殊控制技术等几类。

1. 行政控制

行政控制是泛指借用行政手段监测、控制受控系统的方法,主要包括以下几种:

实地观察,即管理者亲自到工作现场,对受控系统的运营直接巡视、察看,了解运行情况,直接衡量工作绩效,如发现偏差,则予以及时纠正。

资料统计,即利用连续反映受控系统运行情况的原始记录,实施有效的控制。坚持对有关统计资料进行分析与积累,控制系统运行,监测偏差,并及时采取纠正行动。

报告,即关于受控系统运行信息的各种报告。这些报告较为详尽地提供有关信息并进行偏差分析,为纠正偏差的行动提供依据和指南。

会计核查与审计,即借助会计或审计手段考察财务记录的可靠性和真实性,并进而了解与控制企业的生产经营活动。这种控制手段既可以由企业内部有关人员进行,又可以聘请企业外部的专家来进行。

企业诊断。由有关专家,对企业经营的诸方面或某一特定方面进行调查分析,找出存在的问题,提出解决问题的建议等一系列活动。企业诊断,有利于深入分析研究一些问题,摸清产生问题的根源,从而为采取有力纠正措施提供可靠依据。它是管理控制的一种有效工具。

2. 经济分析

利用管理经济学和管理会计所提供的一些专门方法,对实际系统进行经济分析,是管理控制的重要手段。比率分析和盈亏平衡点分析是常用的两类方法。

三、市场控制

1. 市场控制的含义

市场控制是指在企业内部管理的过程中，借用市场机制与市场价值体系进行评估与控制的方式。

2. 市场控制的层次

(1) 公司层的市场控制

现代大公司大多进行多角化经营，设置独立面向不同市场面的事业部，公司高层不可能进行传统意义上的控制。通常采用盈利率、市场占有率等市场指标进行控制与评价。这既有利于激励事业部的独立经营，又保证了公司高层的有效控制。

(2) 事业单位层次上的市场控制

为了有效控制事业单位内部各部门与职能的高效运行，可以模拟市场交易机制的运行。为内部各部门之间提供产品或服务，参照市场价格制定内部转移价格或称内部结算价格。

(3) 个人层次上的市场控制

通过人才市场的价格与同绩效挂钩的奖酬体系衡量员工价值来加以控制的方式，主要包括以下内容：

通过招聘薪金衡量员工价值：不同水平的管理者和不同技能的员工，其在招聘过程中的薪金水平会有明显的不同。这就会通过薪金来控制聘用人才的质量，并进而激励原有企业员工的培训提高。

建立与绩效挂钩的奖酬体系：通过这一体系，将员工的工作数量与质量同奖酬紧密挂钩，就会有效地控制员工的工作状况与效果。

董事会对经营者的控制：经营者对企业绩效具有至关重要的作用。因此，董事会对经营者的激励与控制也就显得极为重要。其对经营者的市场控制主要表现为：一是通过职业经理人市场，挑选与淘汰经营者；二是建立与绩效紧密挂钩的奖酬体系来加以控制。一般有两种典型的激励方法：短期激励，即经营者的奖金与短期利润目标直接挂钩；长期激励，即经营者奖酬的相当部分取决于他所管理的公司的长期绩效，通常是股票期权。

四、社群控制

1. 社群控制的含义

社群控制是指以一定文化为基础，一定的群体依靠共同价值和群体规范导向、规范与约束其成员的一种社会控制力。

2. 组织文化是社群控制的基础

组织文化是组织全体成员共同创造并共同信奉的信念与价值观。组织文化对组织及其成员具有巨大的导向与规范作用。而且，这种导向与规范作用是内在的，远比传统控制的外在作用的力度要大得多，持续的时间要长得多。

这就使得建立在组织文化基础上的社群控制具有其他控制所不具备的优势。不同组织的文化有强有弱，进而对组织的控制产生不同的影响。

3. 授权赋能是社群控制的必要条件

实行社群控制，就必须充分信任员工，对员工进行授权赋能，给予员工必要的决策权，相信他们会从组织的利益出发处理问题。在价值指导的框架中，激励员工培养和运用判断能力，自主地、负责地、灵活地处理工作。

4. 建立自我指导型团队

在社群控制的体系下，对传统控制手段，如监督、检查、干预，取而代之的则是自我指导型的团队。即在组织内，重建激励机制，强化责任感和团队精神，实行建立在相互尊重，高度自觉基础上的自我控制。

5. 实行实时控制

实行社群控制，由于是一种充分授权与高度自觉的控制，每个成员都能独立自主地、随时处理各类问题，因此，完全可以实行真正的实时控制，而不必再进行事后控制。社群控制对于解决紧急而复杂的经营管理问题，具有得天独厚的优势。

五、全面质量管理

1. 全面质量管理的含义

就是指一个组织以质量为中心，以全员参与为基础，目的在于通过顾客满意和本组织所有成员及社会受益而达到长期成功的管理途径。在全面质量管理中，质量这个概念和全部管理目标的实现有关。其特点是：它具有全面性，控制产品质量的各个环节，各个阶段；是全过程的质量管理；是全员参与的质量管理；是全社会参与的质量管理。

2. 质量控制的四个阶段

第一个阶段称为计划阶段，又叫 P 阶段(Plan)。这个阶段的主要内容是通过市场调查、用户访问、国家计划指示等，摸清用户对产品质量的要求，确定质量政策、质量目标和质量计划等。

第二个阶段为执行阶段，又称 D 阶段(Do)。这个阶段是实施 P 阶段所规定的内容，如根据质量标准进行产品设计、试制、试验，其中包括计划执行前的人员培训。

第三个阶段为检查阶段，又称 C 阶段(Check)。这个阶段主要是在计划执行过程中或执行之后，检查执行情况，是否符合计划的预期结果。

最后一个阶段为处理阶段，又称 A 阶段(Action)。主要是根据检查结果，采取相应的措施。

PDCA 管理循环基本工作程序。PDCA 管理循环是全面质量管理最基本的工作程序。即计划——执行——检查——处理(Plan、Do、Check、Action)。这是美国统计学家戴明(W·E·Deming)发明的，因此也称之为戴明循环。这四个阶段大体可分为八个步骤(见图 7－5)。

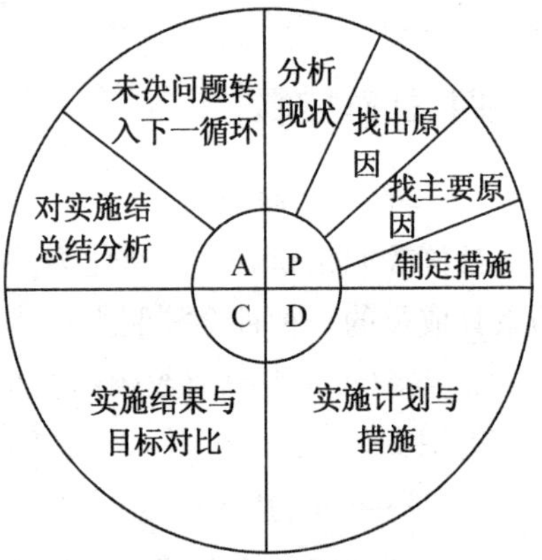

图 7－5　PDCA 循环

PDCA 循环管理法的特点：PDCA 循环工作程序的四个阶段，顺序进行，组成一个大圈;每个部门、小组都有自己的 PDCA 循环,并都成为企业大循环中的小循环。大循环套小循环,互相促进,整体提高;阶梯式上升,循环前进。企业的质量管理循环是连续进行的,但每个 PDCA 循环都不是在原地简单重复,而是每次都有新的提高。

总 结

转向高质量发展,是新时代中国经济的鲜明特征。中国正在推进的高质量发展,就是要从“重视数量”转向“提升质量”,从“规模扩张”转向“结构升级”,从“要素驱动”转向“创新驱动”。面对百年未有之大变局,在新的转型周期下,中国企业应该寻求高质量发展的破局之道,回归中国情境、运用中国智慧融合西方理论来打造品牌,是中国谋求高质量发展的有效途径。控制是指对组织内部的管理活动及其效果进行检查和校正,以确保组织目标以及为此拟定的计划得以顺利实现的管理活动。控制的过程即是各级管理人员事先依据预定的计划确定组织活动的标准,根据实际工作与标准的差异进行绩效评价,从而找出偏差,并采取措施,消除偏差的过程。在实际管理中,控制是无处不在,找到产生偏差的原因并采取合理有效的解决办法十分重要。

【课后训练】

一、案例分析

管理者的困惑(七):国龙集团如何实现有效控制

2018 年月 12 日国龙集团铝业公司在销售产品过程中,出现了销售调拨单及销售章真实,财务专用章及增值税发票系伪造的现象,导致被骗货 30 吨,案值 45 万余元的重大损失。具体手段如下:

1. 一位陌生客户隐匿真实情况,到公司销售公司开具了真实的产品销售调拨单,使用伪造的财务专用章及增值税专用发票,私盖印章,然后到销售处盖销售章,最后到储运车间提货,导致事故发生。

2. 利用财务部在三楼办公,销售公司在一楼营业,储运发货在公司后区的劣势,经过长期预谋,使用假牌照的报废车作案。骗过了公司财务部收款开发票关、销售公司对接关、储存车间发货核对关、保卫科车辆出入口验收关、齐鲁石化股份公司门卫查证关。以上几个方面充分反映出某公司在管理上存在很大的漏洞,亟待堵塞。

本事件的发生,引起了集团管理者的高度重视,展开紧急会议,寻找自身问题:

1. 由于业务量大及从未出现类似事故的侥幸心理,主观麻痹大意,财务部与销售公司、发货处、保卫科没有建立起紧密结合的防范措施和监控网络,存在严重漏洞。不能及时沟通,只知道按旧流程办事,给犯罪分子提供了作案的机会。

2. 印鉴管理失控。财务印鉴与销售印鉴缺少防伪措施,使用掌管存在漏洞,在加盖印鉴时未能得到有力的监控。

3. 未建立发票购入、使用、注销的登记制度。

4. 物流反馈信息系统失灵，对账不及时。若销售及财务、发货能及时对账，集中办公，就会及早发现问题，杜绝漏洞。

5. 销售人员及发货人员增值税专用发票及印章方面的知识缺乏，缺少鉴别能力，提供了骗术得逞的可能。

6. 交接工作不明晰。在交接工作时就存在个别遗留问题，理应责成其限期查明，否则不得离岗。

7. 凭证单据检查工作不力。

8. 经过公安部门初步调查，有内部人员预谋合伙作案的嫌疑。

9. 发现问题时追查不及时。在事故发生三天后，此事才得到证实。当时，由于人手较少未能对此进行专项清查。

出现被骗巨款45万余元，究其根本原因在于缺乏一套相互牵制的约束机制，使之侥幸得手，猖狂作案。为此，将内控原则运用于销售业务中，建立完善的内控制度势在必行。

此后，集团公司立刻派遣专人组建专业机构对集团的内控系统进行完善，以杜绝此类事件乃至更严格的内控事件发生。

思考：

1. 如何在放权与控制机制之间找到最佳结合点？
2. 国龙集团是如何有效完善企业内控系统，杜绝同类事件再次发生？

二、复习与思考

1. 试述控制与计划的关系？
2. 举例说明管理控制为什么重要？
3. 联系实际谈谈预先控制与事后控制哪个更重要？
4. 企业管理过程中你认为会遇到哪些方面的工作无法定标准，这时该如何控制？

【管理游戏】

钩肘站立

以小组为单位，先由二人背对背，肘部相钩，坐在地上，主持人发令后迅速地站立起来。接着三人做、四人做、五人做……方法同前，哪个小组钩肘站起的人数最多最快即为优胜。游戏结束后议论，成功的经验是什么。

【校园体验】

大学读书期间，你至少应该掌管好自己的财务。你对个人预算的管理能力或许预示着你今后对公司预算管理能力。按照下面的表述回答问题，以测评你的预算习惯。如果下面表述不能适用于你，请考虑你在类似情境中的行为方式。

1. 钱一到手后就花光。	是	否
2. 每周(月/学期)初,我都要列出我全部的固定支出。	是	否
3. 每周(月)末,我好像从来就没有什么钱节余下来。	是	否
4. 我能支付所有的花销,但好像总是没有钱用于娱乐。	是	否
5. 我现在还存不下钱,等大学毕业以后再说吧。	是	否
6. 我入不敷出。	是	否
7. 我有一张信用卡,但每个月总是把账户余额花的精光。	是	否
8. 我用信用卡透支。	是	否
9. 我知道每周外出吃饭,看电影及其他消遣娱乐要花多少钱。	是	否
10. 我全部用现金支付。	是	否
11. 买东西时,我追求价廉物美。	是	否
12. 朋友需要时,我都会借钱给他们,即使这样做会使我的现金告急。	是	否
13. 我从不向朋友借钱。	是	否
14. 我每个月存点钱,以备真正需要时用。	是	否

说明:对第2,9,10,13,14题回答“是”,说明你有着训练有素的预算习惯;对第4,5,7,11题回答“是”,意味着你有足够的预算习惯;对1,3,6,8,12题回答“是”,表示你的预算习惯很差。如果你诚实地回答了问题,你可能会发现,在你的身上三种预算习惯兼而有之。看看你能够在哪些方面提高自己的预算能力。

思考与讨论:

1. 如果你具有训练有素的预算习惯,请问你在预算中采用了哪些方法?
2. 如果你的预算习惯非常糟糕,请问是什么原因导致了你的不良习惯?

模块八　沟通与协调

■ 知识目标

1. 了解沟通的概念、原则和方法。
2. 掌握克服沟通障碍的措施及沟通的技巧。
3. 理解冲突与协调的作用。

■ 技能目标

1. 有意识地培养自己的沟通能力。
2. 培养熟练运用各种管理工作沟通技巧。
3. 培养组织冲突与协调管理的能力。

■ 素质目标

1. 加深对数字化转型时代的敏捷沟通的理解。
2. 能做到换位思考，具备客观、公道、正派的职业品质。

情景导入

优秀中国企业案例（八）：小米公司管理沟通

小米公司（以下简称“小米”）正式成立于2010年4月，是一家以智能手机、智能硬件和LoT（物联网）平台为核心的消费电子及智能制造公司。创业仅7年时间，小米的年收入就突破了千亿元人民币。截至2018年，小米的业务遍及全球80多个国家和地区。2019年《财富》世界500强榜单出炉，小米以第468位首次登榜，成为继京东、阿里巴巴、腾讯之后的第四家“中国互联网企业”，成为史上最年轻500强企业。虽然2021年，小米集团遭遇了核心零部件全球供应短缺以及疫情影响等，但其多项业务收入仍创新高，小米集团2021年实现营收3 283亿元，同比增长33.5%。小米有一个独特且强大的“铁人三项”模式，概括起来就是“硬件＋新零售＋互联网服务”。硬件的目的在于获客，以互联网服务获利，核心是提高效率。

小米创始人雷军将小米的成功归结为小米抓住了商业的本质——效率。通过生态链模式，小米与拥有同样价值观的创业者和企业走在一起，携手改变了很多行业的效率，并推动人们日常生活的改善。小米的使命是始终坚持做“感动人心、价格厚道”的好产品，让全球每个人都能享受科技带来的美好生活。“和用户交朋友，做用户心中最酷的公司”的愿景都在驱动着小米努力创新，不断追求极致的产品和效率，成就了一个不断缔造成长奇

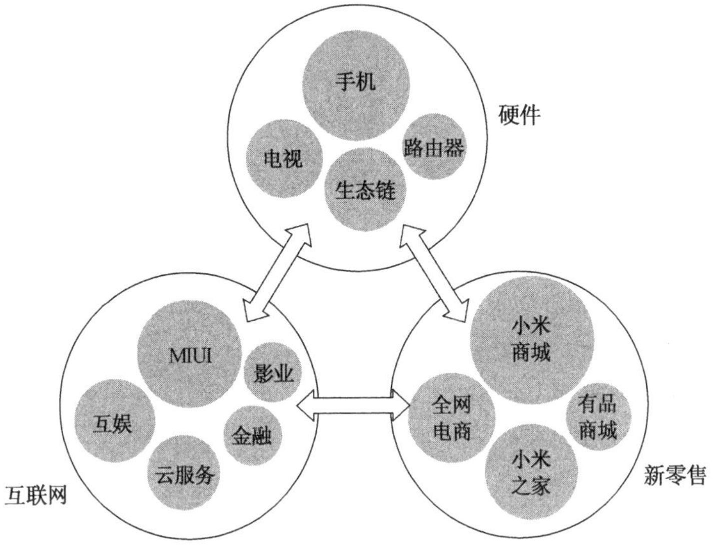

图 8-1　小米"铁人三项"业务模式

迹的小米。纵观小米的成功，除了与公司的外部运营、零售渠道等外部模式相关外，小米公司建立的内部管理沟通信任机制，扁平化的组织结构，科学的薪资水平也起到至关重要的作用。

1. 专注员工基本需求提高沟通效率

从小米公司组织结构来看，其结构仅为三个层级：联合创始人—部门主管—员工。为了驱动员工与小米社群用户深入互动，公司通过以扁平化的组织结构，形成了"以用户驱动员工，以用户考核员工"的独特管理制度。扁平化是基于小米相信优秀的人本身就有很强的驱动力和自我管理的能力。小米内部认为，每一个员工都可能影响到整个团队的工作效率。

同时，扁平式的组织结构有利于应对不同员工的需求，消除了官僚管理模式，使员工专注于涨薪这一层级的需求，小米强调员工责任感，不设 KPI(关键绩效指标)。而小米公司全员 6×12 小时工作，坚持了将近 8 年。能够维系这样的工作，不是靠的打卡制度，而是柔性化的公司考核，和营造人性化的沟通氛围。人性化的组织模式意味着团队大大缩短了知识共享的时间，增强团队间的协作互助。团队成员间的信息共享和知识交流使得公司内部不同个体的想法、视角和思维在整个团队内得到充分的理解和思考，员工在这样轻松的工作氛围中能够形成头脑风暴，提高整个团队的协作水平和默契水平，成就团队内部过程的沟通畅通，从而产生高效率的信息沟通路径。

2. 实现员工尊重创新沟通机制

从管理制度来看，小米强调适度管理，即根据管理目的，尽量简化管理流程，降低管理成本。公司没有考勤制度、没有 KPI 考核制度，一切以客户满意度为标准，把顾客放到第一位，做到了轻管理的"适度"。这种管理制度为小米的经营提供了有效的管理支撑。无"KPI"的薪酬考核制度主观上强调员工的自我驱动，客观上信奉用户驱动，给予员工在工作上更多的尊重和自主权。

小米管理制度的创新带给员工尊重需求的满足，这种需求的实现促使企业与员工之间的双向沟通。在沟通过程中，信息的发送者与接受者不断变换位置，且发送者是用协商讨论、寻求意见和建议的方式面对接收者，员工的信息发出以后能够及时被公司内部听取并反馈意见，传递准确的信息，使员工有机会反馈意见，产生平等感和归属感，增强自信和责任感，有助于建立公司与员工的和谐关系。在工作团队中，来自组织的尊重使他们个性得到尽可能地发挥，每一个人都成为愿意沟通的人，使专业技能得到最大地展现，他们不仅成为沟通中的主动者，而且也表现出领导力。从沟通渠道来看，去 KPI 的管理制度，建立了互相信任的沟通机制。增强管理者同员工之间的信任关系。员工尊重的实现，提高了表达自己想法的积极愿望，有利于企业收集到有关未来发展的建议，加强公司结构平行、上下多方面的沟通交流，促进建立相互尊重和信任的沟通文化。

总之，扁平式的组织结构和人性化的沟通模式有利于小米这种创新型互联网公司，增强了员工的归属感和荣誉感。上下级信息传递通常、角色定位准确，有效沟通、团队配合都是小米公司做大、做强的动力。

［资料和视频来源：小米官网］

思考：

1. 小米为什么要实行“扁平化管理”？这种管理模式有哪些优缺点？
2. 为什么雷军对小米员工三点要求中的一点是团队的协调能力？

8-1 优秀中国企业视频

【任务导入】

每 6—8 人自愿成模拟公司完成系列任务(六)

1. 每个公司推荐 2 人介绍完成模拟公司系列任务过程中运用交际与沟通理论与陌生人交流和解决完成任务过程中一个难题的体会，反思如何体现交际与沟通的艺术。将沟通策划方案提交给教师评定成绩。

2. 每个模拟公司总经理根据成员的自我评估报告完成本公司全面工作总结，并向其他公司做总结陈述，将总结报告提交给教师评定成绩。

第一节　沟通概述

一、沟通的含义与作用

沟通渗透于组织管理活动的各个方面，它不仅是组织经营管理中的润滑剂，更是组织落实经营管理思想的重要工具。沟通是组织有效性的一个核心成分，也是管理者的一项重要职能。对于管理者来说，所做的每一件事都包含着沟通，管理者没有信息就无法进行决策，这些信息是通过沟通获得的，而一旦做出决策，又必须进行沟通执行下去。

1. 沟通的含义

沟通，简单地讲，是指组织内部人与人之间的信息交流，又称意见沟通。只要你不是在一个孤岛上，只要你生活在这个社会上，你就需要与人沟通、交流，只要有人存在，就少不了沟通，可谓沟通无处不在。

沟通是人与人之间转移信息的过程。沟通不仅是一个人获得他人思想、感情、见解、价值观的一种途径，而且是一种重要的、有效的影响他人的工具和改变他人的手段。完美的沟通，是指经过传递之后被接受者感知的信息与发送者发出的信息完全一致，并达成共识。管理沟通是指特定组织中的人们，为了达成组织目标而进行的管理信息的交流的行为和过程。它是组织内部联系的最主要手段，通过信息沟通，可以让领导者更好地了解和掌握内部情况，建立并改善组织内部的人际关系，影响并改变组织成员的行为。

管理沟通包括人际沟通和组织沟通两方面。前者存在于两人或多人之间的信息沟通，目的是取得他人的理解与支持；后者指组织中沟通的各种方式、网络与系统等，是组织内部进行的信息交流、联系与传递活动，目的是加强分工协作。一个组织内部，既存在人与人之间的人际沟通，也存在部门与部门之间的组织沟通。因此，管理者要搞好这两方面的沟通。

2. 沟通的作用

现代组织处于一个复杂的网络关系之中，员工之间、各部门之间、组织上下级之间、工作团队之间以及组织之间、组织与客户之间无不存在着广泛的沟通，他们特别需要彼此进行沟通，互相理解，互通信息。在组织管理中，沟通的作用有信息、情绪表达、激励和控制四个方面。

（1）收集信息，使决策能更加合理和有效

沟通的过程实际上就是信息双向交流的过程，主管人员需根据信息做出决策。任何组织的决策过程，都是把信息转变为行动的过程。准确可靠而迅速地收集、处理、传递和使用信息是决策的基础。

（2）改善人际关系，稳定员工的思想情绪，统一组织行动

沟通是人际交往的重要组成部分，它可以解除人们内心的紧张等不良情绪，使人感到愉悦。在相互沟通中，人们可以增进了解，改善关系，减少不必要的冲突。

> 管理启示：直接劝谏和说服往往效果不理想，通过对比则能使对方自我醒悟。
>
> 纠正别人的错误要先让犯错者感受错误之害，而后采取适当的沟通方式有效解决问题。

（3）沟通是领导者激励下属，实现管理职能和组织目标的基本途径

沟通使组织成员明确形势，告诉他们做什么，如何来做，没有达到标准时应该如何改进。目标设置和实现过程中信息的持续反馈和沟通对员工都有激励作用。在沟通的过程中，信息的接收者接收到并理解了发送者的意图之后，一般来讲会做出相应的反应，改变自身的行为。这时沟通的激励作用就体现出来了。

阅读材料:华为工作汇报的五条原则

华为规定,每位员工都必须做好每周、每月、每季度以及年终的工作汇报总结。如果有人延迟或忘记报告,公司会直接扣除部分奖金,力度可见一斑。

1. 第一时间汇报。

华为明确规定,下属向上级汇报工作的时间,不能拖得太久,重要事情要立即向上级反映;日常工作汇报,在未经上级同意的情况下,不能拖到第二天。

实时实地,将信息和问题反馈给上级,这是华为员工的基本工作要求。比如,在华为拓展国际市场时,市场部的一线员工,每天都及时汇报成百上千条的信息,以确保公司高层能在第一时间了解全球市场的最新动向。

这些重要的事情包括:工作计划做好之后,立即向领导汇报,请领导提出合理化建议或意见,避免大方向出问题。工作出现意外和突发问题时,第一时间向上级领导汇报,请示领导意见,寻求帮助。

2. 第二主动汇报

有些员工总是等到上级提出要求,才想起要去汇报工作,这种被动的态度,常常让上级感到员工不够积极。同样是汇报工作,被动汇报表明员工缺乏工作积极性,以及对相关工作和信息不够重视。主动汇报,能显示员工的责任感。所以,华为明确规定:员工必须在规定的时间内,主动向上级汇报工作。

在华为,每周、每月、每个季度都有专门的工作汇报时间,一旦错过了汇报时机,或者等到被上级通知要提交总结时,都会受到明确的惩罚。

3. 第三实事求是

汇报工作切记不能夸大事实或隐瞒事实,这会让领导做出错误判断,甚至错误决策。华为规定,员工在汇报工作时,一定要坚持按事实说话,不能无中生有,也不能刻意隐瞒实情,对的就是对的,错的就要说错的,不能颠倒是非。

华为创始人任正非多次要求员工,汇报工作时,必须将自己真实的工作成绩和缺点写出来。而且,所有管理人员手中都有相关的档案和数据,一旦说出来的事情与现实不符,员工们就必须重新总结。

比如,小军是新人,与同事协作时,出现了问题。他这样向领导汇报问题:"参与这个项目时,我有时感到力不从心。作为新人的我,不知怎么调动大家的积极性,并按时提交材料。每次都是我去催促,其他科室不耐烦地加以回复。这是目前项目执行过程中,我遇到的最大困惑。"这样汇报,领导会认为小军善于发现和思考问题,提出的问题也相对恰当,领导能感觉小军对项目很用心。

4. 第四有目的性

有些员工的汇报内容杂乱无章,缺乏条理也缺乏说服力,因此不被上级重视。出现这种情况,很可能是工作汇报缺乏目的性,员工不清楚自己汇报的目的,所以汇报中没有聚焦的重点。

华为员工汇报工作，并不是原原本本地告诉上司发生了什么，或者自己做了什么。而是事先制订一个明确的汇报方案：写下自己要说的事情，明确汇报目的，以及所要达到的效果。

比如，以解决问题为目的的汇报，在提问题时，必须想好方案，最好有两到三个方案，并分析说明每个方案的优缺点，发表自己的看法和建议。让领导从中选择，而不是让领导自己解答。

5. 第五突出重点

做汇报最忌讳长篇大论、内容枯燥，汇报一定要注意抓重点。华为规定，员工汇报要言简意赅，简洁明了。同时，根据汇报的目的，事先进行认真准备，列出提纲或文字材料。如果汇报内容较多，要用数字列出一、二、三、四……层次分明，重点内容标粗。

此外，要先说结果，再说理由与依据，这样上级领导才能够快速捕捉到重点。

以上，就是华为提倡的，向上级领导汇报工作的5条基本原则。汇报的本质，是沟通。既是传递工作成果，也是为了寻求明确的上级支持。千万不要抵触工作汇报，如果一个人无法和上级沟通，将很难真正成长。

[资料来源：黄继伟. 华为工作法. 中国华侨出版社，2016年5月]

(4) 沟通对组织成员的行为具有控制作用

组织的规则、章程、政策等是组织中每一个成员都必须遵守的，对成员的行为具有控制作用。而成员是通过不同形式的沟通来了解、领会这些规则、章程、政策，可以说，沟通对组织成员的行为具有控制作用。

总之，企业内部良好的沟通文化可以使所有员工真实地感受到沟通的快乐和绩效。加强企业内部的沟通管理，既可以使管理层工作更加轻松，也可以使普通员工大幅度提高工作绩效，同时，还可以增强组织的竞争力。因此，组织应该从战略意义上重视沟通的作用和价值。

二、有效的沟通过程

沟通是一个过程。一般来说，沟通过程由发送者开始，发送者首先将要传递的思想进行编码，形成信息，然后通过传递信息的媒介(通道)发给接受者。接受者在接受信息之前，必须先将其翻译成可以理解的形式，即译码。发送者进行编码和接受者进行译码都受到个人知识、经验、文化背景等影响，沟通的最后一个环节是反馈，是指接受者把信息返回给发送者，并对信息是否被理解进行检查，以纠正可能发生的某些偏差。整个过程受到噪声的影响，噪声就是那些对信息的传送、接受或反馈造成干扰的因素，它会影响沟通的有效性。

沟通的过程是一个完整的双向沟通的过程：发送者要把他想表达的信息、思想和情感，通过语言发送给接收者。当接收者接到信息、思想和情感以后，会提出一些问题给对方一个反馈，这就形成一个完整的双向沟通的过程。简而言之，完整的沟通过程包括七个环节：沟通主体，即信息的发送者或来源；编码，指主体采取某种形式来传递信息的内容；

媒体，或称信息传递渠道或通道；沟通的客体，即信息的接收者；解码，指客体对接收到的信息所做出的解释、理解；做出反应，也即体现出沟通效果；反馈。如图 8-1 所示。

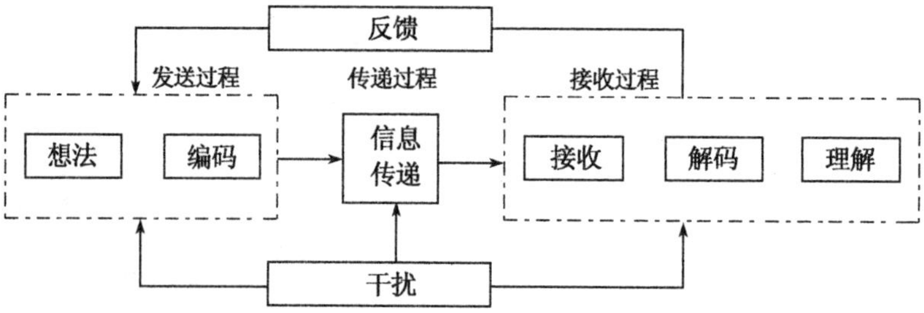

图 8-1　沟通过程

1. 有效发送信息

在沟通过程中，首先看一看信息的发送。请注意，这里指的信息包括信息、思想和情感。在沟通中，发送的不仅仅是信息，还有思想和情感。在发送信息的时候，需要注意以下几个问题：

(1) 选择有效的信息发送方式(How)

当你在工作中要发送一个信息，首先要考虑到用什么方法去发送，而这些发送方法是我们在工作中经常用到的方法。

想一想，你在工作中，经常通过哪些方法与别人沟通？有电话、E—mail、传真，也有面对面的会议沟通等方式。

① 发送信息首先要考虑选择正确的方法

在我们沟通的过程中，我们为了完成一个良好的沟通效果，首先要选择正确的方法，因为不同方法之间的差距是非常大的。在任何一次沟通过程中，我们都会发送信息、思想和情感。

② 发送方式要根据沟通内容偏重度来选择

你的一份报告传给你的同事或交给你的上级，更多的是一种信息的沟通，而我们在和客户一起沟通的过程中，更重要的是为了增加你和客户之间的感情和信任，这个时候，信息是次要的，情感是主要的。所以说，在我们选择方法的过程中，首先要考虑到我们的内容本身是以信息为主还是以思想和情感为主，根据这两个不同内容来选择合适的方法。

阅读材料：

一家文化创意公司为了增进员工之间的相互信任和情感交流，规定在公司内部150米之内不允许用电话进行沟通，只允许面对面的沟通，结果产生了非常好的效果，公司所有员工之间的感情非常融洽。其实，很多互联网企业有非常好的沟通渠道：E-mail、电话、钉钉办公平台，但忽略了最好的沟通方式：面谈。在电子沟通方式日益普及的今天，人们面对面的沟通方式日益减少。所以，不论作为一个沟通者还是一个管理者，请一定不要忘记使用面谈的方式进行沟通。

(2) 何时发送信息(When)

要选择合适的时间。选择恰当的沟通时间,应充分考虑对方的情绪。

(3) 确定信息内容(What)

发送传递信息内容的两种方式:一种是语言,另一种就是肢体语言。在同别人沟通的时候,你说什么话很重要,但只有加入相应的肢体语言,你所要传递的信息内容才会更加确切。只注重语言却不注重肢体语言,沟通效果会非常不好的。就像我们每一个人每天都会听到很多的口号,如“欢迎光临”。是否让你感觉到真正地欢迎光临呢?很少感觉到。我们接收到的仅仅是“欢迎光临”这四个字带给我们的信息,却没有通过她喊这句话时肢体语言传递给我们顾客的情感。所以在选择具体内容的时候,我们一定要确定要说哪些话,用什么样的语气、什么样的动作去说,这些在沟通中非常重要。

(4) 谁该接受信息(Who)

我们在发送信息的时候还需要考虑以下问题:谁是你的信息接收对象、先获得接受者的注意、接受者的观念、接受者的需要、接受者的情绪。

(5) 何处发送信息(Where)

发送信息时,还需要考虑在什么样的环境和场合下发送给对方。

现在对场地的选择已经越来越引起人们的注重。在实践中很多管理者已经越来越认识到:环境对沟通效果的影响非常大。但在我们工作中,特别是上下级之间的沟通,通常是在上级主管的办公室中进行,在这样的环境下进行沟通达不到好的效果。

阅读材料:

一家实体餐饮企业由于受新冠疫情的影响,线下门店经营受到严重打击,最后总部决定关闭部分门店并裁员。第一次裁员,地点选在公司总部的会议室,通知全部被裁人员到总部开会,在会议上宣布被裁员名单,并且每一个人会后立即办理相关离职手续,公司所有被裁员工都感到非常难过,甚至包括很多留下的人也感到沮丧不已,极大地影响了企业的士气。

第二次裁员的时候,接受上次的教训,不是把员工叫到会议室里,而是选择了另外一种方式:单独约见被裁人员到公司楼下咖啡厅。在这样的环境里说出公司的决策:由于公司的原因致使他暂时失去了这份工作,请他谅解,并给他一个月的时间寻找下一份工作,或者在家等待疫情结束后门店开业再复工。这次裁员的效果和上一次相比有天壤之别,基本上所有的员工得知这个消息后,都会欣然地去接受,并且表示,如果餐厅门店开业需要他的时候随时可以通知,他会考虑是否再回到公司。那么,这样一种方式无论是给被辞退的员工还是仍然留在公司的员工,他们得到的不仅仅是裁员这个信息,而是感受到公司对每一位员工的情谊。两次裁员,由于选择了不同环境,所得到的效果是截然不同的。

2. 有效聆听

(1) 准备聆听

首先,就是你给讲话者一个信号,说我做好准备了,给讲话者以充分的注意;其次,准备聆听与你不同的意见，从对方的角度想问题。

(2) 发出准备聆听的信息

通常在听之前会和讲话者有一个眼神上的交流，显示你给予发出信息者的充分注意，这就告诉对方：我准备好了，你可以说了。要经常用眼神交流，不要东张西望，应该看着对方。

(3) 采取积极的行动

积极的行为包括我们刚才说的频繁地点头，鼓励对方去说。那么，在听的过程中，也可以身体略微地前倾而不是后仰，这样是一种积极的姿态，这种积极的姿态表示你愿意去听，努力在听。同时，对方也会有更多的信息发送给你。

(4) 理解对方全部的信息

聆听的目的是为了理解对方全部的信息。在沟通的过程中你没有听清楚、没有理解时，应该及时告诉对方，请对方重复或者解释，这一点是我们在沟通过程中常犯的错误。所以在沟通时，如果发生这样的情况要及时通知对方。

8-2 阅读材料

3. 有效反馈

在沟通过程中，最后一个步骤是信息反馈。什么是反馈？反馈就是沟通双方期望得到一种信息的回流。我给你信息，你也要给我信息反馈。反馈信息，是人所做的事、所说的话，这一信息旨在使行为有所改变或加强。

(1) 正面的反馈

正面的反馈就是对对方做得好的事情予以表彰，希望好的行为再次出现。

(2) 建设性的反馈

建设性的反馈就是在别人做得不足的地方，你给他一个建议。请大家注意建设性的反馈是一种建议，而不是一种批评，这是非常重要的。

阅读材料：有效反馈案例场景及分析

场景一：小刘没有的约定的时间内提交市场分析报告，并且期间没有任何反馈

错误反馈：这个工作让周五做完提交给我，你没做完还一声不吭，你是在干吗啊？

正确反馈：

1. 小刘，关于没有按时完成市场分析报告的事我要严肃的和你谈一谈。

2. 我们上周五约定好这周要提交市场分析报告，但是我却没有收到，是什么原因呢？

3. 做市场分析报告的过程中，是有遇到什么解决不了的问题吗？遇到问题为什么没有和我这边交流呢？我完全不知道这个情况，这个问题并不难解决。

4. 我这边也需要用这个市场分析报告做汇报，因为没有收到报告，我这边的工作也停滞下来，无法向上反馈

5. 下次再遇到这种情况，请你提前告诉我？遇到困难我们可以一起来想办法，因为这是我们共同的工作。

场景二：小李最近整体的状态不好

错误反馈：小李，你最近要加油啊！要不就会被扣绩效了！

正确反馈：

1. 小李，最近看到你的工作进展不顺利，在XX个工作上遇到了障碍，可以和我聊聊原因吗？

2. 这个客户提出的问题之前我也遇到过，我当时是XX做的，你可以参考一下，看看能不能解决你的问题。

3. 你先调整下思路，我们周四下午2点可以再沟通一下，看看这件事情的进展。

场景三：小王因为工作失误，导致团队丢掉了一个非常重要的客户

错误反馈：这个客户团队跟了3个月，就因为最后一步没有做好，全团队都白费劲了

正确反馈：

1. 小王，你在这个工作上出现了失误，是一个非常严重的问题，你认真分析了这件事为什么会发生吗？

2. 这件事情本不应该发生，在签订合同前放松了警惕，导致了丢单，是非常可惜的，其他同事虽然不说，但是大家心理肯定也是不舒服的，希望能总结经验教训。

3. 这件事情一定要敲响警钟，之后遇到同样的场景，你会怎么做？怎么规避这个风险呢？

总结以上反馈的重点是反馈的核心是及时和侧重行为结果的处理方式，千万不要进行对人的评价。

第二节　沟通技巧

一、实现有效沟通的障碍

有效沟通，简单地说就是传递和交流信息的可靠性和准确性高。它常常会因为沟通要素质量不高、沟通工具运用不佳、沟通方式选择不当、沟通渠道状况不良及沟通参与者的需要、价值观、态度和期望不同而难以达到有效的沟通。影响有效沟通的因素主要包括以下几个方面。

1. 文化因素

(1) 表达能力不佳。用词不当、语意表达不明、观念含糊、逻辑混乱、无意疏漏、模棱两可等。

(2) 语义障碍，人与人之间的沟通，主要是借助语言来进行的。但在日常生活中，一词多义的情况是常见的，这就容易产生语义上的障碍。每个人的语言修养不同，层次等级也有差别。因此，用语言表达意思往往会产生语义障碍。

（3）文化程度障碍、双方的教育程度，文化素质相差太大，会使对方理解不了，难以接受。

（4）经验障碍、发送者和接收者由于经验水平相距太大，会产生沟通障碍。

8-3 案例思考

2. 社会因素

（1）地位障碍，发送者和接收者双方地位悬殊，容易造成沟通障碍。比如，占据高位、掌握实权的人，如果有官僚主义，命令主义作风，那么员工会敬而远之，影响上下信息之间的畅通；若领导者平易近人，发扬民主，接触员工，那么这种地位上的障碍就会消除。

（2）职业障碍，由于职业不同，不懂对方的行业、用语，也会造成沟通。所谓“隔行如隔山”就是这个道理。消除沟通障碍的办法是双方使用都能理解的语言，尽量不使用行业语言。

（3）组织障碍，由于组织层次过多，部门设置不合理等，每经过一个层次，都会出现失真，积累起来，便会对信息沟通的效果带来极大的影响。信息从基层向高层沟通时，许多细节会被过滤掉；信息由高层向基层传递时，又会逐渐添加许多细节。

3. 心理因素

（1）认识障碍。认识方面的障碍是由双方认知失调而引起的，这是由于人的认识水平、需求动机、看问题角度的不同，所以对同一信息往往会有不同的理解和评价。

（2）态度障碍。如果交流双方存在偏见，对事物持有不同的态度，也会造成沟通的障碍。

（3）情绪障碍。情绪的障碍对信息的传递影响很大。如果双方心情处于不佳状态，就难以沟通意见，甚至会歪曲双方的信息。当某人情绪较好时，对别人的意见和建议大打折扣，不愿接受。即使是同一个人，由于接受信息时的情绪状态不同，也可能对相同信息做出不同的解释和行为反应。

（4）人格障碍。一个人的性格、气质、价值观等方面的差异，常常会成为沟通障碍。人们在进行沟通时，由于价值观不同，就会对信息有不同的观点。气质也影响沟通效果，情绪急躁的人对信息的理解容易片面，情绪好的人能较好地接收和理解信息。

4. 物理因素

（1）自然障碍。如刮风下雨，闪电雷鸣，或环境中存在较大的噪声干扰，都会造成沟通困难，甚至信息失真，沟通中断。

（2）机械障碍。如通信设备的性能不好，质量不高，甚至发生故障，也会造成沟通困难，甚至信息失真，沟通中断。

（3）距离障碍。空间距离过远，环节过多，同样会影响信息传递，造成沟通困难。

（4）信息过量的障碍。信息过量不仅使管理者缺少处理信息的时间，而且也使他们难于向同事提供有效的、必要的信息，沟通也随之变得困难。

二、有效沟通的原则

1. 明确沟通的目标

沟通是作为一种有意识的自觉行为，必须在沟通之前，规定明确的目标。沟通的目标，决定沟通的具体内容与沟通渠道、方式方法。整个沟通过程都要按目标来设定。

2. 具备科学的思维

思维是沟通的基础，只有具备科学的思维，才会进行有效的沟通，才容易沟通成功。要具备科学的思维，一是要正确处理信息，检验信息的真实性，并能认识事物的本质，抓住问题的关键；二是要形成清晰的沟通思路，构思出周密的沟通方案。

3. 管制信息流

沟通过程中，信息不足不行，而信息过多也不行。首先，要对所沟通的信息进行科学处理，提高信息的质量，特别是真实性、准确性；同时，要对信息进行必要的过滤，去掉无关紧要的信息。以保证所传递的信息质量高，数量适当。最后，要选择恰当的沟通渠道与方式方法。因为有效沟通，就是要根据沟通目标、沟通内容和沟通对象等方面的需要，正确地选择沟通渠道、媒介及相应的沟通方式与方法，从而保证在传递过程中的效率和质量。

4. 讲究语言艺术

语言是管理沟通最基础的手段，能否正确、有效地使用语言，对沟通效果影响极大。管理者要讲究语言艺术，提高沟通语言的简练性、准确性、针对性和趣味性，以提高沟通的有效性。

5. 了解沟通对象，增强沟通针对性

沟通对象的需要、心理、知识、个性等因素对沟通效果影响也是很大的。如果不了解沟通对象的情况，沟通时就如“盲人骑瞎马，夜半临深潭”，必然导致沟通失败。管理者在沟通前，应利用多条渠道，尽可能多地了解沟通对象多方面的情况，真正做到“知己知彼”，然后，有针对性地进行沟通，方能取得成功。

6. 及时运用反馈

反馈，也称回馈。它可以排除信息失真，增强沟通的有效性。特别是在面对面的直接沟通中，更应及时注意反馈，随时把握沟通对象的反应、心态及沟通效果，及时调整沟通策略与方法，以实现更有效的沟通。

案例与讨论：市场部邓经理的沟通方式

市场部邓经理才进国龙集团不到一年，工作表现颇受各部门经理赞赏，不管是专业能力还是管理绩效，都获得大家肯定。在他的缜密规划之下，市场部一些计划开发的新区域市场，都在积极推行当中。

部门负责人范副总发现，邓经理到研发部以来，几乎每天加班。他经常第 2 天来看到邓经理电子邮件的发送时间是前一天晚上 10 点多，接着甚至又看到当天早上 7 点多发送的另一封邮件。这个部门下班时总是邓经理最晚离开，上班时第 1 个到。但是，即使在工作量吃紧的时候，其他同仁似乎都准时走，很少跟着他留下来。平常也难得见到邓经理和他的部属或是同级经理进行沟通。

范副总对邓经理怎么和其他同事、部属沟通工作觉得好奇，开始观察他的沟通方式。原来，邓经理是以电子邮件交代部署工作。他的属下除非必要，也都是以电子邮件回复工作进度及提出问题。很少找他当面报告或讨论。对其他同事也是如此，电子邮件似乎被邓经理当作和同仁们合作的最佳沟通工具。

但是，最近大家似乎开始对邓经理这样的沟通方式反应不佳。范副总发觉，邓经理的部属对部门逐渐没有向心力，除了不配合加班，还只执行交办的工作，不太主动提出企划或问题。而其他各部门经理，也不会像邓经理刚到研发部时，主动到他房间聊聊，大家见了面，只是客气地点个头。开会时的讨论，也都是公事公办的味道居多。

范副总趁着在楼梯间抽烟碰到另一处周经理时，以闲聊的方式问及小主管和邓经理工作相当认真，可能对工作以外的事就没有多花心思。范副总也就没再多问。

这天，范副总刚好经过邓经理房间门口，听到他打电话，讨论内容似乎和周经理业务范围有关。他到周经理办公室，刚好周经理也在说电话。范副总听谈话内容，确定是两位经理在谈话。之后，他找了周经理，问他怎么一回事。明明两位经理的办公房间是隔邻，为什么不直接走过去面谈沟通，竟然是用电话谈。

周经理笑答，这个电话是邓经理打来的，邓经理似乎比较希望用电话讨论工作，而不是当面沟通。周经理曾试着要在邓经理房间谈，而不是当面沟通。邓经理不是以最短的时间结束谈话，就是眼睛还一直盯着计算机屏幕，让他不得不赶紧离开。周经理说，几次以后，他也宁愿用电话的方式沟通，免得让别人觉得自己过于热情。

了解这些情形后，范副总找了邓经理聊聊，邓经理觉得。效率应该是最需要追求的目标。所以他希望用最节省时间的方式，达到工作要求。范副总以过来人的经验告诉邓经理，工作效率重要，但良好的沟通绝对会让工作进行顺畅许多。

问题：

1. 你觉得邓经理的做法可取吗？问题出在哪？

2. 如果你是范副总，你要如何说服邓经理改变工作中的沟通方式？

三、沟通的技巧

俗话说，语言是一门艺术，那么沟通就更是一门语言艺术了。良好的沟通能够使组织达到事半功倍的效果。对企业内部而言，人们越来越强调建立学习型的企业，越来越强调团队合作精神，因此，有效的企业内部沟通交流是成功的关键；对企业外部而言，为了实现企业之间的强强联合和优势互补，人们需要掌握谈判与合作等沟通技巧。一般来说，良好的沟通要注意以下几个方面：

1. 正确使用语言文字

要使用人人都能理解的语言，讲话意思要明确，条理要清晰，不能模棱两可，要使对方一听就懂。书面语言要言简意赅，字斟句酌，笔画清楚，便于获得良好的沟通效果。

2. 能容忍不同意见

有效沟通的另一个因素是对不同意见的容忍性。上级在开会或工作时要给下级以充分讲话的机会，多倾听、少评价，特别是不成熟的评价一定不要急于做出，听不得反面意见是某些领导者的致命弱点，一定要注意克服。

3. 一定要注意非语言提示

在面对面沟通中，管理者要给予对方合适的表情，动作和态度等非语言提示，如轻松的谈话应面带微笑，严肃的话题应该庄重认真。这样可以给员工一种亲切，易接近的感觉。非语言信息是提示交流双方内心世界的窗口，一个成功的沟通者必须懂得辨别非语言信息的意义，充分利用它来提高沟通效率。一定要注意细节问题，把握好非语言信息的使用，不要以为这是“雕虫小技”而忽视。

4. 采用断言型的沟通风格

这种风格是相对于两种极端性的沟通，即非断言型与侵犯性风格而言的。前者特征是犹豫、畏缩、缺乏自信、欲言又止，这种沟通毫无影响力。后者则是盛气凌人、粗暴武断、语言讥讽或斥骂，这种沟通往往是消极的。断言型风格的态度不卑不亢、诚恳坦率、直截了当、一针见血，这种风格最易取得积极效果。因此在沟通中，沟通主体应采用断言型的沟通风格。

5. 提高面谈艺术

在组织中，最常见的沟通是面谈方式。要选择恰当的谈话地点，不同的谈话地点往往会产生不同的沟通效果。一般而言，在办公室谈话要严肃、认真、重视，所以管理者应根据谈话内容来选择谈话地点，创造相互信任的谈话环境。如果过于紧张或不信任，交谈则十分困难，因此在谈话时一定要诚恳，切忌言不由衷。

面谈是一种双向沟通，随时可能发生出乎意料的情况和信息，所以在交谈前一定要做好充分准备，这样有利于正式交谈时思路清晰、观点明确，具有说服力；合理安排交谈时间，面谈的时间应适宜，适度；合理把握时间表长度，时间过于紧迫，往往言犹不尽，难以充分交换意见；注意控制情绪，管理者进行面谈时，有时会碰到下级的顶撞，争论甚至对抗，或者上级讽刺，挖苦怒骂等。这时，不论是上级还是下属都应做到胸怀坦荡，有理有节，尽量避免受对方情绪的影响。因为大发雷霆、拍桌子甚至谩骂，都不会解决问题反而会使冲突升级。

四、正式沟通与非正式沟通

沟通按组织系统的分类，可分为正式沟通和非正式沟通。

1. 正式沟通

正式沟通指的是通过组织明文规定的渠道进行信息的传递和交流。如组织与组织之间的公函来往。在组织中，上级的命令、指示按系统逐级向下传送；下级的情况逐级向上报告以及组织内部规定的会议、汇报、请示、报告制度等。正式沟通的优点是沟通效果较好，有较强的约束力，易于保密，一般重要的信息通常都采用这种沟通方式。缺点是因为依靠组织系统层层传递，因而沟通速度比较慢，而且显得刻板。

美国管理心理学家 A·巴维拉斯和 H. L·莱维特最早设计出了研究正式沟通网络模型及其效率的实验。以 5 人为实验对象，研究人际交流信息应该采取哪种沟通网络的通道最为合适。通过研究，他们提出了五种不同的沟通网络，即链式、轮式、Y 式、环式、全通道式。见图 8－2。

图中(A)为链式,表示 5 个人组成一条直线的等级链,逐级传播。这种传播形式,实际上只能上下纵向运行,而没有横向联系。如上级单线逐级向下传达命令,下级单线逐级向上汇报情况。链式沟通网络传递信息快,效率高,简单沟通最有效。但它没有横向联系,成员的满意程度低,只适用于工作中上情下达和下情上传,不能沟通思想感情。

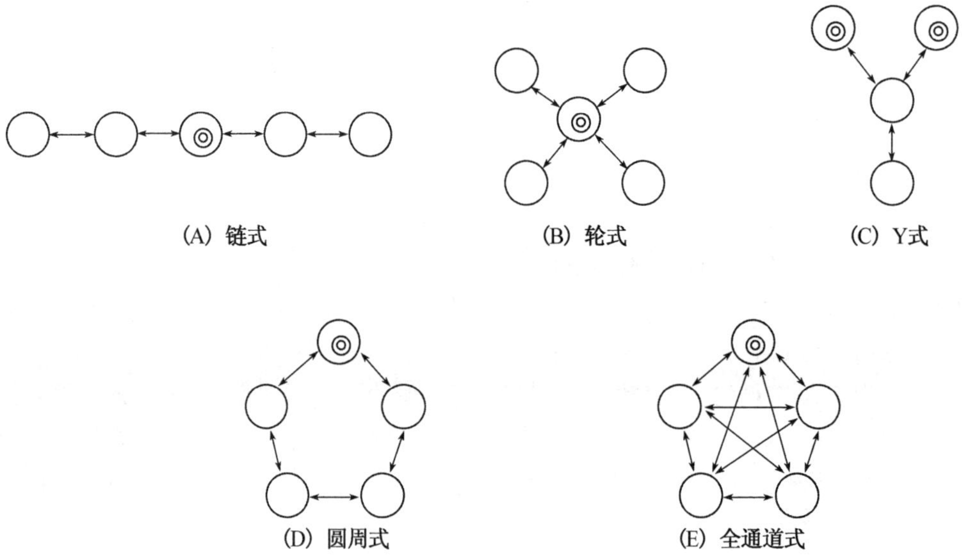

图 8-2

(B)为轮式,又称主管中心控制型沟通,表示 1 个上级向 4 个下级下达指令或 4 个下级各自向 1 个上级汇报情况,4 个下级之间互相不通信息,没有横向沟通。这种沟通网络,信息传递快,上下级之间直接沟通,效率比较高,但缺乏横向联系,各下级成员之间互不了解,信息闭塞,成员的满意程度差,有利于保密,但不利于团队成员的协作。

(C)为 Y 式,表示 5 个人中有四个层次的逐级传递,其中第二级主管要与两个上级直接联系,属于多头领导。倒过来就是第三级主管有两个下属,也只有纵向沟通,没有横向沟通。这种沟通网络,传递信息速度较快,但成员满意程度不高。尤其多头领导,要求不一,不利于下级正常开展工作。

(D)为环式,表示 5 个人可以依次联系,但每人只能向邻近的成员联系。这种网络有一定的横向联系,成员的满意程度较高,易于调动积极性,因此复杂沟通最有效。但信息传递速度慢,效率不高。

(E)为全通道式,它表示 5 个人中每个人都可以和其他 4 个人自由联系,并无中心人物。成员平等交往,没有限制,横向联系特别明显。这种沟通网络,由于横向沟通好,每个成员可以和其他成员自由联系,所以成员之间关系好,满意程度高,积极性也高,互相协作好,复杂沟通最有效。但缺乏中心人物,没有权威,信息传递速度也慢。

沟通渠道 比较点	链式	Y式	轮式	环式	全通道式
解决问题的速度	适中	适中	快	慢	快
信息传递的准确性	高	高	高	低	适中
领导的突出性	相当显著	非常显著	非常显著	不发生	不发生
成员的士气	适中	适中	低	高	高

图 8-3　五种沟通渠道的比较

2. 非正式沟通

非正式沟通指的是正式沟通渠道之外进行的信息传递和交流。如员工之间私下交换意见、背后议论别人、小道消息及马路新闻的传播等，均属于非正式沟通。在一个组织结构中，无论设立多么精巧、严密的沟通系统，总还存在非正式的沟通网络来补充其不足。传言是不按组织结构中正式的沟通系统来传递消息，而是让消息在组织结构内任意流通。这种非正式的沟通系统的存在，就为"小道消息"的传播提供了条件。

非正式沟通方式的优点是沟通方便，内容广泛，方式灵活，沟通速度快，可用以传播一些不便正式沟通的信息。由于在这种沟通中比较容易把真实的思想、情绪、动机表露出来，因而能提供一些正式沟通中难以获得的信息。因此，管理者要善于利用它。但是，一般说来这种非正式沟通比较难以控制，传递的信息往往不确切，易于失真、曲解，容易传播流言蜚语而混淆视听，应予重视，注意防止和克服其消极的方面。

正式沟通，其内容和频率要适当。次数过少，内容不全，会使上情不能下达，下情不能上达；次数过多，内容过繁，则会陷入官僚主义和形式主义。管理者在力求使正式沟通畅通的同时，还应重视和利用非正式沟通渠道，使后者成为更好地掌握各种信息的一种补充形式。

第三节　冲突与协调

一、冲突的含义及对策

1. 冲突的含义

美国管理协会曾对中层和高层经营管理人员做过一次调查，调查发现管理者平均花费 20%的工作时间来处理冲突。而且，大多数管理者认为，冲突管理的重要性排在决策、领导之前。那么，什么是冲突呢？

冲突广泛存在于组织的各项活动之中，影响和制约着组织及其成员个体的行为倾向和行为方式，是组织活动的基本内容和基本形式之一。从不同的角度，对冲突会有不同的认识。如从政治学角度看，冲突是"人类为了达到不同的目标和满足各自相对利益而发生的某种形式的斗争"。从社会学角度看，冲突是"两个或两个以上的人或团体之间直接的或公开的斗争，彼此表示敌对的态度和行为”。管理学则认为，“冲突是指两个人或两个团体的目标互不相容或互相排斥，从而产生心理上的矛盾”。

总之，冲突可以理解为两个或两个以上的行为主体因在特定问题上目标不一致、看法不相同或意见分歧而产生的相互矛盾、排斥、对抗的一种态势。

2. 冲突所引发的正面与负面作用

心理学家罗伯尔曾经说过：“团队冲突如同一把刀，可以为我们所用也可以把我们割伤，这一切取决于你握住的是刀柄还是刀刃。”冲突可把团队冲垮也可以使之振作起来，这都取决于如何面对冲突，如何引导观点的面向，善于利用冲突而能转化成为动能的人，较易有成就。

（1）企业冲突所引发的正面作用

有了冲突，团队才会做自我检讨，团队中的成员才会自我反省，对自己的失误和欠妥之处进行分析改进，小冲突小改进，大冲突大改进，不断地改进之后，整个团队的目的和行动方案也会得到修正。

另外，可以利用冲突对团队和成员的观念进行调整。如果没有冲突发生，则团队的观念是否正确、是否切实可行，都没有量化的表示；同样，团队成员的想法是否正确，团队成员的观念是否合理都没有衡量的标准，而冲突发生以后，在冲突中大家将自己的观念表露无遗，这对调整提供了非常好的契机。

阅读材料：

凯声电子公司一般星期五下午5点钟下班。有一次，公司的销售部经理在5点钟时急急忙忙地对他团队中的一个业务员小王说：“小王，你赶快把这个销售文案做一下，我还有别的事，没时间做。”然后他给了小王一份参考之后跑出去会客户去了。小王以前没做过这种文档，他先拿了参考看了一下，然后写了一个大纲，到5点半下班回家，星期六、星期天休假，星期一上午销售部开会，这位销售经理就问小王做的文案在哪里，结果小王并没有做完。

销售部经理很生气，而小王也好像有些不服气的样子，那么在这个冲突中，责任方到底是谁呢？其实两人都有责任，因为两人的价值观存在差异，销售部经理的急跟业务员小王的急就因为价值观差异而想法不同了：销售部经理很急，即使临下班了也将任务交给小王，小王其实也没有怠慢，在半小时内就将大纲列了出来。

如果要将这个问题处理好，销售部经理应该告诉小王他要急着去见客户，但这个文案很重要，必须于什么时间完成。同时，销售部经理考虑到了小王以前没有做过，所以给了他一份参考资料，但销售部经理应该更进一步讲清楚有哪些重点要写进去。对于时间，要强调星期一开会前交稿，然后还应该告诉小王遇到问题该怎么处理，在星期六、星期天应该打电话进行进程追踪。这样，小王就一定会清清楚楚地理解任务的重要性，从而加班加点完成任务。

［资料来源：明卫红．改进技能训练（第2版）．机械工业出版社，2016年12月］

（2）企业冲突所引发的负面作用

如果冲突发生后，团队主管不能快速地采取有效措施对之进行引导，将问题转化为正面的促进力量，而任其发展恶化，则冲突会不断升级，最后由小冲突变成大冲突，大冲突又会无形中将团队分裂成几个小的利益团体，最后会将团队压垮。

3. 协调组织冲突的对策

面对冲突，管理者可以采取以下解决方法，如图 8－4：

（1）回避

这是解决冲突的最简单的一种方法，即让冲突双方暂时从冲突中退出或抑制冲突。当冲突微不足道时或当冲突双方情绪非常激动时，可以采取让双方暂时回避的方法来加以解决。由于采取回避的方法时，管理者并没有追究冲突原因，因此冲突会依然存在，并可能在某个时刻以更激烈的形式复发。所以，采取回避方法，要考虑冲突的程度和严重性以及对组织可能产生的影响。

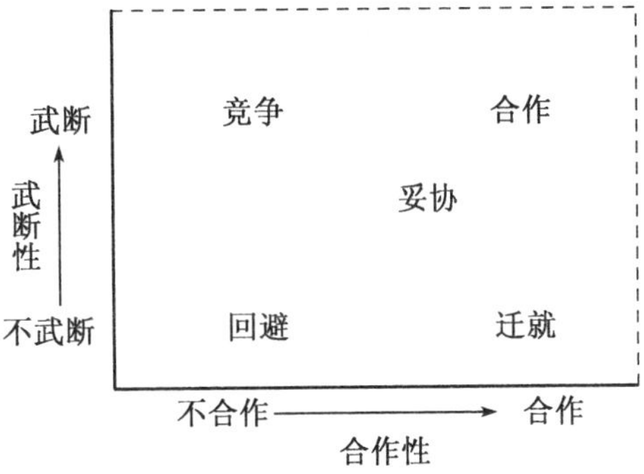

图 8－4　“托马斯—基尔曼”模型

（2）强制解决

管理者利用职权强行解决冲突。强制解决的优点是花费时间少，管理者的一个命令就可以解决问题。因此，当你需要对一个事情做出迅速的处理时或当你的处理方式其他人赞成与否无关时，可以采取强制的办法。但强制解决，往往以牺牲某一方的利益为代价。

（3）妥协

通过要求冲突各方都做出一定的让步，使问题得到解决。当冲突各方势均力敌时，或当希望就某一问题尽快取得解决办法时，可以采取这种处理方法。

（4）树立更高目标

树立更高目标的作用，是使冲突各方感到紧迫感和压力。当其中任何一方单靠自己的能力不能完成目标时，冲突双方可能会进行合作并做出一定让步，为完成目标而统一起来。

（5）合作

合作即将冲突各方召集到一起，让他们进行开诚布公的讨论，搞清楚分歧在哪里，并商量可能的解决办法。这种方法可以使双方的利益都得到满足，因此从结果来说是最好的选择。但这种方法花费时间较多，因此此办法一般在没有时间压力的情况下采用。

二、协调的含义与作用

1. 协调的含义

法约尔认为，协调就是指企业的一切工作都能和谐地配合，以便企业的经营活动顺利进行，并有利于企业取得成功。它要求企业各部门、部门内各成员都要对自己在完成企业共同目标方面必须承担的工作和应相互提供的协助有准确的认识；同时，必须反对各自为政、互不通气和不顾企业整体利益的行为。

像企业这样的组织，是由人、财、物、技术、信息等要素共同构成的。企业要顺利运转，必须根据企业经营目标，对各生产要素进行统筹安排和全面调度，使各要素间能够均衡配置，各环节相互衔接、相互促进。这里的统筹安排和全面调度就是协调，它需要管理者的管理行为来执行。其实，这种协调就是理顺组织内部的各种关系，如部门间的关系、员工之间的关系、上下级间的关系等。同时，企业是开放的系统，在其运转过程中，必然会与外部环境发生多种关系，如企业与政府之间的关系、与消费者的关系、与新闻界的关系等。这些关系处理是否得当，也会影响企业的正常运转。所以，管理者也必须正确处理这些关系，为企业正常运转创造良好条件和环境。

总之，协调就是正确处理组织内外各种关系，为组织正常运转创造良好的条件和环境，促进组织目标的实现。因此，从一定意义上说，管理者的任务就是协调关系。协调如同“润滑剂”，是组织凝聚力的源泉之一。

2. 协调的原则

(1) 目标一致原则

协调的目的是使组织成员充分理解组织的目标和任务，并使个人目标（或群体目标）与组织目标相一致，从而促进组织总目标的实现，所以管理者的协调工作必须围绕组织总目标进行。从这个意义上讲，目标管理（MBO）是实现组织分工、协作的有效工具。

(2) 效率原则

协调的目的不是掩盖、抹杀问题，也不是“和稀泥”，而是通过发现问题、解决问题，使部门之间、个体与个体之间更好地分工、合作，每个人都能满腔热忱、信心十足地去工作，从而提高组织效率。

(3) 责任明确原则

明确责任是协调的基本手段。明确责任就是规定各部门、各岗位在完成组织总目标方面所应承担的工作任务和职责范围。除了要明确自己的职责范围，还要明确互相协作的责任，提倡部门间、同事间发扬主动支援、积极配合的精神，反对各自为政、相互扯皮的恶劣作风。

(4) 加强沟通原则

沟通是协调的杠杆，组织内部以及组织与外部环境之间的信息沟通越有效，彼此间的理解、支持就越容易建立，发生误会、摩擦、扯皮的可能性就越小，而组织的协调性就越强；反之，沟通效果越差，组织协调性也越低。所以管理者在其工作中，要掌握有效的沟通技能，合理选择信息沟通渠道，积极排除沟通障碍，充分发挥信息沟通在协调中的积极作用。

阅读资料：组织内如何进行有效沟通

在实际工作中，沟通不是件容易的事情，管理者会接触到不同年龄、不同性格、不同业绩的员工，为了起到激励员工的作用，与员工进行沟通必须有一定的针对性。

(1) 对于表现优秀的员工。首先，应对他们的优异成绩表示认可，并且同他们进行细致的沟通，以便更多了解他们做得好的典型行为，用来推广到其他员工身上。其次，应多用些时间来了解他们对于未来发展的设想，也可以指导他们做出个人未来发展计划。最后，在沟通时要持谨慎的态度，不要轻易做出某些承诺，以免以后不能兑现而打击员工的积极性。

(2) 对于表现一般的员工。与表现一般的员工进行沟通恐怕是管理人员最为头痛的事情了。因为这些员工大都会有一些不满，甚至是抵触情绪，因而可能会采取不合作态度，这样会使沟通遇到一些障碍。有的表现一般的员工会有自卑心理，认为自己一无是处，破罐子破摔，对什么都持无所谓的态度。要激发他们的工作热情，首先要站在公正的角度上，帮助他们分析原因，不要全部归咎于他们个人的原因。同时，也要善于发现他们的优点、闪光点，以此让他们认识到，只要努力，只要方法得当，他们也能做得很好。

(3) 对于徘徊不前的员工。有的员工虽然表现不差，但是也没有什么出色的表现，感觉还是停留在以前的工作状态上，徘徊不前。对于这种类型的员工主要应以引导和鼓励为主，要引发员工思考：是不是自己的目标定得太低了？目前的工作岗位不适合自己？工作方法不当？帮助员工分析并找到问题的原因，在此基础上，再来制定具体的改进计划。

(4) 对于性格内向的员工。有的员工性格非常内向，在沟通时不善于主动表达自己的想法，经常是问一句答一句，而且回答都非常简单。这种类型的员工在沟通时往往会表现出紧张、局促不安或是沉静、矜持。和他们交流时，首先应创造出一种友好的气氛，让他们放轻松。另外，在提问题的时候，尽量多提出一些开放式的问题，同时应多征询他们的意见，通过这些措施鼓励他们多说话，这有助于了解他们内心真实的想法。

(5) 对于性格外向的员工。性格外向的员工经常会主动表达自己的看法，而且一说起来经常是滔滔不绝。与性格外向的员工进行交流往往很顺畅，也可以获得很多信息。需要注意的是，管理者应该抓住沟通的要点，把握好沟通的节奏，掌握一定的分寸，使沟通有效进行。

(6) 对于脾气较大的员工。脾气较大的员工，不容易控制自己的情绪，稍有一些不顺心便会大发雷霆，也最容易与管理者发生冲突。针对这种情况，管理者在与他们进行沟通时，应有足够的耐心。听他们把话说完，把火发泄出来，要体谅他们的感受，不要急于争辩，等到他们冷静下来，再一起找原因，分析问题。

(7) 对于年龄较大的员工。年龄较大的员工，往往资历比较深，自尊心较强。但是他们可能在新技术的掌握上、做事的效率方面抵不上年轻的员工，由此也会引发一些顾虑。对待这些年龄较大的员工，一定要尊重他们，关心他们，要肯定他们为组织所做出的贡献，但也要让他们明白过去不代表现在和将来，要看清自己和别人的差距，激发他们想办法去缩小差距。

[资料来源：卢小平. 管理技能培训全案. 鹭江出版社，2011年11月]

思考：为了实现企业内部的有效沟通，除了要根据员工的特点进行沟通外，管理者还需要注意哪些事项？

3. 协调的作用

协调的作用主要表现在以下方面：

(1) 使个人目标与组织目标一致，促进组织目标的实现

若个人目标与组织目标相一致，人们的行为就会趋向统一，组织目标就容易得到实现。但是我们知道，人们加入组织是为了满足个人的某些需要，如生存的需要、安全的需要、尊重的需要等，这使得个人目标往往与组织目标不能完全一致。管理者可以通过协调工作，使个人目标与组织目标相辅相成，从而促进组织目标的实现。

(2) 解决冲突，促进协作

人与人之间、人与组织之间、组织与组织之间的矛盾、冲突是不可避免的，并且这种矛盾和冲突如果积累下去就会由缓和变到激烈、由一般形式发展到极端形式。如果这样下去，轻则干扰组织目标的实现，重则会使组织崩溃、瓦解。所以，管理者必须通过协调，很好地处理和利用冲突，发挥冲突的积极作用，并使部门之间、人与人之间能够相互协作、很好地配合。

(3) 提高组织效率

协调使组织各部门、各成员都能对自己在完成组织总目标中所需承担的角色、职责以及应提供的配合有明确的认识，组织内所有力量都集中到实现组织目标的轨道上来，各个环节紧密衔接，各项活动和谐地进行，而各自为政、相互扯皮、不顾组织整体利益的现象则会大大减少，从而极大地提高了组织的效率。

总　结

沟通就是指人们之间传达思想感情和交流情报信息的过程。沟通可以确保组织内的各部门、个人获得工作所需的各种信息，并增进相互间的了解与合作。实践中，克服沟通障碍要针对不同的沟通需要采取不同的沟通方法。企业在从事各类经济活动过程中，必然会引起各类冲突。冲突的不同，协调的方法也不尽相同。沟通是化解冲突的重要方法，有效的沟通可以提高管理者的决策能力，并且解决冲突，促进组织效率的提高。

【课后训练】

一、案例分析

管理者的困惑(八)：企业沟通

国龙集团现有员工3000余名，为了提高员工满意度、充分调动员工积极性、加强员工与企业之间的沟通互动，提高工作效率，高斌提出了一项新的计划：由工人主动提建议的计划。工人可主动针对改善设备、工作环境，或者工作方式等方面提出建议，如被采纳，将得到奖品和奖励，金额由实施该建议而省下来的收益决定；另外，在一指定时期中最好的建议还常会得到公司股票作为奖励。

其中，对由高斌主管的钢业公司的抽样调查表明：75%的被访工人倾向于赞成该计划。但工人们都对于自己或其他工人可能因新建议的实施而被解雇感到害怕。

一位资深工人雷刚说："我不会提出会使部分工友失业的建议，绝对不会。当我刚来这儿时，工作全部手工完成，但现在他们已安装了自动化设备，所需人手也减少了一半！"

另一位老职工王×说："我不会为了几百元就提出一个会减少十个工人的建议。相反，如果一个建议可以改善环境或帮助工人，我一定会提出来。当你开除一个工人时，心里感到很难受，这可能不单只伤害了他一个人，还伤害了他身边的其他人。"

一工会负责人设计了一个防止工人被解雇的方案："工会应特别安排一个负责人，或者提议工人自己将建议交给一个知道工作安排情况的人审阅。如果不导致裁员，就可以提出。"

但一位53岁的老工人刘利有不同看法，他说："我已递交了好几份建议了，虽然不希望拿到奖金，但我仍认为这是件好事。许多人认为新的发明会使人们失去工作，但事实并非如此。历史表明，有用的发明越多，就会创造出越多的工作机会。同时，产品也可以更经济地生产，许多人没有意识到这一点。"

曹心是一个赞成"提建议计划"的工会负责人，他看穿了工人和公司双方的论点："照理说，这计划是可行的，但却有一种与之完全相反的感觉，一些人提了建议，于是就有2—3个人失去了工作，好在这事在工人中还不是很多。他们拿到了1 000元，都可能因此使其他人一家的生计受影响。但从公司的角度看，追求的是改善生产而已。这的确是个棘手的问题。"

思考：

1. 高斌设计的沟通方式存在什么问题？
2. 员工为什么不愿意提建议？企业应如何倾听？

二、复习与思考

1. 举例说明沟通的过程，什么样的沟通是完美的沟通？
2. 如何克服企业沟通中的障碍？请举例说明？
3. 作为一个管理者你认为如何利用冲突、沟通、协调之间的关系来解决日常管理中所遇到的问题呢？
4. 假如你是一个领导，你采用哪些方式与你的下属进行沟通？

【管理游戏】

角色扮演

将学员分成2人一组，其中一个是A，扮演销售人员；另一个是B，扮演顾客。

场景一：A现在要将公司的某件商品卖给B，而B则想方设法地挑出本商品的各种毛病，A的任务是一一回答B的这些问题，即便是一些吹毛求疵的问题也要让B满意，不能伤害B的感情。

场景二:假设B已经将本商品买了回去,但是发现商品有一些小问题,需要进行售后服务,B要讲一大堆对于商品的不满,A的任务仍然是帮他解决这些问题,提高他的满意度。

思考:

1. 对于A来说,B的无礼态度让你有什么感觉?在现实的工作中你会怎样对待这些顾客?

2. 对于B来说,A怎样才能让你觉得很受重视,很满意,如果在交谈的过程中,A使用了像“不”“你错了”这样的负面词汇,你会有什么感觉?谈话还会成功吗?

将每个组的问题和解决方案公布于众,选出最好的组给予奖励。

【校园体验】

以班级为单位举办一次管理沙龙

主题:怎样做一个成功的管理者?

以沙龙的形式组织一次研讨“怎样做一个成功的管理者?”,全班每名学生都要准备发言,发言时间为每人3分钟左右,每五名学生发言后进行一次5—10分钟的讨论,全班发言结束后进行一次40分钟左右的大讨论,最后由老师进行20—30分钟的总结。具体要求如下:

1. 要求全体学生进行充分的准备,发言要畅所欲言,谈出自己的观点。

2. 研讨要紧密围绕两大基本理念、四大关键能力这些授课内容,联系实际。

3. 可将此次沙龙研讨要作为一次重要的考核内容计入总评成绩,同时要把此次活动看作是一次学生实践能力的训练。

参考文献

1. 周三多、陈传明等. 管理学原理与方法(第七版). 复旦大学出版社,2018 年 6 月
2. 单凤儒. 管理学基础(第七版). 高等教育出版社,2021 年 8 月
3. 单凤儒. 管理学基础实训教程(第七版). 高等教育出版社,2021 年 8 月
4. 张晓燕. 管理学基础实训教程. 中国轻工业出版社,2022 年 6 月
5. 陈雨点. 华为人才管理之道. 人民邮电出版社,2020 年 08 月
6. 黄继伟. 华为工作法(新版). 浙江人民出版社,2019 年 08 月
7. 黄卫伟. 以奋斗者为本:华为公司人力资源管理纲要. 中信出版社,2014 年 11 月
8. 王民盛. 华为崛起. 台海出版社,2019 年 09 月
9. 宋志平. 三精管理. 机械工业出版,2022 年 04 月
10. 赵剑波. 管理的要素——海尔人单合一模式创新. 经济管理出版社,2019 年 08 月
11. 范海涛. 一往无前——小米官方授权传记. 中信出版社,2020 年 07 月
12. 张维迎. 重新理解企业家精神. 海南出版社,2022 年 06 月
13. 张桂平,张杰,林锋. 中国企业家精神录. 光明日报出版社,2018 年 01 月
14. 中共中宣传部编写组. 改革开放与中国企业发展. 社会科学文献出版社,2019 年 01 月
15. 周三多,陈传明,龙静. 管理学原理(第三版). 南京大学出版社,2020 年 08 月
16. 付景远. 中国古代管理思想研究. 经济管理出版社,2020 年 10 月
17. 刘涵宇. 数字化思维:传统企业数字化转型. 机械工业出版社,2022 年 01 月
18. 邢以群. 管理学(第五版). 浙江大学出版社,2019 年 10 月
19. 李维刚等. 管理学原理(第 2 版). 清华大学出版社,2022 年 05 月
20. 陈传明等. 管理学. 高等教育出版社,2019 年 01 月